# Modernisierung der staatlichen Opferentschädigung – rechtsdogmatisch zwingend oder nur rechtspolitisch geboten?

**Europäische Hochschulschriften**

European University Studies

Publications Universitaires Européennes

Reihe II **Rechtswissenschaft**

Series II Law

Série II Droit

Band/Volume **5880**

Thorsten Rachvoll

# Modernisierung der staatlichen Opferentschädigung – rechtsdogmatisch zwingend oder nur rechtspolitisch geboten?

PL ACADEMIC RESEARCH

**Bibliografische Information der Deutschen Nationalbibliothek**
Die Deutsche Nationalbibliothek verzeichnet diese Publikation in der Deutschen Nationalbibliografie; detaillierte bibliografische Daten sind im Internet über http://dnb.d-nb.de abrufbar.

Zugl.: Frankfurt (Main), Univ., Diss., 2016

D 30
ISSN 0531-7312
ISBN 978-3-631-69768-9 (Print)
E-ISBN 978-3-631-69769-6 (E-PDF)
E-ISBN 978-3-631-69770-2 (EPUB)
E-ISBN 978-3-631-69771-9 (MOBI)
DOI 10.3726/978-3-631-69769-6


PL Academic Research ist ein Imprint der Peter Lang GmbH.
Peter Lang – Frankfurt am Main · Bern · Bruxelles · New York · Oxford · Warszawa · Wien



Diese Publikation wurde begutachtet.

www.peterlang.com

*Für Cornelia.*

# Inhaltsübersicht

Abkürzungsverzeichnis ........ 17

A. Einleitung: Opferschutz und Opferentschädigung in der Rechtsordnung ........ 19

I. Berücksichtigung der Opfer von Straftaten in der Rechtsordnung ........ 20

1. Ausgangspunkt der Opferdiskussion im Strafrecht ........ 22
2. Ausgleichsinstrumente zu Gunsten des Opfers im Überblick ........ 24

II. Das Opferentschädigungsgesetz von 1976 ........ 28

1. Historische Entwicklung ........ 28
2. Dogmatische Einordnung ........ 31
3. Der Opferbegriff ........ 43

III. Besserstellung des Opfers durch Reform oder Weiterentwicklung des OEG? ........ 46

1. Kritik an der geltenden Ausgestaltung und den praktischen Wirkungen des OEG ........ 47
2. Wege zu einer Erhöhung der Wirksamkeit des OEG ........ 56

B. Das OEG als Versuch einer Entschädigungsregelung für die Opfer von Gewalttaten ........ 59

I. Die Anspruchsbegründung ........ 59

1. Anspruchsvoraussetzungen gemäß § 1 Abs. 1 OEG sowie bestehender Tatbestandserweiterungen ........ 59
2. Ausschlusstatbestand oder fehlende Durchsetzbarkeit ........ 80

II. Rechtsfolgen ........ 99

1. Heilbehandlung ........ 100
2. Rentenleistungen ........ 102
3. Fürsorgeleistungen ........ 103

III. Wirkungen des OEG auf das Haftungssystem ..... 104
1. Konkurrenz zu bürgerlich-rechtlichen Schadensersatzansprüchen ..... 104
2. Kostenerstattungsanspruch der gesetzlichen Krankenkassen ..... 105
IV. Konsequenzen für Gewaltopfer – zusammenfassende Bestandsaufnahme ..... 105
1. Begrenzte Reichweite des Tatfolgenausgleichs ..... 106
2. Schlussfolgerung ..... 112

C. Gebieten rechtsdogmatische Gründe eine Besserstellung des Opfers durch Neuverortung der Opferentschädigung? ..... 115
I. Opferentschädigung aus unechter gesetzlicher Unfallversicherung ..... 115
1. Gemeinwohlbezug der Viktimisierung? ..... 116
2. Gefahrengemeinschaft der Kriminalitätsopfer? ..... 117
II. Opferentschädigung im bürgerlichen Recht oder das Problem hoheitlichen Handelns ..... 119
III. Opferentschädigung als Staatshaftung ..... 121
1. Verhältnis zum allgemeinen polizeirechtlichen Entschädigungsanspruch ..... 121
2. Staatliche Opferentschädigung als spezialgesetzlicher Anwendungsfall des allgemeinen Aufopferungsanspruchs? ..... 124

D. Modifizierung von Tatbestand und Rechtsfolgen der sozialrechtlichen Opferentschädigung? ..... 153
I. Gründe einer Modifikation von Tatbestand und Rechtsfolgen der Opferentschädigung ..... 153
1. Berücksichtigungsfähige Interessen ..... 153
2. Besserstellung des Gewaltopfers gegenüber anderen Konstellationen der sozialen Entschädigung ..... 154

II. Mögliche Modifikationen im Einzelnen ... 156
1. Tatbestand des OEG ... 156
2. Rechtsfolgen ... 160
3. Gewährung eines Schmerzensgeldes? ... 161

E. Schlussbemerkung ... 173

Schrifttumsverzeichnis ... 177

# Inhaltsverzeichnis

Abkürzungsverzeichnis ........ 17

A. Einleitung: Opferschutz und Opferentschädigung in der Rechtsordnung ........ 19

I. Berücksichtigung der Opfer von Straftaten in der Rechtsordnung ........ 20

1. Ausgangspunkt der Opferdiskussion im Strafrecht ........ 22

2. Ausgleichsinstrumente zu Gunsten des Opfers im Überblick ........ 24

II. Das Opferentschädigungsgesetz von 1976 ........ 28

1. Historische Entwicklung ........ 28

2. Dogmatische Einordnung ........ 31

a) Eine *besondere Verantwortung* des Staates als Leistungsgrund ........ 32

aa) Haftung des Staates für eigenes Versagen ........ 33

bb) Das Auferlegen eines Sonderopfers ........ 34

cc) Opferverhalten als Verteidigung der Rechtsordnung ........ 34

dd) Das Opfer als Mitglied einer Gefahrengemeinschaft ........ 34

ee) Gerechtigkeitsempfindungen ........ 35

b) Die Abgrenzung zu anderen möglichen Anspruchsgrundlagen ........ 36

aa) Abgrenzung zum Schadensersatzanspruch bürgerlich-rechtlicher Art ........ 36

bb) Abgrenzung zur gesetzlichen Unfallversicherung ........ 37

cc) Abgrenzung zu öffentlich-rechtlichen Aufopferungsansprüchen im engeren Sinne ........ 37

(1) Sonderopfer ........ 38

(2) Allgemeinwohlbezogenheit des „Eingriffs“ ........ 39

c) Die Fundierung als soziale Entschädigung ........ 40

aa) Sozialrecht ........ 40

bb) Soziale Entschädigung ........ 42

3. Der Opferbegriff ... 43
a) Der Opferbegriff des OEG ... 43
b) Der Opferbegriff dieser Untersuchung ... 45

III. Besserstellung des Opfers durch Reform oder Weiterentwicklung des OEG? ... 46
1. Kritik an der geltenden Ausgestaltung und den praktischen Wirkungen des OEG ... 47
a) Mangelnde Opferinteressengerechtigkeit des OEG aus rechtstatsächlicher und empirischer Sicht ... 47
b) Rechtspolitische Kritik ... 54
2. Wege zu einer Erhöhung der Wirksamkeit des OEG ... 56
a) Anderweitige dogmatische Einordnung staatlicher Opferentschädigung ... 56
b) Ergänzung oder Erweiterung der Rechtsfolgen der Opferentschädigung ... 58

B. Das OEG als Versuch einer Entschädigungsregelung für die Opfer von Gewalttaten ... 59

I. Die Anspruchsbegründung ... 59
1. Anspruchsvoraussetzungen gemäß § 1 Abs. 1 OEG sowie bestehender Tatbestandserweiterungen ... 59
a) Eröffnung des sachlichen und persönlichen Geltungsbereichs ... 59
aa) Unmittelbarkeit der Schädigung ... 59
bb) Anknüpfung an den Erfolgsort ... 62
b) Erfordernis eines vorsätzlichen und rechtswidrigen tätlichen Angriffs ... 63
aa) Objektive Merkmale – der tätliche Angriff ... 63
(1) Definition ... 63
(2) Unterlassen ... 64
(3) Erweiterung anhand des Schutzzwecks ... 65
bb) Subjektive Merkmale – der Vorsatz ... 66
cc) Rechtswidrigkeit des Angriffs ... 67
dd) Schuldhaftes Verhalten nicht erforderlich ... 69

ee) Zusammenfassung ... 69
c) Tatbestandserweiterung gemäß § 1 Abs. 2 und Abs. 3 OEG ... 69
aa) Ergänzende Straftatbestände ... 70
bb) Einbeziehung bestimmter Unfälle ... 71
cc) Ausnahme: Kraftfahrzeug als Tatmittel ... 71
d) Gesundheitsschädigung ... 71
e) Gesundheitsstörung ... 72
f) Kausalität ... 72
aa) Haftungsbegründende Kausalität ... 73
(1) Äquivalenz ... 73
(2) Adäquanz ... 73
(3) Wesentliche Bedingung ... 75
bb) Haftungsausfüllende Kausalität ... 77
g) Antrag ... 77
h) Beweisgrundsätze ... 78
2. Ausschlusstatbestand oder fehlende Durchsetzbarkeit ... 80
a) Einbeziehung ausländischer Staatsangehöriger in den Kreis der Anspruchsberechtigten ... 80
aa) Ausgangspunkt: Prinzip der Gegenseitigkeit ... 81
bb) Erweiterung des persönlichen Geltungsbereichs durch das 2. OEG-Änderungsgesetz ... 81
b) Ruhen bei Anspruchskollision ... 83
aa) Kollision mit Ansprüchen aus der gesetzlichen Unfallversicherung ... 83
bb) Kollision mit anderen Anspruchsgrundlagen des sozialen Entschädigungsrechts ... 83
c) Anspruchsausschluss nach Maßgabe von § 2 Abs. 1 OEG ... 84
aa) Mitverursachung durch den Geschädigten ... 84
(1) Gleichrangigkeit des Mitverursachungsbeitrags ... 85
(2) Schuldhaftigkeit des Mitverursachungsbeitrags ... 87
(3) Einzelfälle ... 88
bb) Unbilligkeit ... 89
(1) Unbestimmter Rechtsbegriff ... 89

(2) Verhalten des Geschädigten jenseits tatbezogener Mitverursachung ... 90
(3) Gründe für das Erfordernis einer Unbilligkeitsklausel ... 91
(4) Einzelfälle ... 92
d) Fehlende Mitwirkung des Geschädigten bei der Aufklärung des Sachverhalts ... 96
e) Sonstige Ausschlusstatbestände ... 97
II. Rechtsfolgen ... 99
1. Heilbehandlung ... 100
2. Rentenleistungen ... 102
3. Fürsorgeleistungen ... 103
III. Wirkungen des OEG auf das Haftungssystem ... 104
1. Konkurrenz zu bürgerlich-rechtlichen Schadensersatzansprüchen ... 104
2. Kostenerstattungsanspruch der gesetzlichen Krankenkassen ... 105
IV. Konsequenzen für Gewaltopfer – zusammenfassende Bestandsaufnahme ... 105
1. Begrenzte Reichweite des Tatfolgenausgleichs ... 106
a) Leichte oder mäßige Schädigung ... 108
aa) Zivilrechtliche Inanspruchnahme des Täters ... 108
bb) Inanspruchnahme von Leistungen der gesetzlichen Krankenversicherung ... 109
cc) Inanspruchnahme von Leistungen auf der Grundlage des OEG ... 110
b) Schwere oder irreparable Schädigung ... 111
aa) Bürgerliches Recht ... 111
bb) Inanspruchnahme der gesetzlichen Krankenversicherung ... 112
cc) Leistungen nach dem OEG ... 112
2. Schlussfolgerung ... 112

C. Gebieten rechtsdogmatische Gründe eine Besserstellung des Opfers durch Neuverortung der Opferentschädigung? ... 115
I. Opferentschädigung aus unechter gesetzlicher Unfallversicherung ... 115

1. Gemeinwohlbezug der Viktimisierung? 116
2. Gefahrengemeinschaft der Kriminalitätsopfer? 117

II. Opferentschädigung im bürgerlichen Recht oder das Problem hoheitlichen Handelns 119

III. Opferentschädigung als Staatshaftung 121
1. Verhältnis zum allgemeinen polizeirechtlichen Entschädigungsanspruch 121
2. Staatliche Opferentschädigung als spezialgesetzlicher Anwendungsfall des allgemeinen Aufopferungsanspruchs? 124
a) Der allgemeine Aufopferungsanspruch 124
b) Zurechnungszusammenhang: Eingriff in aufopferungsrechtlich geschützte Positionen durch Unterlassen 126
aa) Qualifiziertes versus schlichtes Unterlassen 126
bb) Notwendigkeit einer rechtlich fundierten Handlungspflicht 127
cc) Handlungspflicht bei bloßer Gefahrerhöhung durch Unterlassen? 128
dd) Handlungspflicht aus grundrechtlich fundierter Anerkennungspflicht? 129
(1) Das subjektiv-öffentliche Recht: Interesse und Rechtsmacht 130
(2) Staatliche Schutzpflichten aus Grundrechten 133
(3) Die Konkretisierung der grundrechtlichen Schutzpflichten 134
ee) Handlungspflicht aus Übertragung des im Strafrecht entwickelten Gedankens opferspezifischer Spezialprävention? 139
(1) Die Strafzwecke in der Strafrechtswissenschaft – eine Übersicht 140
(2) Übertragung der Strafzwecke auf die Opferperspektive – opferspezifische Spezialprävention 143
(3) Übertragungsfähigkeit in das Staatshaftungsrecht 145
c) Exkurs: das Sonderopfer 150

D. Modifizierung von Tatbestand und Rechtsfolgen der sozialrechtlichen Opferentschädigung? ... 153
I. Gründe einer Modifikation von Tatbestand und Rechtsfolgen der Opferentschädigung ... 153
1. Berücksichtigungsfähige Interessen ... 153
2. Besserstellung des Gewaltopfers gegenüber anderen Konstellationen der sozialen Entschädigung ... 154
II. Mögliche Modifikationen im Einzelnen ... 156
1. Tatbestand des OEG ... 156
a) Kausalität ... 156
b) Beweiserleichterungen ... 158
c) Einbeziehung ausländischer Geschädigter ... 158
d) Ruhenstatbestände ... 159
e) Mitverursachung ... 159
f) Unbilligkeit ... 160
g) Fehlende Mitwirkung bei der Tataufklärung ... 160
2. Rechtsfolgen ... 160
3. Gewährung eines Schmerzensgeldes? ... 161
a) Begriff der Genugtuung ... 162
b) Opferspezifische Spezialprävention als Genugtuungsprävention durch staatliche Leistungen? ... 164
aa) Missbilligung des Täterverhaltens durch Gewährung staatlicher Leistungen ... 167
bb) Wiederherstellung des Anerkennungsverhältnisses zwischen Täter und Opfer durch staatliche Leistungen ... 167
cc) Genugtuung auf Grundlage einer spezifisch sozialentschädigungsrechtlichen Ausgestaltung opferspezifischer Spezialprävention? ... 169

E. Schlussbemerkung ... 173

Schrifttumsverzeichnis ... 177

# Abkürzungsverzeichnis

Mit Rücksicht auf die in dieser Schrift verwendeten Abkürzungen wird Bezug genommen auf das Werk von

Kirchner (Begr.), Abkürzungsverzeichnis der Rechtssprache, 8. Aufl., Berlin 2015.

# A. Einleitung: Opferschutz und Opferentschädigung in der Rechtsordnung

Opfer von Straftaten müssen besser geschützt werden – ein Satz, der häufig zu hören oder zu lesen ist.[1] Hinter dieser Formulierung verbirgt sich jedoch eine häufig komplexe Gemengelage, die ganz unterschiedliche Komponenten der Eigenschaft als Opfer einer Straftat umfasst – worin soll der Schutz bestehen? Es liegt auf der Hand, dass es bei einem wie auch immer gearteten Opferschutz nur um Dinge gehen kann, die zeitlich nach der erlittenen Straftat liegen – präventive Ansätze, die die Tat selbst zu vermeiden suchen, spielen insoweit also keine Rolle. Die Lage des Opfers nach einer Straftat erweist sich indes häufig als ebenso herausfordernd wie etwaige Tatpräventionsbemühungen in deren Vorfeld.

Mit Blick auf die rechtliche Stellung des Opfers einer Straftat lässt der Diskurs zwei verschiedene Ansätze zur Stärkung der Opferposition erkennen: zum einen die Stärkung der Opferposition als Verfahrensbeteiligter im Strafverfahren selbst, zum anderen die Frage nach materiellen Ausgleichsinstrumenten zur Milderung der Tatfolgen, die das Opfer infolge der Straftat getroffen haben.[2] Dies liegt nahe, da es um Kernelemente der Opferstellung geht: Im Strafprozess wird das Opfer ggf. als Zeuge gehört und unterliegt Belastungen, die sich etwa aus der Konfrontation mit dem Täter im Gerichtssaal ergeben können. Die gesundheitlichen und wirtschaftlichen Folgen der Tat können demgegenüber die gesamte Lebensführung des Opfers betreffen und zu erheblichen Einbußen in den genannten Bereichen führen.

Diese Untersuchung befasst sich allein mit dem letztgenannten Aspekt und wirft die grundsätzliche Frage auf, ob das geltende Opferentschädigungsinstrumentarium sowohl mit Blick auf seine dogmatische Fundierung als auch seine Rechtsfolgen noch als zeitgemäßer Opferschutz begriffen werden kann. Dabei

---

1 So etwa in der Onlineausgabe des Handelsblatts vom 13.11.2013 in wörtlicher Form mit Blick auf das seinerzeitige Opferrechtsreformgesetz, vgl. http://www.handelsblatt.com/politik/deutschland/opfer-sollen-tat-nicht-durch-mehrfach-aussage-doppelt-erleben-muessen-mehr-schutz-fuer-die-opfer-von-straftaten/2285934.html, besucht am 10.01.2016.

2 Die in Fn. 6 genannten Beispiele beziehen sich sämtlich auf erstgenannten Aspekt; entschädigungsrechtlich ist seit Inkrafttreten des OEG an sich allein die Opferentschädigungsrichtlinie 2004/80/EG hervorzuheben, die allerdings lediglich Mindeststandards einer unionsweit vorzusehenden Opferentschädigungsgesetzgebung festschreibt.

wird die Frage im Mittelpunkt stehen, ob die in vielfacher Weise geäußerte Kritik an der geltenden Konzeption staatlicher Opferentschädigung, die durchweg auf einem rechtstatsächlichen, empirischen oder rechtspolitischen Fundament ruht,[3] um eine rechtsdogmatisch begründete Flanke ergänzt werden kann. Mit anderen Worten: Gebieten nicht nur die gegenwärtige Anwendungspraxis, sondern auch systematische Erwägungen eine Modifizierung oder Reform des staatlichen Opferentschädigungsrechts? Und falls ja, in welchem Umfange?

## I. Berücksichtigung der Opfer von Straftaten in der Rechtsordnung

Im Jahre 1976 trat in der Bundesrepublik Deutschland das Opferentschädigungsgesetz[4] (OEG) in Kraft. Es diente und dient der Bewältigung der gesundheitlichen und wirtschaftlichen Folgen von Straftaten mit Gewaltanwendung gegen oder Gewalteinwirkung auf Personen.[5] Das Inkrafttreten des Gesetzes markierte den – naturgemäß vorläufigen – Abschluss einer Entwicklung, die eine Erweiterung der gesetzgeberischen Perspektive über den Kreis des Täters hinaus auf die Opfer von Straftaten zum Gegenstand hatte.[6]

Hintergrund der Einführung des OEG war letztlich eine Situation, in der der Geschädigte einer Gewaltstraftat vor den durch ihn nicht zu verantwortenden – in erster Linie wirtschaftlichen – Folgen jener Straftat geschützt werden sollte.[7] Die Begründung eines selbständigen, einen Anspruch gegen den Staat vermittelnden Entschädigungstatbestands war Gegenstand einer Diskussion, in deren Rahmen

3 Vgl. dazu unten umfassend A. III.

4 Gesetz über die Entschädigung für Opfer von Gewalttaten vom 16.05.1976, BGBl. I S. 1181.

5 Kessler in HSRB, Kap. 8 Rz. 1.

6 Diese Entwicklung befindet sich bis in die Gegenwart hinein in Fluss; aus jüngerer Zeit sind beispielhaft das allerdings im bürgerlichen Recht angesiedelte Gesetz zur Verbesserung des zivilgerichtlichen Schutzes bei Gewalttaten und Nachstellungen sowie zur Erleichterung der Überlassung der Ehewohnung bei Trennung – Gewaltschutzgesetz vom 11.12.2001 = BGBl. I S. 3513, das insbesondere die prozessuale Position des Geschädigten im Strafverfahren stärkende Gesetz zur Verbesserung der Rechte von Verletzten im Strafverfahren – Opferrechtsreformgesetz vom 24.06.2004 = BGBl. I S. 1354 und der Umsetzungsakt der EU-Opferschutzrichtlinie 2012/29/EU, das Gesetz zur Stärkung der Opferrechte im Strafverfahren (3. Opferrechtsreformgesetz) vom 21.12.2015 = BGBl. I S. 2525 zu nennen.

7 Einen guten Überblick über die Entstehungsgeschichte liefert Rademacker in Knickrehm, § 1 OEG Rz. 1 ff.

erstmals der besonderen Stellung des Opfers – und gerade nicht des Täters – einer (Gewalt-) Straftat Rechnung getragen wurde.

Bis zu jenem Zeitpunkt hatte die entschädigungsrechtliche Position des Opfers zumindest im deutschen Recht ein Schattendasein gefristet. Freilich lösten die vom späteren OEG erfassten vorsätzlichen tätlichen Angriffe stets zivilrechtliche Schadensersatz- und ggf. auch Schmerzensgeldansprüche aus; diese liefen indes leer, wenn – wie häufig – der Täter nicht hinreichend solvent war. Anderweitige effektive gesetzliche Möglichkeiten standen indes nicht zur Verfügung; es existierte lediglich das bereits in den vierziger Jahren des 20. Jahrhunderts eingeführte Konstrukt des Adhäsionsverfahrens, in dessen Rahmen aus einer Straftat erwachsende zivilrechtliche Ansprüche ihrerseits im Strafverfahren geltend gemacht werden konnten.[8] Ungeachtet des Umstands, dass sich das Adhäsionsverfahren bis zum heutigen Tage in der Praxis kaum hat durchsetzen können,[9] stand und steht es inhaltlich vor denselben Schwierigkeiten, die bei einer Geltendmachung aus der Straftat resultierender Ersatzansprüche im Zivilprozess resultieren: Mangelnde Liquidität des Täters lässt die berechtigten Ansprüche des Opfers ins Leere laufen. Im bürgerlichen Recht selbst wiederum war wenig Anlass zu erkennen, eine spezifische Diskussion gerade über die Opfer von Straftaten zu führen, waren sie doch bloß Teilmenge der großen Gruppe deliktisch Geschädigter.

Die Diskussion konnte deshalb nur an einer Stelle beginnen, an die sie eigentlich nicht gehört: im Strafrecht. Gestützt wurde diese Entwicklung durch die eingangs genannte Perspektive einer Opferbeteiligung im Strafprozess, die gerade das Strafrecht als die vermeintlich naheliegende Materie zur Behandlung opferspezifischer Fragestellungen erkennen ließ.[10]

Ausgehend von einer Rechtsmaterie, die ihren Fokus nach wie vor auf die Person des Delinquenten legte (und auch gegenwärtig noch vielfach legt) – nämlich derjenigen des Strafrechts –, erreichte im Zeitraum der Einführung eines Opferentschädigungsgesetzes die Diskussion um die Frage der Stellung des Opfers des Delinquenten einen ersten Höhepunkt;[11] diese Diskussion lieferte einen Anlass,

---

8 Herrmann, ZIS 2010, 236, 243.

9 Ders. in ZIS, aaO.

10 So waren das Strafantragsrecht des Geschädigten bereits 1871 und das Klageerzwingungsverfahren, die Privatklage sowie die Nebenklage bereits 1877 eingeführt worden, ohne allerdings nachhaltige Auswirkungen auf die Opferposition im Strafprozess zu zeitigen; vgl. nur ders., aaO. S. 236.

11 Vgl. exemplarisch BT-Drs. 7/2506, S. 9 unter dem Gesichtspunkt des Entschädigungsbedürfnisses; Schulz in Dölling/Duttge/Rössner, Vorbemerkungen zu §§ 1 ff. StPO, Rz. 38 m.w.N.

die gebotene Betrachtung der Opferperspektive rechtsgebietsübergreifend zu führen. Die Rechtsstellung des Opfers einer Straftat lässt sich nämlich innerhalb des Strafrechts selbst lediglich unzureichend erfassen, da es insoweit eben primär um die Sanktionierung des Täters geht und der Natur der Materie nach auch gehen muss. Sekundärrechte des Opfers außerhalb des Kernstrafrechts lassen sich insoweit nur schwerlich erfassen.

## 1. Ausgangspunkt der Opferdiskussion im Strafrecht

Der Schwerpunkt des Diskurses über die rechtliche Stellung des Opfers einer Straftat fundierte dennoch ganz überwiegend[12] auf einer strafrechtsimmanenten Betrachtungsweise: Die Konsequenzen, die das Auftreten von Kriminalität in ihren unterschiedlichen Erscheinungsformen für die betroffenen Opfer regelmäßig mit sich bringt, sind vielfältiger Natur und wurden schon in die frühere strafrechtlichen Diskussion bei weitem nicht mit demjenigen Gewicht eingestellt, das ihnen schon angesichts ihrer objektiven Bedeutung – körperliche und seelische Tatfolgen beim Opfer – gebührt.[13] Dies mag darauf beruhen, dass dem Tatopfer im Strafrecht eine eher formale Position zugewiesen ist – z.B. als Zeuge –, darüber hinausreichende Positionen in einem vollumfänglich auf die Sanktionierung des Täters ausgerichteten Rechtsgebiet aber kaum dogmatisch sachgerecht zu erfassen waren.[14] Das Strafrecht der Neuzeit stellt in erster Linie ein Recht der Reaktion des Staates gegenüber denjenigen dar, die spezifische Normen übertreten. Von diesem Standpunkt aus beantwortet das Strafrecht seiner Natur nach die Frage nach den Folgen normdifformen Verhaltens für die Übertretenden;[15] es liefert jedoch keine Antwort auf die sich spiegelbildlich aus der durch die Straftat begründeten (deliktischen) Beziehung zum Geschädigten ergebende Frage, ob

---

12 Vgl. statt vieler nur Kilchling in NStZ, S. 58; für das Strafprozessrecht Pfeiffer/Hannich in KK-StPO, Einleitung Rz. 22 f; Renzikowski in: MüKo StGB, Vorbemerkung zu den §§ 174 ff., Rz 60 ff.; auf der Ebene legislativer Vorhaben Beck Fachdienst Strafrecht, FD-StrafR 2007, 245641.

13 Dies hat sich inzwischen geändert; insbesondere die StPO wurde um zahlreiche Opferschutzinstrumente erweitert. Bespiele stellen etwa die Opferbeteiligung am Klageerzwingungsverfahren, Zeugenschutzvorschriften und Rechte auf Information und rechtskundigen Beistand dar, vgl. Schulz in Dölling/Duttge/Rössner, aaO.

14 Daran ändert auch die Existenz des sog. Adhäsionsverfahrens (§§ 403 ff. StPO) nichts, denn letztlich geht es dort lediglich um eine Verfahrenserleichterung für das Opfer durch Einbeziehung der Entscheidung über zivilrechtliche, aus der Tat erwachsende Ansprüche in das Strafverfahren.

15 Joecks in MüKo StGB, Einleitung Rz. 26: „Sozialkontrolle".

und welche Folgen die Tat auf dessen Seite in rechtlicher Hinsicht hat. Dieses Defizit dürfte in erster Linie historisch begründet sein: Mit der Entwicklung eines Strafrechts, das nicht mehr auf privater Vergeltung, sondern dem staatlichen Gewaltmonopol basiert, bleibt typischerweise wenig Raum für opferbezogene Erwägungen. Gerade letzterer Gedanke erweist sich aber als das grundlegendste Hindernis, wenn die strafrechtliche Diskussion sich der Stellung des Opfers im Recht staatlicher Normübertretungssanktion annimmt: Ist die Reaktion auf die Straftat staatliche Angelegenheit, so kann es auf der Passivseite dieser Tat grundsätzlich auch keine „Kompensation" dergestalt geben, dass dem Opfer *innerhalb* des Strafrechts eine eigene, subjektiv-rechtlich fundierte Stellung im Verhältnis zum Täter eingeräumt wird, selbst wenn diese eben nicht strafender, sondern nur interessenbefriedigender Natur ist. Das Adhäsionsverfahren stellt insoweit eine punktuelle, wenngleich – wie bereits aufgezeigt – rein verfahrensrechtliche Ausnahme dar; es basiert seinerseits lediglich auf außerstrafrechtlichen Schadensersatz- und Entschädigungsansprüchen.[16]

Die grundsätzliche Ausrichtung des Strafrechts auf den Täter[17] vermag deshalb durch keine noch so breit angelegte Diskussion über die Stellung des Opfers im Strafrecht außer Kraft gesetzt zu werden; jede Stärkung von Opferrechten im Verfahrensrecht oder im materiellen Recht muss hier ihre Grenze finden, soll die „strafrechtliche Sozialkontrolle"[18] nicht in Frage gestellt werden. Dies verdeutlicht, weshalb die Diskussion um die Rechtsnatur der Opferentschädigung letztlich keine innerstrafrechtliche ist und auch keine solche sein kann; es stellt sich vielmehr die Frage nach Instrumentarien außerstrafrechtlicher Rechtsgebiete, die zu einer Stärkung der Tatopferstellung beitragen können. Dennoch – und das begründet die Schwierigkeiten bei der Konzeption staatlicher Opferentschädigung – bleibt die Regelung tatbestandlich, also bei der Formulierung der Anspruchsvoraussetzungen strafrechtlichen Begriffen verhaftet. Es müssen also strafrechtliche Begriffe daraufhin untersucht werden, ob sie außerstrafrechtlich spezifische Folgen für eine nicht-sanktionierende Gesetzgebung haben müssen; dort liegt der Kern der Frage nach Einordnung und potentieller Fortentwicklung einer derartigen Materie.

16 Der Anspruch muss zwar *aus der Straftat erwachsen* sein, jedoch setzt dies stets die Erfüllung der Voraussetzungen einer zivilrechtlichen Anspruchsgrundlage voraus; vgl. Engelhardt in KK-StPO, § 403 Rz. 2.

17 An dieser Stelle ist Täterzentrierung gemeint, nicht die Abgrenzung zwischen Tat- und Täterstrafrecht, vgl. zu letzterem Joecks in MüKo StGB, aaO., Rz. 40 ff.

18 Joecks in MüKo StGB, Einleitung Rz. 26.

Dementsprechend begann sich das Augenmerk mit den ersten (bundesdeutschen) Vorschlägen zur Tatopferentschädigung zu Beginn der siebziger Jahre des 20. Jahrhunderts auch auf Instrumentarien anderer Rechtsgebiete zu erstrecken. Das bis zu jenem Zeitpunkt gleichsam als unausgesprochenes „Spiegelbild" des Täters im Strafrecht mitgedachte Opfer musste aus der engen, rein strafrechtlichen Betrachtung gelöst werden; eine vom engen Blickwinkel des Strafrechts losgelöste Betrachtung kam folglich nicht umhin, die Spiegelbildlichkeit aufzugeben und den Kontext der Opferperspektive spezifisch ausgleichsrechtlich zu bewerten.

Um diesen „Gedankensprung" heraus aus der Enge der strafrechtlichen Betrachtung hinein in eine entschädigungsrechtliche Perspektive zu ermöglichen, bedurfte es zunächst eines Blicks auf das *de lege lata* zur Verfügung stehende Ausgleichsinstrumentarium, das zu Gunsten des Opfers zur Minderung insbesondere wirtschaftlicher Tatfolgen zumindest theoretisch in Betracht kam.

## 2. Ausgleichsinstrumente zu Gunsten des Opfers im Überblick

Die möglichen Ausgleichsinstrumente sind in der Folge aus Sicht der gegenwärtigen Rechtslage dargestellt; ein inhaltlich vergleichbarer Kanon möglicher Anspruchsgrundlagen bestand indes auch zur Zeit der Einführung des OEG, wie im Abschnitt über dessen Entstehungsgeschichte unten noch auszuführen sein wird. Es erwies sich, dass gerade die mangelnde Eignung der bereits vorhandenen Anspruchsgrundlagen zur Ermöglichung einer opferspezifischen Entschädigungsleistung den Erlass des OEG befördern musste; dessen konkrete dogmatische Einordnung fiel allerdings schwer und blieb in der Folge noch längere Zeit offen.[19]

Ausgehend von einem infolge einer Straftat körperlich geschädigten Opfer ließen bzw. lassen sich folgende Anspruchsgrundlagen in Erwägung ziehen:

- Jedenfalls hinsichtlich der materiellen Folgen ist zunächst an zivilrechtliche Ansprüche des Opfers gegen den Täter zu denken, insbesondere aus §§ 823, 826 i.V.m. §§ 249 ff. BGB. Insoweit handelt es sich um Schadensersatzansprüche, die weit überwiegend auf den Ausgleich einer erlittenen Beeinträchtigung in Geld hinauslaufen werden, da die Wiederherstellung des vor der Tat bestehenden körperlichen und seelischen Zustands des Tatopfers – also Naturalrestitution – nicht durch den Täter selbst in Person erfolgen kann (§ 249 Abs. 2 S. 1 BGB) oder durch niemanden erbracht werden kann, z.B. bei irreparablen Dauerschäden beim Opfer infolge der Gewalteinwirkung (§ 251 Abs. 1 BGB).

19 Auch dazu noch ausführlich unten II. 2.

Daneben kommt ein Geldausgleich der erlittenen Immaterialschäden gem. §§ 823, 253 Abs. 2 BGB in Betracht. Diese Anspruchsgrundlagen sind überwiegend kompensatorischer Natur; zu bedenken ist aber wie bereits ausgeführt – und dies erweist sich als entscheidend –, dass sich diese Möglichkeit eines direkten Vorgehens gegen den Täter dann als sinnentleert darstellt, wenn letzterer mittellos ist.[20]

- Ebenso greift die Inanspruchnahme einer Versicherungsgesellschaft im Falle vorsätzlicher Straftaten regelmäßig nicht Platz, da versicherungsrechtliche Ansprüche aus einer etwa bestehenden Versicherung des Täters in diesem Falle kraft Gesetzes ausgeschlossen sind.[21] In nahezu sämtlichen denkbaren versicherungsrechtlichen Konstellationen ist das Opfer einer vorsätzlichen Gewaltstraftat mithin nicht gegenüber dem Handeln des Täters durch eigene hieraus erwachsende Ansprüche gegen dessen Versicherungsgesellschaft geschützt; eine wie auch immer ausgestaltete Opferentschädigung kommt auf dieser Grundlage nicht in Betracht. Ebenso scheidet eine vom Opfer selbst abgeschlossene Versicherung gegen das Risiko, Opfer einer Straftat zu werden, aus; nicht sämtliche Folgen der Opferwerdung sind durch den Kanon diesbezüglich möglicher Versicherungen abgedeckt, gleichviel, ob es sich um Lebens-, Kranken- oder Unfallversicherungen handelt.[22] Diese Versicherungen decken regelmäßig allenfalls Teilbereiche der Viktimisierungsfolgen ab.
- Gleiches gilt von den möglichen gesetzlichen Versicherungen des Opfers. Die gesetzliche Unfallversicherung – auf die unten noch zurückzukommen sein wird – erfasst bereits im persönlichen Anwendungsbereich nicht sämtliche Opferkonstellationen, da sie sich lediglich auf Beschäftigte, Auszubildende, Nothelfer und gewisse vergleichbare Personenkreise erstreckt.[23] In sachlicher Hinsicht knüpft die Versicherung an ein Unfallgeschehen an, das in § 1 SGB VII namentlich durch Arbeitsunfälle, Berufskrankheiten und arbeitsbedingte Gesundheitsgefahren umschrieben wird. Der Anwendungsbereich kann sich insofern zwar auf die spezifische Situation des Opfers einer Gewaltstraftat erstrecken, dies jedoch nur dann, wenn es sich bei der zu Grunde liegenden Straftat um einen Arbeitsunfall handelt. Eine vollumfängliche Abdeckung der möglichen Opferkonstellationen findet nicht statt.

---

20 So auch ausdrücklich die Gesetzesbegründung zum OEG 1976, vgl. BT-Drs. 7/2506, S. 8.

21 Vgl. nur §§ 103, 137 Abs. 1, 162 Abs. 1, 183 und 201 VVG.

22 BT-Drs. 7/2506, aaO.

23 Vgl. § 2 Abs. 1 SGB VII.

Die gesetzliche Krankenversicherung hat den Zweck, die Gesundheit der Versicherten zu erhalten, wiederherzustellen oder ihren Gesundheitszustand zu bessern (§ 1 Abs. 1 S. 1 SGB V). Sie umfasst sachlich damit auch die Opferkonstellationen nach straftatbedingt erlittenen körperlichen Beeinträchtigungen. Versicherte haben Anspruch auf Leistungen zur medizinischen Rehabilitation sowie auf unterhaltssichernde und andere ergänzende Leistungen, die notwendig sind, um eine Behinderung oder Pflegebedürftigkeit abzuwenden, zu beseitigen, zu mindern, auszugleichen, ihre Verschlimmerung zu verhüten oder ihre Folgen zu mildern.[24] Die gesetzliche Krankenversicherung umfasst insoweit jedoch Leistungen, die nicht *spezifisch* an eine Opferstellung anknüpfen, sondern in Fällen von Krankheit oder Behandlungsbedürftigkeit jeder Art in Betracht kommen. Zudem werden auch insoweit nicht sämtliche Tatfolgen, sondern überwiegend die gesundheitsspezifischen, an der Heilbehandlung ausgerichteten Folgen erfasst; die gesetzliche Krankenversicherung ist auf Prävention, Krankenbehandlung und Rehabilitation beschränkt.[25]

- Freilich verfügt ein infolge einer (Gewalt-) Straftat etwa dauerhaft arbeits- oder berufsunfähig gewordenes Tatopfer über Ansprüche auf Leistungen der Grundsicherung im Wege der Sozialhilfe (§ 1 SGB XII). Diese Ansprüche dienen jedoch allein der Gewährleistung eines menschenwürdigen Existenzminimums;[26] sie werden damit kaum einer Situation gerecht, in der das Opfer durch die Straftat aus seinen spezifischen persönlichen und wirtschaftlichen Verhältnissen herausgerissen wurde. Die zwischen der Gewährleistung des bloßen Existenzminimums und der vor der Tat bestehenden Situation liegende Differenz wird im Sinne einer Deckungslücke durch Ansprüche auf Sozialhilfe nicht beseitigt.
- Zu erwägen waren allerdings Ansprüche aus Staatshaftung. Diese konnten geeignet sein, Opferinteressen zu befriedigen, da sie auf der Rechtsfolgenseite grundsätzlich das gesamte Instrumentarium der §§ 249 ff. BGB umfassen können.[27] Voraussetzung derartiger Ansprüche ist jedoch eine wie auch immer geartete Verantwortung des Staates bzw. seiner Institutionen für die konkrete Opferwerdung, jedenfalls eine Zurechenbarkeit des Täterverhaltens zum Staat. Anspruchsgrundlagen der Staatshaftung umfassen entweder Schadensersatz

---

24 § 11 Abs. 2 S. 1 SGB V.

25 Becker/Kingreen, § 1 Rz. 3.

26 Wortlaut des § 1 S. 1 SGB XII: „*Aufgabe der Sozialhilfe ist es, den Leistungsberechtigten die Führung eines Lebens zu ermöglichen, das der Würde des Menschen entspricht.*" Vgl. auch Armborst in Bieritz-Harder/Conradis/Thie, § 1 Rz. 1.

27 Jedenfalls gilt dies für die klassische Amtshaftung, vgl. nur Ossenbühl/Cornils, S. 111.

i.S.d. §§ 249 ff. BGB[28] – wegen der in Deutschland nach wie vor geltenden Konstruktion der mittelbaren Staatshaftung nicht im Wege der Naturalrestitution[29] – oder Entschädigung in Geld außerhalb der §§ 249 ff. BGB.[30] Anders als Ansprüche im unmittelbaren Verhältnis des Opfers zum Täter steht dem Tatopfer bei staatshaftungsrechtlichen Anspruchsinstituten ein solventer Anspruchsgegner gegenüber; das Zurechnungskriterium des Täterverhaltens zum Staat wirft indes hohe Hürden auf.

- Jenseits dieser Anspruchsinstitute bestehen inzwischen noch einige anderweitige Möglichkeiten, gerade etwa zur Abmilderung der psychischen Tatfolgen. Im psychischen Bereich ist die Möglichkeit eines sog. Täter-Opfer-Ausgleichs denkbar (§ 46 a Nr. 1 Var. 1 StGB), der helfen könnte, einige der psychischen Auswirkungen auf Seiten des Opfers zumindest abzumildern. Ebenso besteht die Möglichkeit der Schadenswiedergutmachung durch den Täter (§ 46 a Nr. 1 Var. 2 StGB) und des Schadenswiedergutmachungsbemühens (§ 46 a Nr. 1 Var. 3 StGB). Wie die Anerkennung des bloßen Bemühens des Täters um Schadenswiedergutmachung zeigt, sind diese Vorschriften jedoch keine Anspruchsgrundlagen für das Opfer, sondern bloße Strafzumessungskriterien innerhalb eines täterorientierten Strafrechts.[31] Sie erweisen sich für die dogmatische Einordnung des Opferentschädigungs*anspruchs* deshalb nicht als relevant.

Wie dieser kursorische Überblick zeigt, bedurfte es deshalb – um das rechtspolitische Ziel[32] eines Ausgleichsinstruments gerade für die Opfer von (Gewalt-) Straftaten zu verwirklichen – einer neuen, eigenständigen Anspruchsgrundlage für die Opferentschädigung.

- Das Opferentschädigungsgesetz (OEG) von 1976 wurde daher – anders als sämtliche zuvor genannten Anspruchsinstitute – opferspezifisch ausgestaltet, in dem es *expressis verbis* an die Opferstellung nach einer Gewaltstraftat anknüpft; erforderlich ist die unmittelbare (gesundheitliche) Schädigung einer natürlichen Person.[33] Das OEG stellt damit den in Deutschland ersten Versuch einer spezifischen staatlichen Entschädigungsregelung zu Gunsten von Gewaltopfern dar.

---

28 So die Amtshaftung aus Art. 34 GG i.V.m. § 839 BGB, vgl. Wöstmann in Staudinger, § 839 Rz. 238.

29 Papier in Maunz/Dürig, Art. 34 Rz. 31.

30 Schubert in Beck-OK BGB, § 249 Rz. 7.

31 Eschelbach in Satzger/Schmitt/Widmaier, § 46 a Rz. 1.

32 Dazu sogleich unten II. 1.

33 Rademacker in Knickrehm, § 1 OEG Rz. 11.

## II. Das Opferentschädigungsgesetz von 1976

Seit dem Jahre 1976 verfügt die Bundesrepublik Deutschland mithin über ein Gesetz über die Entschädigung für Opfer von Gewalttaten, kurz Opferentschädigungsgesetz (OEG). Dessen § 1 Abs. 1 S. 1 stellt klar, was nach der Vorstellung des bundesdeutschen Gesetzgebers Gegenstand der Opferentschädigung ist; die Vorschrift hat den folgenden Wortlaut:

> *„Wer im Geltungsbereich dieses Gesetzes oder auf einem deutschen Schiff oder Luftfahrzeug infolge eines vorsätzlichen, rechtswidrigen tätlichen Angriffs gegen seine oder eine andere Person oder durch dessen rechtmäßige Abwehr eine gesundheitliche Schädigung erlitten hat, erhält wegen der gesundheitlichen und wirtschaftlichen Folgen auf Antrag Versorgung in entsprechender Anwendung der Vorschriften des Bundesversorgungsgesetzes."*

Unter dem Begriff der Versorgung sind dabei – in der Regel gebundene[34] – Leistungsansprüche des Geschädigten gegen den Staat zu verstehen.[35] Beim Opfer eingetretene Tatfolgen werden durch das OEG grundsätzlich in zweierlei Hinsicht kompensiert oder zu kompensieren versucht: durch Maßnahmen zur Wiederherstellung oder Besserung des Gesundheitszustandes des Tatopfers sowie durch Bereitstellung einer angemessenen wirtschaftlichen Versorgung.[36]

### 1. Historische Entwicklung

Die Einführung des OEG wurde seinerzeit mit der besonderen Verantwortung des Staates für Personen begründet, die durch eine vorsätzliche, gegen die körperliche Integrität des Einzelnen gerichtete Straftat geschädigt wurden.[37] Aufgabe des Staates sei es, Bürger vor Gewalttaten zu schützen. Könne er diese Pflicht nicht erfüllen, so müsse er sich für die Entschädigung des Opfers verantwortlich fühlen.[38] Diese Verantwortlichkeit wird nicht haftungsrechtlich, sondern sozialrechtlich begründet. Das OEG knüpft in seiner ursprünglichen wie gegenwärtigen Gestalt hiernach als soziale Entschädigung an eine besondere Verantwortung des Staates für Personenschäden auf der Grundlage des Sozialrechts an;[39] Rechtsgrundlage dieser sog. sozialen Entschädigung ist § 5 SGB I. Für die Ausgestaltung der

---

34 Knickrehm, § 1 BVG Rz. 5.

35 Dies. aaO.; zum Anspruchsinhalt noch unten.

36 Vgl. Wortlaut § 5 SGB I.

37 BT-Drs. 7/2506, S. 7; Rademacker in Knickrehm, § 1 OEG Rz. 7.

38 BT-Drs. 7/2506, aaO.; Rademacker in Knickrehm, aaO.

39 Eichenhofer, § 19 Rz. 416; Gitter/Schmitt, § 32 Rz. 1; Muckel/Ogorek, § 15 Rz. 1; Waltermann, § 13 Rz. 440; reine Vermögensschäden werden demgegenüber von sozialer Entschädigung nicht erfasst.

Rechtsfolgen nimmt das OEG Bezug auf die vielschichtigen Vorschriften des ausdifferenzierten Kriegsopferversorgungsrechts (Bundesversorgungsgesetz, BVG).

Das OEG bildet insoweit eine Regelung, die im Rahmen einer international nachzuzeichnenden Entwicklung zustande gekommen ist. Bereits in den fünfziger Jahren des vergangenen Jahrhunderts wurde in Großbritannien die öffentliche Aufmerksamkeit erstmals auf das Erfordernis einer Entschädigungsregelung für die Opfer von Gewalttaten im Sinne einer rechtspolitischen Forderung gelenkt;[40] Konsequenz war das sog. *Criminal Injuries Compensation Scheme*, das am 1. August 1964 in Kraft trat.[41]

Diese Regelung unterscheidet sich von der später in Deutschland getroffenen jedoch in vielerlei Weise; so bestand nach dem *Scheme* bis 1995 zunächst kein gesetzlicher Anspruch auf Entschädigung;[42] die Gewährung von Entschädigung war ein königliches Vorrecht.[43] Darüber hinaus handelte es sich im Gegensatz zum deutschen Recht um eine einmalige Kapitalabfindung, die allerdings auch ein Schmerzensgeld beinhaltete.[44] Die Entscheidung über den Anspruch wurde bis 1995 von einem sog. Compensation Board getroffen, an dessen Stelle zwischenzeitlich eine Verwaltungsbehörde – die *Criminal Injuries Compensation Authority* – getreten ist;[45] Opferentschädigung war allerdings auch schon vor 1995 trotz seinerzeit fehlender gesetzlicher Grundlage justitiabel.[46]

Kennzeichnend für die Entwicklung der Opferentschädigung ist es, dass für die Einführung derartiger Regelungen allgemein breite Akzeptanz bestand – dies geht auch aus der Tatsache hervor, dass bis Ende der siebziger Jahre in den meisten Staaten der westlichen Welt Opferentschädigungsregelungen erlassen worden sind.[47]

Der letztlich in der Bundesrepublik Deutschland verabschiedeten sozial- und versorgungsrechtlichen Lösung ähnlich ist das bereits 1972 erlassene österreichische *Gesetz über die Gewährung von Hilfeleistungen an die Opfer von*

---

40 Kühne, § 71 Rz. 1181.1; Ausgangspunkt der britischen Diskussion über die Entschädigung von Gewaltopfern war ein Aufsatz in der Zeitung *Oberserver* aus dem Jahre 1957, in dem die Lage der Opfer nach einer Gewalttat aufgezeigt wurde.

41 BT-Drs. 7/2506, S. 9; die 2012 in Kraft getretene Fassung ist abrufbar unter http://www.justice.gov.uk/victims-and-witnesses/cica, besucht am 01.11.2013.

42 Jansing, S. 248.

43 Kühne, aaO.

44 Ders., aaO.

45 Jansing aaO.

46 Ders., aaO.

47 Vgl. dazu den Überblick über die bis Mitte der siebziger Jahre erlassenen ausländischen Regelungen bei Schoreit/Düsseldorf, vor § 1 Abs. 4 Rz. 175.

*Verbrechen.*[48] Die österreichische Lösung wurde auch in den Erörterungen des 49. Deutschen Juristentages zur Frage der Einführung einer deutschen Opferentschädigungsregelung berücksichtigt.[49]

Maßgeblich war – wie sich aus dieser Entwicklung ersehen lässt – mithin nicht die Frage des „Ob" einer solchen Regelung, sondern vielmehr die Frage ihrer inhaltlichen Ausgestaltung. Dass in Deutschland insoweit der sozial- und versorgungsrechtliche Weg gewählt worden ist, lässt sich auch mit dem durch die Kriegsopferversorgung bereits vor 1976 erheblich ausdifferenzierten und eine Vielzahl von Rechtsfolgen bereithaltenden Versorgungsrecht erklären.[50] Zudem wurde das Bundesversorgungsgesetz[51] (BVG) aus diesem Grunde auch als ein Grundlagengesetz für sämtliche Tatbestände der sozialen Entschädigung angesehen.[52]

Es lässt sich also feststellen, dass das deutsche OEG historisch betrachtet zunächst einmal deshalb seinen Platz im Recht der sozialen Entschädigung gefunden hat, da dort bereits ein umfassendes Instrumentarium zur Ausgestaltung der Rechtsfolgen zur Verfügung stand. Dies lässt erkennen, warum die dogmatische Einordnung des OEG nach Schaffung desselben zunächst unklar geblieben ist. Zur Zeit der Einführung des OEG in den siebziger Jahren des 20. Jahrhunderts bestand lediglich Einigkeit darüber, dass es einer Entschädigungsregelung für die Opfer von Gewalttaten bedürfe;[53] die Gründe hierfür lagen jedoch letztlich eben in schlichter Empirie begründet, also der Tatsache, dass es aufgrund der festgestellten häufigen Mittellosigkeit von Gewaltstraftätern für rechtspolitisch

---

48 Bundesgesetz vom 9. Juli 1972 über die Gewährung von Hilfeleistungen an Opfer von Verbrechen (Verbrechensopfergesetz - VOG), BGBl. Nr. 288/1972; vgl. auch Kaiser, § 56 Rz. 6.

49 BT-Drs. 7/2506, S. 9.

50 Niedermeyer in Beck-OK Sozialrecht, § 5 SGB I Rz. 1.

51 Gesetz über die Versorgung der Opfer des Krieges (Bundesversorgungsgesetz - BVG) in der Fassung der Bekanntmachung vom 22. Januar 1982, BGBl. I S. 21.

52 Rüfner, S. E 10, E 53 f.

53 Vgl. nur BT-Drs. 6/2420, S. 3 – die Unionsparteien schlugen mit diesem Gesetzentwurf zwar eine Lösung über die gesetzliche Unfallversicherung vor, erblickten Notwendigkeit und Rechtfertigung einer Entschädigungsregelung für die Opfer krimineller Handlungen jedoch schlicht in einem *unbefriedigenden* (gesellschaftlichen) *Zustand,* da Straftäter häufig mittellos waren und selbst keine Entschädigung an das Opfer leisten konnten. Ebenso der Gesetzentwurf der Bundesregierung zum OEG, BT-Drs. 7/2506, S. 7: „soziale Aufgabe und Gebot der Gerechtigkeit".

notwendig erachtet wurde, dem betroffenen Personenkreis kompensatorische staatliche Leistungen zur Verfügung zu stellen.[54]

## 2. Dogmatische Einordnung

Diese zunächst unklare dogmatische Einordnung des OEG hatte zur Folge, dass sich systematische Inkonsistenzen sogar innerhalb der Koppelung der Opferentschädigung an § 5 SGB I ergaben.

Ansprüche auf die Gewährung von Opferentschädigung werden nämlich in der Bundesrepublik als soziale Entschädigung behandelt, obgleich jene typischerweise an ein sog. Sonderopfer anknüpft (§ 5 S. 1 Alt. 1 SGB I), über dessen Vorliegen im Falle der Opferwerdung trefflich gestritten werden kann.[55] Der Sachverhalt, Opfer einer (Gewalt-) Straftat zu werden, könnte nämlich ebenso gut als bloßes allgemeines Lebensrisiko bewertet und damit entschädigungslos gestellt werden.[56] Die gesetzliche Verortung der sozialen Entschädigung wegen der Folgen von (Gewalt-) Straftaten kann daher ohne weiteres als „halbherzig" bezeichnet werden, statuiert § 5 S. 1 SGB I neben Entschädigung wegen eines besonderen Opfers doch zugleich die Entschädigung aus *anderen Gründen*. Nebulös bleibt dabei der dogmatische Rang dieser „anderen Gründe"; auf der Ebene des Tatbestandes des § 5 SGB I stehen diese gleichrangig und zugleich alternativ neben den Fällen des Sonderopfers. Die Fallgestaltungen des OEG stellen den wesentlichen hierunter zu subsumierenden Sachverhalt dar.[57] Die Begründung einer derartigen Sonderfallgruppe in einem im Übrigen einheitlichen (Sonderopfer-) Entschädigungstatbestand scheint – zumindest dogmatisch betrachtet – beliebig; es bedarf einer eigenen Tatbestandsmodalität – der *anderen Gründe* – um die Opferentschädigung dem sozialen Entschädigungsrecht zuzuordnen. Die Opferentschädigung schwebt damit gleichsam im zuordnungsfreien Raum, sie nimmt insoweit eine Sonderrolle ein. Eine „saubere" oder gar präzise dogmatische Verankerung war nicht möglich.

Nicht jede Schädigung, die der Bürger erleidet, kann aber automatisch einen Anspruch auf Ausgleich der Schädigung gegen den Staat nach sich ziehen; dies würde gleichsam zu einer Absicherung des allgemeinen Lebensrisikos bzw. zu

54 Vgl. vorhergehende Fußnote.

55 Vgl. Wulfhorst, S. 188 m.w.N. und unten C.

56 Rademacker in Knickrehm, § 1 OEG Rz. 7.

57 Kessler in HSRB, aaO. Rz. 4.

einer Art „Volksunfallversicherung" gegen Schädigungen[58] führen. Eine derartige Absicherung war mit dem OEG von 1976 indes nicht intendiert:[59]

> *„[...] Gerade bei der sogenannten Gewaltkriminalität, auf welche die Entschädigung nach diesem Entwurf beschränkt werden soll, unterscheidet sich die Opferrolle wesentlich von dem Schicksal eines durch einen beliebigen schweren Unglücksfall Betroffenen. Auch bei diesem können zwar sozial erhebliche Auswirkungen auf die Erwerbsfähigkeit und die allgemeine wirtschaftliche Stellung des Betroffenen in Betracht kommen, aber es fehlt das Element des willentlichen Bruchs der Rechtsordnung durch körperliche Gewaltanwendung gegen eine Person; es fehlt die Enttäuschung der Erwartung der Unverbrüchlichkeit dieses wesentlichen Kerns der Friedensordnung innerhalb der Gesellschaft. Deshalb sieht der Entwurf davon ab, eine Ausweitung der Entschädigungsregelung in Richtung einer Art allgemeinen Volksversicherung gegen schwere Unfälle aller Art vorzusehen. [...]"*

### a) Eine *besondere Verantwortung* des Staates als Leistungsgrund

Es bedurfte deshalb einer Begründung, die die Zuordnung der Opferentschädigung zum sozialen Entschädigungsrecht nicht nur anhand allgemeiner Billigkeitskriterien herstellte, sondern sie auch systematisch nachvollziehbar erscheinen ließ. Als maßgeblich für die Konstruktion einer derartigen Begründung gegen den Staat gerichteter Ansprüche des Straftatenopfers wurde demzufolge die Frage bewertet, aus welchen Gründen es dem Staat aufgrund einer *besonderen Verantwortung* gerade obliegt, die erlittenen Schäden des Opfers zu entschädigen.[60] Diese besondere Verantwortung musste dabei so geartet sein, dass sie eine Abgrenzung gegenüber der sog. „Volksunfallversicherung" sowohl *ermöglichte* als auch *rechtfertigte*; nur vor diesem Hintergrund ließ sich eine abweichende Behandlung der

---

58 So Stolleis in FS Wannagat, S. 584 f., unter Hinweis auf die privatrechtliche Natur der Haftungsregelungen für Verkehrsunfälle; eben eine solche Volksunfallversicherung gegen Unglücksfälle aller Art fordert aber ausdrücklich Kilger in Moderne Opferentschädigung, S. 15.

59 BT-Drs. 7/2506, S. 10.

60 Diese besondere Verantwortung leitet BSG NJW 1980, 2326 unter Bezugnahme auf die Gesetzesbegründung des OEG von 1976 aus dem staatlichen Gewaltmonopol her: *„[...] Der Staat hat ein Monopol für die Verbrechensbekämpfung und ist deswegen für den Schutz der Bürger vor Schädigungen durch kriminelle Handlungen, insbesondere durch Gewalttaten, im Bereich seines Hoheitsgebietes und damit seiner Herrschaftsgewalt [...] verantwortlich. [...]"* Es finden sich jedoch noch weitere Begründungsansätze, die allesamt der Begründung der Sonderstellung der Opferentschädigung gegenüber der Behandlung von „Unglücksfällen" u.Ä. dienen; dazu sogleich.

Opferentschädigung von Unglücksfällen oder sonstigen allgemeinen Lebensgefahren rechtfertigen.[61]

> *„[...] Den Staat trifft eine besondere Verantwortung für Personen, die durch eine vorsätzliche Straftat geschädigt werden. Seine Aufgabe ist es, die Bürger namentlich vor Gewalttätern zu schützen. Kann er diese Pflicht nicht erfüllen, so muss er sich für die Entschädigung des Opfers verantwortlich fühlen. [...]"*[62]

Diese Sonderstellung der Opferentschädigung lässt sich jedenfalls *prima vista* nicht mit einer Verortung in einem bestimmten Rechtsgebiet begründen; *Stolleis* spricht gar davon, dass die getroffene politische Entscheidung (zu Gunsten der Opferentschädigung) sich ihren gesetzlichen Anknüpfungspunkt (selbst) suchte.[63]

Für die Beschreibung der Natur dieser Verantwortung identifizierte er gleich fünf unterschiedliche Begründungsansätze, die sich inhaltlich jedoch teils überschneiden und teils kumulativ herangezogen wurden und nach wie vor werden:[64]

### aa) Haftung des Staates für eigenes Versagen

Die besondere Verantwortung des Staates, gerade die Opfer von Gewaltstraftaten zu entschädigen, könne sich zunächst aus einer Haftung des Staates für eigenes Versagen ergeben. Dies beschreibt die auch vom BSG aufgegriffene und der Gesetzesbegründung von 1976 immanente Anknüpfung an das staatliche Gewaltmonopol als Einstandsgrund.[65] Die Einstandspflicht des Staates wird dabei durch folgende Erwägung begründet: Dem Staat obliegt das Gewaltmonopol (Art. 1 Abs. 3, 20 Abs. 2 und 3 GG); er dringt in das ausgangs als Verhältnis unter Privaten zu definierende Täter-Opfer-Verhältnis dadurch ein, dass er die im StGB und dem Nebenstrafrecht als Straftaten definierten und mithin von der staatlichen Gemeinschaft missbilligten Verhaltensweisen sanktioniert. Diese Sanktionierung erfolgt ausschließlich durch die staatlichen Instanzen der Sozialkontrolle; die Sanktionierung des Täters ist Aufgabe der staatlichen Gewalt und gerade dem Opfer entzogen.[66] Aus dem staatlichen Gewaltmonopol sowie der Schutzpflicht

61 Vgl. vorhergehende Fn.

62 BT-Drs. 7/2506, S. 7.

63 Stolleis in FS Wannagat, S. 590.

64 Ders., aaO., S. 583 ff.

65 Ders., aaO. S. 583; BSG aaO.; BT-Drs. 7/2506, S. 7, 10.

66 Roxin, § 2 Rz. 1, weist insoweit auf die Gesetzgebungskompetenz für das Strafrecht in Art. 74 Abs. 1 Nr. 1 GG unter dem Gesichtspunkt hin, dass der Verfassungsgeber damit ein staatliches Bestrafungsrecht voraussetze.

für die Rechtsgüter der Bürger aus Art. 2 Abs. 2 GG[67] folgt aber auch, dass der Staat zur vorbeugenden Verbrechensbekämpfung verpflichtet ist.[68] Die besondere Verantwortung des Staates, die das Einstehen im Wege der Opferentschädigung rechtfertigt, ergibt sich mithin gerade aus der Aufgabe, den Bürger vor den von der Gewaltkriminalität ausgehenden Risiken zu schützen.[69]

#### bb) Das Auferlegen eines Sonderopfers

Weiterer Begründungsaspekt besonderer staatlicher Einstandsverantwortung ist der Gesichtspunkt, der Staat habe dem Gewaltopfer ein Sonderopfer abverlangt, indem er es der Gewaltkriminalität (im Einzelfall) schutzlos aussetzte.[70] Bemerkenswert ist insoweit, dass im Falle der Gewaltkriminalität ja nicht der Staat das Sonderopfer abverlangt, sondern die beim Opfer realisierte Belastung aus dem Verhalten eines eigenverantwortlich handelnden Dritten – des Täters – folgt. Eine Begründung besonderer staatlicher Verantwortung im Wege eines dem Tatopfer abverlangten Sonderopfers setzt deshalb eine Fiktion voraus, die das Sonderopfer unmittelbar dem Staat zuordnet.[71]

#### cc) Opferverhalten als Verteidigung der Rechtsordnung

Gleichermaßen soll das Verhalten des Opfers der Gewaltkriminalität als Rechtsgrund von Opferentschädigungsleistungen dienen. Dies insoweit, als der Geschädigte bei der Verteidigung gegen eine Straftat nicht nur im eigenen, sondern auch im öffentlichen Interesse handelt, als er die Rechtsordnung aktiv verteidigt; die Entschädigung ist dann Steuerungsinstrument für potentielles, zukünftiges Opferverhalten, da die Aussicht auf Entschädigung die Motivation des Opfers zur aktiven Verteidigung der Rechtsordnung in der Tatsituation erhöht.[72]

#### dd) Das Opfer als Mitglied einer Gefahrengemeinschaft

Fernerhin lässt sich das Opfer einer Gewalttat noch als Mitglied einer Gefahrengemeinschaft begreifen, da jedes Mitglied der Gesellschaft als Individuum

---

67 Mrozinsky, § 5 SGB I Rz. 13; Niedermeyer in Beck-OK Sozialrecht, § 5 SGB I Rz. 4; allgemein zur Begründung der Schutzpflichten Di Fabio in Maunz/Dürig, Art. 2 Abs. 2 S. 1 Rz. 43 und 81 ff. sowie unten 2. Teil.

68 Vgl. in diesem Zusammenhang die Regelungen der Polizeigesetze der Länder, z.B. § 1 Abs. 4 HSOG (vorbeugende Bekämpfung von Straftaten).

69 BT-Drs. 7/2506, S. 7, 10.

70 Nachweise bei Stolleis in FS Wannagat, S. 585.

71 Ders., aaO.

72 Schoreit, S. 76.

potentielles Verbrechensopfer sei.[73] Eine derartige Begründung setzt das allgemeine Opferrisiko mit einem Versicherungsrisiko gleich, da das Opferrisiko in diesem Falle gleichsam als Unterfall der Realisierung eines allgemeinen Lebensrisikos versichert werden kann.[74] Diese Vorstellung lag zumindest mittelbar auch dem ersten in der Bundesrepublik Deutschland zum Zwecke der Gewährung staatlicher Opferentschädigung eingebrachten Gesetzentwurf zu Grunde, dem Entwurf eines Gesetzes über die Hilfe für die Opfer von Straftaten vom 12. Juli 1971.[75] Dieser Entwurf bezog sich zwar nicht ausdrücklich auf den Gesichtspunkt der Gefahrengemeinschaft, suchte die Entschädigung von Gewaltopfern jedoch dennoch als Fall der - unechten - Unfallversicherung in § 539 Abs. 1 Nr. 9 RVO (heute § 2 Abs. 1 Nr. 13 SGB VII) aufzunehmen. Ebenso hat das BSG in seiner primär auf das staatliche Gewaltmonopol als Leistungsgrund der Opferentschädigung abstellenden Entscheidung vom 7. November 1979[76] auf den Gesichtspunkt der Gefahrengemeinschaft hingewiesen, indem es betonte, wer Opfer einer Gewalttat werde, solle aus Solidarität innerhalb der allgemeinen staatlichen Gefahrengemeinschaft entschädigt werden.

#### ee) Gerechtigkeitsempfindungen

Schließlich seien auch die bereits angesprochenen Gerechtigkeitsempfindungen tragend für eine besondere Verantwortung des Staates für die Opferentschädigung;[77] derlei Gerechtigkeitsempfindungen sind in erster Linie indes solche der Gesellschaft in ihrer Gesamtheit, nicht solche des individuellen Opfers. Es gehe darum, dass aus einer gesellschaftlich-sozialpolitischen Sicht heraus bestimmte Opferkonstellationen als schlicht unzumutbar erschienen, etwa, wenn der Täter nicht zu ermitteln oder insolvent war oder aber sich die bloße Gewährung von Sozialhilfe - jedenfalls verglichen mit dem bisherigen Lebensstandard des Opfers vor der Tat - als unzumutbar erwies.[78] Ein Bezug zu einem konkreten

---

73 Ursprünglicher Ansatz von Hans Joachim Schneider, in: Viktimologie: Wissenschaft vom Verbrechensopfer, Tübingen 1975, S. 160; hier zitiert nach Stolleis in FS Wannagat, S. 587.

74 Stolleis, aaO.

75 BT-Drs. 6/2420; Entwurf der zu jener Zeit in der parlamentarischen Opposition befindlichen Fraktion der CDU/CSU.

76 BSG NJW 1980, aaO.

77 Stolleis, aaO. S 588 f. destilliert diese Gerechtigkeitserwägungen letztlich aus einer allgemeinen, sozialpolitischen Aufgabenbeschreibung.

78 Ders., S. 588.

dogmatischen Anknüpfungspunkt staatlicher Opferentschädigung wird insoweit nicht hergestellt.

Festzuhalten ist deshalb allein, dass sämtliche bezeichneten Überlegungen in mehr oder minder betonter Weise Eingang in die gegenwärtige dogmatische Fundierung staatlicher Opferentschädigungsleistungen gefunden haben, indem sie teils alternativ, teils kumulativ unter dem Mantel der sozialen Entschädigung herangezogen wurden. Dementsprechend wird auch die Abgrenzung zu anderen denkmöglichen Anspruchsinstituten, die der Opferentschädigung eine dogmatische Heimat geben könnten, stets negativ und teils mit Rücksicht auf deren jeweilige Rechtsfolge, teils auf deren tatbestandliche Voraussetzungen geführt. Eine stringente, einheitlich und konsistent verortete Begründung ist soweit ersichtlich bis zum heutigen Tage nicht gelungen. Dementsprechend differenzieren auch neuere Publikationen[79] lediglich nach Gruppen von Begründungsansätzen, ohne eine Entscheidung in eine spezifische Richtung vornehmen zu können oder zu wollen; insoweit wird nach

- sozialstaatlichen Begründungsansätzen,
- kriminalpolitisch motivierten Erwägungen und
- haftungsrechtlichen Herleitungswegen

zwecks Fundierung der staatlichen Opferentschädigung unterschieden.[80] Diese Ansätze entsprechen im Wesentlichen der Kategorisierung durch *Stolleis*.

### b) Die Abgrenzung zu anderen möglichen Anspruchsgrundlagen

Umgekehrt ist der Versuch unternommen worden, eine Abgrenzung negativ mit Rücksicht auf anderweitige Zuordnungen der staatlichen Opferentschädigung zu erreichen.

#### aa) Abgrenzung zum Schadensersatzanspruch bürgerlich-rechtlicher Art

So stelle die Opferentschädigung nach dem geltenden OEG keinen zivilrechtlichen Schadensersatzanspruch dar;[81] dies wird zwar nicht aus der Tatsache gefolgert, dass sich der Anspruch gegen den Staat richtet, da bürgerlich-rechtliche Ersatzansprüche gegen den Staat durchaus möglich sind, gerade wenn der Staat selbst in den Formen des Privatrechts handelt oder privatrechtlich fundierte

79 Windlin, S. 3 ff., 51 ff. und 95 ff.

80 Dies., aaO.

81 Weiner in Kunz/Zellner, § 1 OEG Rz. 2; Schoreit/Düsseldorf, vor § 1 Rz. 3; Schulz-Lüke/Wolf, § 1 Rz. 1.

Pflichten wahrnimmt;[82] jedoch ist die Rechtsfolge nicht auf Schadensersatz und damit primär Naturalrestitution i.S.d. § 249 S. 1 BGB sowie den möglichen Ersatz von Immaterialschäden gerichtet (§ 253 Abs. 2 BGB), sondern lediglich auf eine angemessene Entschädigung, die die Leistungsfähigkeit des Staates nicht übersteigt.[83] Dies belegt ferner die in diesem Rahmen vom Staat festgelegte Rentenhöhe aufgrund des BVG, auf das das OEG hinsichtlich der Rechtsfolgen verweist.[84] Aus dieser Ausgestaltung der Rechtsfolgen wird deshalb entnehmen, dass mit dem OEG gerade kein bürgerlich-rechtlicher Ersatzanspruch des Opfers kodifiziert werden sollte.

#### bb) Abgrenzung zur gesetzlichen Unfallversicherung

Die Abgrenzung zur gesetzlichen Unfallversicherung erfolgt demgegenüber zunächst lediglich über die mangelnde formelle Einordnung der Opferentschädigung in die Tatbestände der gesetzlichen Unfallversicherung aus § 2 und dort insbesondere Abs. 1 SGB VII.[85] Tatopfer sind dort nicht als Subjekte dieses Versicherungszweiges der Sozialversicherung aufgeführt. Die ursprüngliche Begründung des OEG wies insoweit lediglich darauf hin, dass das Leistungssystem des BVG den Bedürfnissen der Opferentschädigung besser gerecht werde;[86] zudem sollte Opferentschädigung von Unfällen im weiteren Sinne abgegrenzt werden.[87]

#### cc) Abgrenzung zu öffentlich-rechtlichen Aufopferungsansprüchen im engeren Sinne

Schwieriger fällt die Abgrenzung zum staatshaftungsrechtlichen Aufopferungsanspruch im engeren Sinne, da einige Voraussetzungen dieses Anspruchs – namentlich das Sonderopfer und der Gesichtspunkt der Gemeinwohlbezogenheit des Opferverhaltens in der Tatsituation mit in die dogmatische Zuordnung der

---

82 Etwa die Straßenverkehrssicherungspflicht, soweit diese nicht ausnahmsweise kraft Gesetzes als Amtspflicht ausgestaltet wurde; jedenfalls in Hessen fehlt eine solche Ausgestaltung im Landesstraßengesetz, vgl. nur Ossenbühl/Cornils, S. 34 sowie dort Fn. 158.

83 Gelhausen, Rz. 710; dabei soll an dieser Stelle außer Betracht bleiben, dass auch die deliktische Amtshaftung wegen ihrer Anknüpfung an das Verhalten des individuellen haftungsrechtlichen Beamten nicht auf Naturalrestitution gerichtet sein kann, vgl. nur Ossenbühl/Cornils, S. 111.

84 Schoreit/Düsseldorf, vor § 1 Rz. 3; dazu noch unten D).

85 Anderenfalls hätte es des Vorschlags einer ausdrücklichen Aufnahme in den seinerzeitigen § 539 RVO durch BT-Drs. 6/2420 nicht bedurft.

86 BT-Drs. 7/2506, S. 7.

87 Ebendort, S. 10.

Opferentschädigung als soziale Entschädigung einfließen. Insofern liegt durchaus die Annahme nahe, dass es sich bei dem Entschädigungsanspruch des Opfers um einen Aufopferungsanspruch im engeren Sinne handeln könnte. Aufopferungsansprüche im engeren Sinne zeichnen sich gerade dadurch aus, dass ihnen eine besondere Verantwortung des Staates für die beeinträchtigten Rechtspositionen des Bürgers zugrunde liegt, die typischerweise in der Abforderung eines bestimmten Verhaltens zu erblicken ist.[88]

Bei den ursprünglich auf der Grundlage der §§ 74, 75 Einführung zum Preußischen Allgemeinen Landrecht (EALR) von 1794 gewohnheitsrechtlich anerkannten und in § 40 Abs. 2 VwGO vorausgesetzten Aufopferungsansprüchen im engeren Sinne[89] folgt die besondere staatliche Verantwortung nämlich aus einem unmittelbaren (staatlichen) Eingriff in Rechtspositionen des Bürgers aus Art. 2 Abs. 2 GG, also jedenfalls auch in die von Gewaltdelikten regelmäßig betroffenen Rechtsgüter Leben und körperliche Unversehrtheit.[90] Der Staat haftet dort gerade dafür, dass er in diese Güter seines Bürgers – die zu schützen er durch Art. 2 Abs. 2 S. 1 GG ja auch verpflichtet ist[91] – eingegriffen hat.

Die Gründe für die mangelnde Zuordnung der Gewaltopferentschädigung zur Aufopferung i.e.S. werden aber in zweierlei Hinsicht erkennbar:

### (1) Sonderopfer

Der Aufopferungsanspruch i.e.S. setzt ein Sonderopfer des betroffenen Bürgers voraus.[92] Der Anspruch wird demjenigen gewährt, der seine körperliche Unversehrtheit zu opfern durch den Staat genötigt worden ist. Der Eingriff in die körperliche Unversehrtheit des Gewaltopfers erfolgt aber gerade nicht durch den Staat; das Verhältnis zwischen Täter und Opfer ist (lässt man einmal die Formen der Herrschafts- oder Makrokriminalität außer Betracht), zunächst ein Verhältnis zwischen Privaten.

Um den Entschädigungsanspruch des Opfers aus dem Gedanken der Aufopferung herleiten zu können, gälte es also zu fingieren, dass der Staat den betroffenen

---

88 Vgl. nur Kluth in Wolff/Bachof/Stober/Kluth, § 73 Rz. 80 f.; Sproll in Detterbeck/Windthorst/Sproll, § 16 Rz. 66; BGH NJW 1970, 1230 (Impfschäden).

89 Diese Herleitung legen BGHZ 9, 83, 85 f. und 13, 88, 91 zu Grunde; in jüngerer Zeit noch Römermann, S. 20 f.; ob sie sachgerecht ist, soll an dieser Stelle noch dahinstehen.

90 Ossenbühl/Cornils, S. 131.

91 BverfGE 49, 89, 140; 53, 30, 65; allerdings kommt dem Gesetzgeber bei der Erfüllung von Schutzpflichten aus Art. 2 Abs. 2 S. 1 GG ein weiter Einschätzungs-, Wertungs- und Gestaltungsspielraum zu, vgl. BVerfGE 77, 170.

92 Vgl. nur Sproll, aaO.; Kluth, aaO. Rz. 81.

Bürger in irgendeiner Weise die Einwirkung durch den Täter zu dulden verpflichtet habe.[93] Dies wird sich schwerlich begründen lassen und widerstreitet letztlich auch der Grundkonzeption des Strafrechts, der zunächst (bei einem frei von Willensmängeln und schuldhaft handelnden Täter) ja der Gedanke eines grundsätzlich freiverantwortlich agierenden Individuums als Anknüpfungspunkt für die Strafe zu eigen ist.[94] Insoweit bliebe kein Raum für ein vom Staat im Wege eines unmittelbaren Eingriffs in die geschützten Rechtspositionen abverlangtes Sonderopfer.

(2) Allgemeinwohlbezogenheit des „Eingriffs“

Weiterhin setzt der Aufopferungsanspruch i.e.S. eine Allgemeinwohlbezogenheit des staatlichen Eingriffs voraus.[95] Dieser muss durch das Allgemeinwohlinteresse zumindest motiviert sein.[96] Dabei stellt sich die Frage, in welchem öffentlichen Interesse das Opfer denn nun die Beeinträchtigungen durch eine Straftat erleiden soll.

- Stellt man insoweit hypothetisch auf ein rein passives Opfer ab, das die Schädigung durch den Täter nur erduldet, ohne eigene Gegenmaßnahmen zu ergreifen, so ist keinerlei Allgemeinwohlinteresse erkennbar, in dem das Opfer diese Schädigung erleidet.[97] Insbesondere wird sich kaum begründen lassen, dass die Hinnahme einer solchen Schädigung, die den staatlichen Instanzen zu diesem Zeitpunkt ja nicht einmal bekannt zu sein braucht, irgendeinem wie auch immer gearteten öffentlichen Interesse an der Aufklärung von Straftaten dienen soll.
- Aber auch jenes Opfer, das sich gegen die Beschädigung etwa im Wege der Notwehr zur Wehr setzt, dürfte Gesundheitsschäden kaum im Allgemeinwohlinteresse erleiden. In Betracht käme allenfalls der Gedanke der Bewahrung der Rechtsordnung; gerade dieser liegt dem geltenden OEG – wie noch zu zeigen sein wird – aber nicht zugrunde, sondern allein der Ausgleich gesundheitlicher und wirtschaftlicher Folgen von Gewalttaten. Das Gewaltopfer i.S.d. OEG wird demzufolge gerade nicht, wie *Stolleis* es ausdrückt, dafür

93 So zutreffend Stolleis in FS Wannagat, S. 585.

94 BGHSt 2, 200: „Mit dem Unwerturteil der Schuld wird dem Täter vorgeworfen, dass er sich nicht rechtmäßig verhalten[...] hat, obwohl er sich rechtmäßig verhalten, sich für das Recht hätte entscheiden können.“

95 Anders Ossenbühl/Cornils, S. 141, die in der Gemeinwohlbezogenheit – m.E. zu Recht – lediglich eine Vorbedingung *rechtmäßiger* Eingriffe erblicken; darauf soll im 3. Teil zurückzukommen sein.

96 Vgl. nur BGH NJW 1970, aaO.

97 So zu Recht Stolleis, aaO. S. 586.

entschädigt, dass es im Kampf gegen die Kriminalität nach innen[98] tätig wird; der Anspruch auf Opferentschädigung ist demzufolge in seiner gegenwärtigen Gestalt nicht der Aufopferung i.e.S. zuzuordnen.

Dieser Frage wird unten im Rahmen der Überlegungen zu einer möglicherweise gebotenen abweichenden Fundierung des staatlichen Opferentschädigungsanspruchs noch näher nachzugehen sein.[99]

### c) Die Fundierung als soziale Entschädigung

Vor diesem Hintergrund erfuhr das OEG letztlich eine Zuordnung zum Recht der sozialen Entschädigung als Teilbereich des Sozialrechts, wenngleich wohl so zu begreifen, dass eine andere Fundierung schlicht nicht dogmatisch sauber begründbar erschien.

#### aa) Sozialrecht

Die staatliche Opferentschädigung wurde Teilelement des Sozialrechts. Eine präzise materielle Definition dessen, was unter Sozialrecht zu verstehen ist, lässt sich allerdings kaum aufstellen; zu breit gefächert sind die in dieser Hinsicht unternommenen Begründungsversuche.[100] Als Anknüpfungspunkte werden allerdings immer wieder die Elemente des Ausgleichs sozialer Gegensätze und spezifische Aufgaben von Daseinsfür- oder -vorsorge im Zusammenhang mit der Herstellung oder Aufrechterhaltung sozialer Gerechtigkeit und sozialer Sicherheit genannt.[101] Eine solche inhaltliche Begriffsbestimmung ist insbesondere § 1 Abs. 1 S. 1 SGB I immanent, indem diese Vorschrift die Förderung sozialer Gerechtigkeit und die Verwirklichung sozialer Sicherheit zur Zielvorstellung erhebt.[102] Diese Ziele werden namentlich durch die Sicherung eines menschenwürdigen Daseins (des Einzelnen), aber auch mittels der Abwendung besonderer Belastungen des Lebens durch individuelle Rechtsansprüche auf Sozialleistungen zu verwirklichen gesucht.[103] Mithin wird sich sagen lassen, dass der Schutz des

---

98 Stolleis, aaO. S. 585.

99 Teil C.

100 Vgl. die Nachweise bei Gitter/Schmitt, § 1 Rz. 2.

101 Gitter/Schmitt, aaO.; Bley/Kreikebohm/Marschner, Rz. 2; Waltermann, § 2 Rz. 35 ff.; Muckel/Ogorek, § 3 Rz. 3; ebenso Eichenhofer, § 1 Rz. 5.

102 Eichenhofer, aaO.

103 Ders., aaO.

Schwachen Leitmotiv und Leitbild des Sozialrechts darstellt,[104] wenngleich das Sozialrecht in seiner Gesamtheit diesem Grundprinzip längst entwachsen sein dürfte, indem es darauf abzielt, einen typischen Standard oberhalb des Mindeststandards abzusichern.[105] Letzteres zeigt insbesondere die auf Beitragsleistungen gestützte Vorsorge gegenüber typischen Risiken wie Krankheit, Pflegebedürftigkeit, Invalidität oder Arbeitslosigkeit, die im Falle der Realisierung des abgesicherten Risikos mittels eines durch die Beitragszahlungen selbst erworbenen, individuellen Anspruchs auf die jeweilige Leistungen nicht auf der Ebene des Existenzminimums, sondern auf der Ebene des vor der Realisierung des Risikos bestehenden Lebensstandards zum Tragen kommt.[106]

Eine Zuordnung der Opferentschädigung zum materiellen Sozialrecht erscheint hiernach durchaus schwierig, da Opferentschädigungsleistungen auf der Grundlage des BVG grundsätzlich zwar gleich Leistungen der Sozialversicherung für einen typischen Bedarf unabhängig von der individuellen Bedürftigkeit des Leistungsempfängers gewährt,[107] die hierfür aufgewandten Mittel indes nicht aus Beiträgen des Einzelnen, sondern vielmehr aus Steuermitteln finanziert werden.[108] Gleicht also die tatbestandliche Seite der Sozialversicherung, besteht auf der Rechtsfolgenseite eine Vergleichbarkeit mit sozialer Förderung und Hilfe.

Die Materien des Sozialrechts lassen sich jedoch auch formell[109] und ohne Rücksicht auf ihren Inhalt[110] bestimmen; eine präzise Eingrenzung lässt sich sodann aus deren Festlegung durch den Gesetzgeber entnehmen; demnach sind dem Sozialrecht all diejenigen Materien zuzuordnen, die in den §§ 3–10 sowie § 68 SGB I enumeriert sind.[111]

Aus einer formellen Bestimmung des Sozialrechts lässt sich jedenfalls ableiten, dass das Recht der sozialen Entschädigung wegen seiner ausdrücklichen

---

104 So jedenfalls Eichenhofer, aaO. Rz. 4; anderen Begründungsansätzen – drittes Teilgebiet des Rechts neben Privatrecht und öffentlichem Recht oder eigenes Rechtsgebiet, das die Sozialleistungen zum Gegenstand hat, vgl. die Nachweise bei Eichenhofer, § 1 Rz. 1 – soll angesichts der ausdrücklichen Kodifizierung der Zielvorstellungen in § 1 SGB I nicht nachgegangen werden.

105 Muckel/Ogorek, § 3 Rz. 4.

106 Dies., aaO.; Waltermann, § 2 Rz. 34.

107 Gitter/Schmitt, § 1 Rz. 13; zum Leistungsumfang noch unten D); eine Ausnahme hiervon stellt die Heilbehandlung des § 10 BVG dar, die sich am konkret-individuellen Bedarf orientiert.

108 Dies., aaO.

109 Waltermann aaO.

110 Muckel/Ogorek, § 3 Rz. 2.

111 Vgl. nur Waltermann, § 2 Rz. 33.

Regelung in § 5 SGB I Teilbereich des Sozialrechts ist und damit auch die Grundlage für Entschädigungsansprüche der Opfer von Gewalttaten darstellen kann.

### bb) Soziale Entschädigung

Das Recht der sozialen Entschädigung greift nämlich immer dann ein, wenn dem Einzelnen Gesundheitsschäden entstehen, für deren Folgen die staatliche Gemeinschaft in Abgeltung eines besonderen Opfers oder aus anderen Gründen einzustehen hat, wie es § 5 SGB I statuiert. Es handelt sich also weder um Vorsorge noch um Bedürftigkeitsausgleich, sondern um eine eigenständige, „dritte Säule" des Sozialrechts neben Sozialversicherung und sozialer Förderung und Hilfe.[112] Strukturell wird eine Ähnlichkeit mit dem Recht der Staatshaftung erkennbar, da regelmäßig die Anspruchsgrundlagen des sozialen Entschädigungsrechts den nachträglichen Ausgleich solcher Schäden zum Gegenstand haben, die dem Einzelnen im Zusammenhang mit der Realisierung einer staatlich zumindest in irgendeiner Weise *veranlassten* Gefährdungslage entstanden sind.[113] Insofern ist soziale Entschädigung ebenso wie Staatshaftung kausal orientiert, indem sie an eine bestimmte Ursache und nicht an die Deckung eines allgemeinen sozialen Bedarfs anknüpft;[114] jedoch ist sie anders als grundsätzlich[115] die Staatshaftung in der Rechtsfolge nicht auf einen (im weitest gehenden Falle) vollständigen Schadensausgleich, sondern auf bloßen sozialen Nachteilsausgleich gerichtet,[116] kompensiert also etwa den bei einem Gewaltopfer eingetretenen Schaden lediglich partiell im Wege eines im Vorhinein[117] vertypten oder pauschalierten (teilweisen) Schadensausgleichs im Rahmen der Leistungsfähigkeit des Staates[118] und nicht etwa vollständig. Zudem scheint die Verantwortungsbeziehung des Staates zum verwirkten Unrecht jedenfalls *prima vista* schwächer, da zunächst keine dem Staat im Sinne eines dem Geschädigten abverlangten Sonderopfers unmittelbar sowie individuell zurechenbare, sondern lediglich eine

---

112 Gitter/Schmitt, § 1 Rz. 18.

113 Eichenhofer, § 19 Rz. 417; ders. in Eichenhofer/Wenner, §§ 5, 24 SGB I Rz. 4.

114 Ders. in Eichenhofer/Wenner, aaO. Rz. 3.

115 Jedenfalls der Amtshaftungsanspruch aus § 839 BGB i.V.m. Art. 34 GG ist auf vollumfänglichen Schadensersatz in Geld i.S.d. §§ 249 ff. BGB gerichtet, vgl. nur Ossenbühl/Cornils, S. 111 f.

116 Ders., aaO.

117 Böhm, S. 47.

118 Gelhausen, Rz. 710; den Staat trifft jedoch eine Pflicht zur Aufrechterhaltung eines Kernbereichs des sozialen Entschädigungsrechts, vgl. Niedermeyer in Beck-OK Sozialrecht, § 5 SGB I Rz. 4.

allgemein durch veranlasste Gefahrerhöhung eingetretene Rechtsverletzung des Anspruchsberechtigten vorausgesetzt wird.[119]

Im Hinblick auf Opferentschädigung besteht die Besonderheit, dass eine staatlich veranlasste Gefahrerhöhung durch aktives Tun wie etwa bei der Kriegsopfer- oder Soldatenversorgung zunächst nicht erkennbar wird. Die sozialrechtlich begründete staatliche Verantwortung liegt damit nicht in einem Handeln, sondern einem Unterlassen des Staates, das einem Handeln gleichgeachtet wird. Opferentschädigung konnte deshalb nicht der Fallgruppe des besonderen Opfers, sondern (nur) den *anderen Gründen* des § 5 SGB I zugerechnet werden.[120] Die grundsätzliche Einstandspflicht des Staates wird sodann wie bereits ausgeführt jedenfalls mit Rücksicht auf das staatliche Gewaltmonopol begründet. Das Gewaltmonopol fungiert dabei als Brücke zwischen dem nicht unmittelbar vom Staat herbeigeführten Eingriff in die Rechtsgüter des Opfers und der staatlichen Verantwortung für den „Erfolg" dieses Eingriffs. Jenseits des staatlichen Gewaltmonopols wird zudem – wie gezeigt – teils auf andere Begründungselemente zurückgegriffen, um die notwendige staatliche Verantwortung gerade in Abgrenzung zu Unglücksfällen zu begründen.

Im Ergebnis ist eine eindeutige dogmatische Zuordnung der staatlichen Opferentschädigung deshalb bis heute nicht erfolgt; sie kann gesichert nur auf Grundlage des formellen Kriteriums der Anknüpfung an § 5 SGB I behauptet werden. Ein etwaiger Reform- oder Modifikationsbedarf der staatlichen Opferentschädigung vermag jedenfalls auf den ersten Blick nicht an die bisherige dogmatische Handhabung derselben anzuknüpfen. Inwieweit diese Einordnung dennoch in Frage zu stellen sein mag, soll an späterer Stelle geklärt werden.[121]

### 3. Der Opferbegriff

#### a) Der Opferbegriff des OEG

Weiterhin zielt das OEG keinesfalls auf eine Entschädigung sämtlicher Opfer von Straftaten ab, sondern fokussiert allein auf die Opfer vorsätzlicher Gewaltstraften. Das OEG selbst bestimmt dabei keinen eigenständigen Opferbegriff, sondern greift zur Beschreibung des anspruchsberechtigten Personenkreises auf

---

119 Eichenhofer in Eichenhofer/Wenner, §§ 5, 24 SGB I Rz. 4; wie zu zeigen sein wird, steht dieser Unterschied für die Opferentschädigung einer Zuordnung zur Staatshaftung jedoch nicht entgegen, sofern sich die notwendige individuelle wie unmittelbare Zurechnungsbeziehung außerhalb des Sonderopfergedankens begründen lässt.

120 Vgl. nur Eichenhofer in Eichenhofer/Wenner, aaO. Rz. 5.

121 Unten C. III. 3.

die erlittenen Tatfolgen – die gesundheitliche Schädigung (§ 1 Abs. 1 S. 1 OEG) – zurück. Die Opferstellung wird also in erster Linie durch die erlittenen Tatfolgen gekennzeichnet. Diese Folgen bestimmen den Maßstab und in gewisser Weise auch die Reichweite des zu Grunde gelegten Opferbegriffs.

Zu berücksichtigen sind in diesem Rahmen sowohl die unmittelbaren Tatfolgen (die Primärviktimisierung)[122], die zumeist im Zufügen einer gesundheitlichen (hier: physischen) Schädigung liegen. Darüber hinaus löst die Primärviktimisierung im Bereich der Gewaltkriminalität üblicherweise auch zahlreiche psychische Reaktionen beim Opfer aus, die ebenso schwerwiegend sein können wie die körperlichen Gewaltfolgen. Auch psychische Tatfolgen stellen grundsätzlich eine gesundheitliche Schädigung dar, mitunter selbst bei nahen Angehörigen (Schockschäden, Sekundärviktimisierung).[123] Damit nicht genug: Es ist eine weite Bandbreite von Folgeerscheinungen denkbar, welche in engem Zusammenhang mit den vorbezeichneten physischen und psychischen Wirkungen stehen; das Augenmerk fällt hier auch und gerade auf die wirtschaftlichen Viktimisierungsfolgen.

Durch die Schädigung seiner Gesundheit kann die Erwerbsfähigkeit des Opfers erheblich gemindert sein; Einkommensdefizite oder gar Verlust des Arbeitsplatzes können die Folge dieser Tatsache sein. Auch die psychischen Auswirkungen können diese wirtschaftlichen Folgen auslösen: Durch eine erlittene Traumatisierung ist das Opfer möglicherweise gar nicht mehr imstande, einer geregelten Erwerbstätigkeit nachzugehen.[124]

Weiterhin vermögen schließlich noch psychologische und sozialpsychologische Faktoren eine Rolle zu spielen; mitunter entwickelt das Opfer eine ablehnende Haltung gegenüber dem Täter, die aus der durch die Tat vermittelten Demütigung resultiert – mehr noch: Es fühlt sich aus der Gesellschaft gleichsam ausgegrenzt. Diese Faktoren sind den psychischen Folgewirkungen der Tat zuzuordnen; sie machen deutlich, welch enorme Folgewirkungen von einer Gewalttat für das Opfer ausgehen können.

Opfer im Sinne des OEG ist deshalb (nur) diejenige Person, die infolge einer Gewaltstraftat eine gesundheitliche Schädigung erlitten hat, ungeachtet des konkreten Umfangs und der sekundären Folgen dieser Schädigung.[125] Maßgebend

---

122 Kropp, S. 688.

123 Rademacker in Knickrehm, § 1 OEG Rz. 16.

124 Kropp, aaO.

125 Kilchling, S. 67 f., weist zu Recht darauf hin, dass zwischen viktimologischem und strafrechtlichem Opferbegriff unterschieden werden müsse, wobei letzterer in seiner Reichweite umstritten sei. Der Streit entzündet sich vor allem an der Frage, ob der Opferbegriff stets einen konkreten Personenbezug voraussetzt oder das Vorliegen einer

ist die unmittelbare Schädigung einer natürlichen Person.[126] Ein Anspruch nach dem OEG kann nur für die Zeit ab der Vollendung der Geburt bestehen, da der Mensch gem. § 1 BGB erst ab diesem Zeitpunkt rechtsfähig ist.[127] Straftat, Gewaltstraftat oder Gewalttat ist grundsätzlich jede auf den Körper eines anderen in feindseliger Willensrichtung unmittelbar zielende gewaltsame Einwirkung.[128] Erweitert wird dieser Begriff um einzelne formal gewaltlose Handlungen.[129]

### b) Der Opferbegriff dieser Untersuchung

Eine vergleichsweise einfache Überlegung zur Stärkung der Rechtsposition des Opfers könnte darin bestehen, den Opferbegriff über den genannten Rahmen hinaus auch auf Opfer anderer, entweder kein Gewaltelement oder keinen Vorsatz beinhaltender Straftaten auszudehnen. Erörtert worden ist eine derartige Ausdehnung namentlich für die Konstellation des Wohnungseinbruchsdiebstahls, soweit es infolge desselben zu körperlichen oder psychischen Beeinträchtigungen beim Geschädigten kommt.[130] In Betracht käme aber ebenso eine Ausdehnung auf fahrlässige Straftaten, die zu signifikanten körperlichen Folgen beim Geschädigten geführt haben.

Eine solche Ausdehnung scheint auf den ersten Blick erwägenswert und *de lege ferenda* einfach umzusetzen: Es dürften in der Tat kaum Zweifel daran bestehen, dass gerade die psychischen Tatfolgen beim Wohnungseinbruchsdiebstahl, das verletzte Sicherheitsempfinden und der Umstand des Eindringens des Täters in eine geschützte räumliche Sphäre des Opfers vergleichbare primäre oder sekundäre Viktimisierungsfolgen auslösen können, wie sie soeben oben bereits

---

Rechtsverletzung isoliert betrachtet genügt. Für das untersuchungsgegenständliche Opferentschädigungsgesetz kommt es hierauf jedoch nicht an, da das auch im weiteren Tatbestand auf strafrechtliche Begriffe zurückgreifende OEG diese Frage in § 1 Abs. 1 S. 1 zu Gunsten der Rechtsverletzung entscheidet: Maßgebend ist die Unmittelbarkeit der Schädigung, nicht die Beziehung zum Schädiger – der vom Tatbestand vorausgesetzte tätliche Angriff kann auch gegen eine andere Person als den Geschädigten gerichtet gewesen sein, vgl. Rademacker in Knickrehm, § 1 OEG Rz. 11.

126 Rademacker in Knickrehm, aaO.

127 Ders., aaO. Rz. 12.

128 Ders., aaO. Rz. 32.

129 Mrozynski, § 5 Rz. 11; BSGE 77, 7, 11.

130 Eppenstein in Opferentschädigungsgesetz – Intention und Praxis opfergerecht?, S. 92 f.; Eppenstein betrachtet die Nichteinbeziehung der Einbruchsopfer als Redaktionsversehen des OEG-Gesetzgebers, vgl. S. 100.

beschrieben wurden.[131] Für die körperlichen Folgen einer fahrlässigen Körperverletzung mag dies ab einem gewissen Schweregrad ebenfalls gelten. Doch erführe das OEG insoweit eine Ausdehnung seines Anwendungsbereichs, die nicht nur seine dogmatische Einordnung noch weiter erschweren, sondern zugleich auch grundlegende Verantwortlichkeitsprinzipen der Rechtsordnung berühren würde.

Im Falle einer Ausdehnung der staatlichen Opferentschädigung auf sämtliche Straftaten mit individualisierbarem Opfer, das primäre oder sekundäre Viktimisierungsfolgen erlitten hat, würde das OEG in Richtung einer „Volksunfallversicherung" für Schädigungen aller Art verschoben. Zwar kommt es für die Bewertung nicht darauf an, dass dies vom Gesetzgeber des OEG nicht intendiert war,[132] jedoch liegt der Gedanke, staatliche Opferentschädigung auf Konstellationen eines willentlichen Bruchs der Rechtsordnung durch körperliche Gewaltanwendung gegen eine Person[133] zu beschränken, da es sich bei derlei Übertretungen um den wesentlichen Kern der Friedensordnung innerhalb der Gesellschaft handelt, durchaus nahe.

Entscheidend scheint jedoch, dass – wie sogleich darzustellen sein wird – bereits das geltende OEG keine aus Sicht der bereits gegenwärtig seinem Anwendungsbereich unterliegenden Opfer vollständig zufriedenstellende Lösung darstellt; ehe also der Anwendungsbereich einer möglicherweise unvollständigen oder nicht hinreichend geeigneten Vorschrift auf einen noch größeren Personenkreis erstreckt wird, sollten zuvörderst bereits bestehende Defizite mit Blick auf den gegenwärtigen Anwendungsbereich ausgeräumt werden. Eine Erweiterung des persönlichen Anwendungsbereichs mag sodann dem künftigen und folgenden Diskurs überlassen bleiben. Die in dieser Arbeit mit Blick auf eine Modernisierung der Opferentschädigung anzustellenden Überlegungen bleiben deshalb demjenigen personalen Anwendungsbereich verhaftet, der dem geltenden OEG zu Grunde liegt.

## III. Besserstellung des Opfers durch Reform oder Weiterentwicklung des OEG?

Eine Weiterentwicklung des geltenden Opferentschädigungsinstrumentariums scheint nur sinnvoll, soweit dieses Instrumentarium relevante Lücken oder Mängel in der Verwirklichung seiner Zielsetzung – Ausgleich gesundheitlicher

---

131 Ders., aaO. S. 93.

132 BT-Drs. 7/2506, S. 10.

133 So ausdrücklich BT-Drs. 7/2506, aaO.

und wirtschaftlicher Tatfolgen bei Gewaltopfern – aufweist. Einen maßgebenden Ansatzpunkt zur Ermittlung von Normgestalts- oder Normanwendungsdefiziten stellt dabei die gegenwärtige Fassung des OEG selbst dar, die sogleich in Teil B. noch vertieft werden wird; sie zeigt einige Schwächen der geltenden Gesetzeslage auf.

### 1. Kritik an der geltenden Ausgestaltung und den praktischen Wirkungen des OEG

Der vom Gesetzgeber gewählte Ansatz einer sozial- und versorgungsrechtlichen Lösung wird indes auch auf einer allgemeineren Ebene kritisiert. Im Wesentlichen ist es der Mangel an opferadäquaten praktischen Wirkungen, der einer hinreichenden Wirksamkeit der geltenden Bestimmungen entgegengehalten wird.

#### a) Mangelnde Opferinteressengerechtigkeit des OEG aus rechtstatsächlicher und empirischer Sicht

Diese Kritik wird einerseits auf eine rechtstatsächliche Betrachtung gestützt. Rechtstatsächliche Betrachtungen untersuchen die Normanwendung solcher (geltenden) Vorschriften, die Bezug zu wirklichen oder vermuteten Opferinteressen haben, und leiten daraus Erkenntnisse mit Blick auf diese Interessen ab.

Die tatsächliche Lage für das OEG ergibt gegenwärtig – jedenfalls nach Auffassung des Opferhilfevereins Weisser Ring e.V.[134] – ein ernüchterndes Bild:

Mit Blick auf die bundesweit im Jahre 2012 polizeilich erfassten[135] 195.143 Gewaltstraftaten,[136] die eine Anwendung des OEG ermöglichen,[137] stellten das jeweilige Tatopfer oder dessen Krankenkasse lediglich in 20.086 Fällen oder 10,29%

---

134 Weisser Ring e.V., Statistiken zur staatlichen Opferentschädigung, https://www.weisser-ring.de/index.php?id=7571, besucht am 05.12.2013.

135 Dabei ist zu berücksichtigen, dass eine Antragstellung nicht zwingend im Jahr des tätlichen Angriffs erfolgen muss – die vierjährige Verjährungsfrist des § 45 Abs. 1 SGB I gilt auch für die Opferentschädigung, so dass es bei der Bildung der Relation Antragstellungen – Gewaltstraftaten zu Verzerrungen kommen kann, vgl. Grundel/Blättner, S. 5.

136 PKS 2012, S. 256.

137 Mord, Totschlag, Tötung auf Verlangen, Vergewaltigung und sexuelle Nötigung, Raubdelikte, Körperverletzung mit Todesfolge, gefährliche und schwere Körperverletzung, erpresserischer Menschenraub und Geiselnahme, vgl. PKS 2012, aaO.

der bekannt gewordenen Fälle von Gewaltkriminalität einen Antrag auf Opferentschädigung.[138]

Anerkannt wurden hiervon lediglich 7.156 oder 35,63% der gestellten Anträge,[139] d.h. lediglich in diesen Fällen leistete der Staat tatsächlich Opferentschädigung. Zur Gewährung von Rentenleistungen – die einen GdS von mindestens 30% voraussetzen – kam es nur in 1.597 Fällen, was 7,95% der gestellten Anträge entspricht.[140] Bezogen auf die Gesamtzahl der bekannt gewordenen Gewalttaten liegt dieser Anteil gar nur bei 0,82%.[141] Diese Werte haben sich in den vergangenen Jahren jeweils nur unwesentlich verändert: Der Anteil der Antragsteller an der Gesamtzahl der bekanntgewordenen Gewaltstraftaten lag 2011 bei 10,37%[142], 2010 bei 10,79%[143], 2009 bei 10,45%[144] und 2008 bei 10,57%[145]. Nach Auffassung des *Weissen Ringes* erhielten folglich nur wenige Betroffene eine spürbare Hilfe bei der Bewältigung körperlicher, seelischer oder wirtschaftlicher Tatfolgen; der Verein bemängelte überdies eine zu enge Fassung des Opferentschädigungsgesetzes und eine zu restriktive Anwendung desselben durch die Versorgungsverwaltungen der Länder.[146] Zudem bestehe nach wie vor ein gravierender Bekanntheitsmangel des OEG, und zwar selbst in beruflich sachnahen Kreisen wie etwa demjenigen der Rechtsanwälte.[147]

Vor diesem Hintergrund lässt sich im Zuge einer anwendungsorientierten Betrachtung des OEG durchaus der Standpunkt einnehmen, das OEG sei kaum zur Befriedung von Opferinteressen geeignet. Die geringe Zahl der Antragstellungen könnte das Versagen des gesamten Entschädigungsmechanismus indizieren. Rechtstatsächlich lässt sich daher festhalten, dass Opferinteressen an staatlichen

138 Weisser Ring e.V., https://www.weisser-ring.de/fileadmin/content/Intranet/NEUDZF/OEG_Statistik_2012_neu.pdf, besucht am 05.12.2013.

139 Weisser Ring e.V., aaO.

140 Vgl. Fn. 138.

141 Vgl. Fn. 138.

142 Weisser Ring e.V., https://www.weisser-ring.de/fileadmin/content/2011_OEG_Rank/OEG_2011.pdf, besucht am 05.12.2013.

143 Wie vor, https://www.weisser-ring.de/fileadmin/content/presse/OEG_Statistik2010.pdf, besucht am 05.12.2013.

144 Wie vor, https://www.weisser-ring.de/fileadmin/content/presse/OEG_Statistik_2009.pdf, besucht am 05.12.2013.

145 Wie vor, https://www.weisser-ring.de/fileadmin/content/OEG_01.pdf, besucht am 05.12.2013.

146 Weisser Ring e.V., Statistiken zur staatlichen Opferentschädigung, https://www.weisser-ring.de/index.php?id=7571, besucht am 05.12.2013.

147 Vgl. vorhergehende Fn.

Entschädigungsleistungen zwar bestehen, die geltende Regelung aber offenbar Mängel oder Lücken bei der Befriedigung dieser Interessen aufweist, da ein erheblicher Anteil der Gewaltopfer entweder gar keine Entschädigungsleistungen in Anspruch nimmt oder aber Anträge hierauf seitens der durchführenden Verwaltung abgelehnt werden.

Kritik wird aber auch aus empirischer Sicht laut. Sie konkretisiert sich dabei zwar weniger auf die praktische Anwendung des OEG selbst, hält indes fest, dass das Interesse des gewaltgeschädigten Tatopfers sich offenbar nicht im bloßen Tatfolgenausgleich durch wirtschaftliche Leistungen erschöpft. Wird das Opferinteresse als eine an die geistig-seelische Lage des Opfers nach der Tat anknüpfende Situation begriffen, so stellt es sich als die Summe aller in dieser Lage bestehenden Erwartungen von einem objektivierten Standpunkt betrachtet dar. Diese Erwartungen können neben dem Tatfolgenausgleich weitere Aspekte umfassen, die die Entschädigungsnormen des OEG nicht oder allenfalls ansatzweise abdecken.

Untersuchungen zum Interesse des Verletzten sind namentlich mit Blick auf die strafrechtliche Lage durchgeführt worden. Einen wichtigen Beitrag hierzu leistet *Kilchling* mit seiner auf die Dauer von 5 Jahren durchgeführten Studie zu den Fragen des Opferinteresses im Zusammenhang mit der Strafverfolgung.[148] Diese Untersuchung soll hier exemplarisch hervorgehoben werden. Auch wenn die Untersuchung bereits im Jahre 1995 publiziert wurde, liefert sie doch bemerkenswerte Anhaltspunkte mit Blick auf die Lage der Opfer von Gewaltstraftaten, zumal sich die Verhältnisse seither nicht wesentlich geändert haben dürften.[149] *Kilchling* wählte für seine Erhebung im Wesentlichen die Methode der Opferbefragung.[150] Die durchgeführte Untersuchung umfasste dabei die gesamte Zeitachse strafrechtlicher Intervention vom Viktimisierungsgeschehen bis hin zur Strafvollstreckung;[151] dementsprechend erhielten nicht allein „strafrechtstypische" Fragen wie etwa diejenige nach dem Verhalten mit Blick auf die Anzeigeerstattung oder etwaige Straferwartungen Raum, sondern – zumindest am Rande – auch die Frage nach Ausgleichsinstrumenten, namentlich erlangtem Schadensersatz oder Entschädigungsleistungen.[152] Diese Frage wurde mit Blick auf die Viktimisierungsumstände aufgeworfen; sie sollte es erlauben, die Viktimisierungsumstände

---

148 Kilchling, S. 53 ff.

149 Dies zeigt bereits die seit Jahren nahezu konstante Quote von Anträgen auf Entschädigung nach dem OEG, vgl. oben Fn. 138, 142 ff.

150 Kilchling, aaO.; auf methodische Einzelheiten der Befragungsweise soll hier nicht eingegangen werden.

151 Ders., aaO.

152 Ders., S. 136 ff.

zu bewerten.[153] Die für die Gewaltopferentschädigung interessierenden tätlichen Angriffe ordnete *Kilchling* der Gruppe der sog. Kontaktdelikte zu; diese Bezeichnung umfasst die Straftatengruppe, die sämtliche Formen der Gewaltanwendung von schwerem Raub bis zu Mord und Totschlag beinhaltet.[154]

Es zeigte sich, dass Ersatz irgendeiner Art – gleich, welcher Herkunft und welchen Umfanges – gerade bei den Kontaktdelikten nur in geringem Umfange geleistet wurde. Von allen untersuchten Opfergruppen – Nichtkontaktdelikte, Einbruchsdelikte und Kontaktdelikte – war der Anteil der Opfer, die Schadensersatz, Entschädigung oder sonstige Leistungen erlangt hatten, in der Gruppe der Kontaktdelikte mit 12,4% am niedrigsten.[155] Von Interesse sind auch die Befunde nach der Herkunft der Ersatzleistungen in den Fällen, in denen im Rahmen von Kontaktdelikten doch Entschädigung, Schadensersatz oder eine andere Leistung erbracht wurde: Diese verteilten sich wie folgt: Ersatzleistungen einer privaten oder öffentlichen Versicherung erhielten 53,3% der Opfer von Kontaktdelikten; vom Täter stammten die Leistungen in 20,0% der Fälle, von sonstigen Personen ebenfalls in 20,0% und von Opferhilfeeinrichtungen in 6,7% der untersuchten Konstellationen.[156] *Kilchling* lässt freilich offen, unter welchen dieser Gesichtspunkte er die Entschädigungsleistungen nach dem OEG subsumiert; wird berücksichtigt – eine im Wesentlichen unveränderte Lage unterstellt –, dass der Anteil der erfolgreichen Antragstellungen auf Entschädigungsleistungen nach dem OEG nur 3,67% an der Gesamtzahl der Gewalttaten beträgt,[157] so wird zumindest deutlich, dass Leistungen auf der Grundlage des OEG wohl weder den Versicherungsleistungen noch solchen der Opferhilfe zuzuordnen sein dürften.[158] Als weiteren bedeutsamen Befund wird man bewerten können, dass Täterleistungen zwar in 20,0% der Leistungsfälle erbracht wurden; da allerdings nur 12,4% der Opfer von Kontaktdelikten überhaupt Entschädigungsleistungen erlangten, beträgt der Anteil der vom Täter erbrachten Leistungen bezogen auf

153 Ders., aaO. S. 136.

154 Engels/Martin, S. 14.

155 Nichtkontaktdelikte: 42,1%; Einbruchsdelikte: 67,5%; vgl. Kilchling, S. 136.

156 Ders., S. 138.

157 Weisser Ring e.V., https://www.weisser-ring.de/fileadmin/content/Intranet/NEUDZF/OEG_Statistik_2012_neu.pdf, besucht am 05.12.2013.

158 Ein solcher Vergleich ist natürlich aufgrund der Unterschiede in Erhebungszeitraum sowie Art und Umfang der Stichprobe – Kilchling nahm auch Fälle aus dem sog. Dunkelfeld in den Blick – wissenschaftlich nicht valide; er dient lediglich der plakativen Veranschaulichung des geringen Anteils der Opferentschädigung nach dem OEG im Rahmen des Interessenausgleichs des Gewaltopfers.

*Kilchlings* gesamte untersuchte Stichprobe lediglich 2,48%;[159] anders formuliert: In 97,52% der untersuchten Gestaltungen leistete der Täter dem Tatopfer keinen Ersatz.

Die mit den bezeichneten Entschädigungsleistungen verbundenen Erwartungen der Geschädigten lassen sich mit Blick auf die in der Untersuchung enthaltenen Befunde zum Anzeigeverhalten der Opfer zumindest ansatzweise erkennen: Die Studie fragte auch Anzeigemotive ab; Mehrfachnennungen waren möglich.[160] Für den Bereich der Kontaktdelikte ergab sich dabei, dass das Bedürfnis der Gewaltopfer nach dem Erlangen von Hilfe 34,3% eine hohe Bedeutung aufwies.[161] Im Rang bedeutsamer als das Erlangen von Hilfe wurden von Kontaktdeliktsopfern lediglich die Bestrafung des Täters (62,9%[162]) und die Prävention in Gestalt einer Vermeidung künftiger Straftaten jedenfalls des konkreten Täters (48,6%[163]) genannt; als nachrangig erwiesen sich die Tatschwere, die Schadenshöhe bei materiellen Schäden sowie etwaige Versicherungsbedingungen, die zur Erstattung einer Strafanzeige verpflichten (31,4, 17,1 und 20,0%).[164] Dieses Ergebnis weicht von den Befunden für sämtliche Opfer ab, denn dort belegt das Erlangen von Hilfe – unter Einbeziehung weiterer Motive – nur den sechsten von zehn Rängen zwischen den erfragten Anzeigemotiven.[165] Auch Täterbestrafung und Prävention werden durch Opfer von Kontaktdelikten als wesentlich wichtiger bewertet als von der Gruppe der Tatopfer insgesamt.[166] Noch gewichtiger fällt dieser Unterschied in der Gruppe derjenigen Opfer aus, bei denen eine Beziehung zum Täter (Verwandtschaft oder Bekanntschaft) bestand. Zu berücksichtigen ist insoweit jedoch, dass die Untersuchung insoweit *allein* auf den Bekanntschaftsstatus abstellte und mit Blick auf die Befunde zu den Beziehungsdelikten gerade nicht zwischen Opfern von Kontaktdelikten und Opfern sonstiger Straftaten unterschied.[167] Der Wunsch nach Bestrafung wurde insoweit von 76,9% der persönlich mit dem Täter bekannten Opfer geäußert, derjenige nach Prävention gar von

159 Kilchling, S. 136, 138.
160 Ders., S. 221.
161 Ders., S. 222.
162 Ders., S. 225.
163 Ders., S. 224.
164 Ders., S. 222 f.
165 Ders., S. 221.
166 Ders., aaO.
167 Die Konzeption der Untersuchung ermöglichte eine Auswertung unter Berücksichtigung einzelner Gruppenmerkmale, wovon die Deliktsart nur eine mögliche Betrachtungsweise darstellt, vgl. ders., S. 221 ff.

84,6%.[168] Aber auch das Bedürfnis nach Hilfe spielte mit 61,5% Nennungen für die Anzeigeerstattung bei diesem Personenkreis eine wesentliche Rolle,[169] wohingegen die Gesichtspunkte der Tatschwere, der Schadenshöhe und der Versicherungsbedingungen deutlich seltener genannt wurden (46,2%/23,1%/23,1%).[170] Diese Erkenntnis ist deshalb von Bedeutung, da eine – wenngleich auf den Raum Fulda beschränkte – Untersuchung auf der Basis von Fallakten der Versorgungsverwaltung zur Durchführung der Opferentschädigung aus dem Jahre 2010[171] zu dem Ergebnis gelangt, dass zum Tatzeitpunkt in 53,11% der untersuchungsgegenständlichen Verfahren nach dem OEG entweder eine Verwandtschaft oder eine persönliche Bekanntschaft zwischen Täter und Opfer bestand.[172] Allerdings erlaubte die von den Autorinnen zu Grunde gelegte Stichprobe aufgrund ihres geringen Umfangs keine repräsentative Aussage.[173] Dieses Ergebnis liefert aber zumindest einen Anhaltspunkt dafür, dass die von *Kilchling* befundeten spezifischen Interessen von Gewaltopfern sich von denen der Opfer anderer Deliktsgruppen signifikant unterschieden.

Dieser Befund wird zudem durch eine Betrachtung der Entschädigungserwartungen verstärkt: Als sog. subjektive Seite des Ersatzgesichtspunktes – also solcher Leistungen, die auch auf der Grundlage des OEG erbracht werden könnten –, betrachtete *Kilchling* das Entschädigungsgefühl der Opfer.[174] Mit Blick auf die Opfererwartungen hinsichtlich der Entschädigungsleistungen unterschied er dabei zwischen den Kategorien ja (Opfer fühlt sich in vollem Umfange entschädigt), zum Teil, nein und nicht ersetzbar;[175] die Kategorie *nicht ersetzbar* bedeutete insoweit, dass Entschädigungsleistungen das Entschädigungsgefühl überhaupt nicht beeinflussen konnten, die Betroffenen sich also materiell als nicht restitutionsbefriedigungsfähig beschrieben.[176] Die Werte für *ja*, *zum Teil* und *nein* addieren

---

168 Ders., S. 224 f.

169 Ders., S. 222.

170 Ders., S. 222 f.

171 Grundel/Blättner, Entschädigung von Opfern interpersoneller Gewalt im Raum Fulda. Studie zum Opferentschädigungsgesetz (OEG) und der Verfahrenspraxis in der Opferentschädigung – Zusammenfassung der Ergebnisse, Fulda 2010.

172 Grundel/Blättner, S. 10, Abb. 2.

173 Die Stichprobe umfasste insgesamt lediglich 209 Antragsverfahren, von denen in 109 eine persönliche Beziehung zwischen Täter und Opfer bestand, vgl. Grundel/Blättner, aaO.

174 Kilchling, S. 174 ff.

175 Ders., aaO.

176 Allerdings fiel die Kategorisierung dieser Gruppe offenbar schwer, da der Vermerk „nicht ersetzbar“ von manchen Geschädigten auf dem verwendeten Fragebogen im

sich zu 100%; die Kategorie nicht ersetzbar beruht auf zusätzlichen, also Mehrfachnennungen.[177] In dieser Kategorisierung waren allerdings sowohl Opfer beinhaltet, die Entschädigungsleistungen bereits erhalten hatten als auch solche, bei denen dies nicht der Fall war. Augenfällig wurde im Zuge dieser Befragung, dass sich Opfer von Kontaktdelikten lediglich in 19,3% der Fälle vollumfänglich entschädigt fühlten, zum Teil immerhin noch in 15,8% der Fälle, nicht hingegen in weiteren 64,9% und der Schaden in – zusätzlichen – 46,6% der Fälle (Mehrfachnennung zu den anderen Kategorien) zudem als nicht ersatzfähig beschrieben wurde.[178] *Kilchling* zog daraus die Folgerung, dass *Schadensersatz- oder Entschädigungsleistungen in vielen Fällen nicht hinreichten, damit sich das Opfer ausreichend kompensiert fühle*;[179] insoweit seien vielmehr weitere Umstände hinzuzuziehen.[180] Welche Umstände dies seien, konnte mit dem in der Untersuchung gewonnenen Datenmaterial jedoch nicht beantwortet werden.[181]

Aus einer jüngeren Veröffentlichung vermögen sich dafür indes zumindest Anhaltspunkte ergeben: In seiner Absage an die ökonomische Theorie des Verhaltens[182] wies *Montada*[183] darauf hin, dass Vergeltung Geschädigten häufig wichtiger sei als Entschädigung. *Montada* nimmt zur Untermauerung dieser These Bezug auf ein ökonomisches Experiment[184], im Zuge dessen ein Proband die Möglichkeit zur freien Aufteilung eines ihm zur Verfügung gestellten Geldbetrages zwischen sich und einem anderen Probanden erhielt. Der zur Aufteilung aufgeforderte Proband war nicht gehalten, seine Entscheidung zu begründen; er bedurfte zwecks wirksamer Aufteilung lediglich der Zustimmung des anderen Probanden.[185] Im Zuge wiederholter Durchführung des Experiments zeigte sich kultur- und nationalitätsunabhängig, dass der zustimmungspflichtige Proband regelmäßige keine Aufteilung akzeptierte, die ihm einen Anteil von weniger als 30% des Betrages zuschrieb.[186] *Montada* begreift dieses Ergebnis als Beleg gegen

---

Einzelfall sogar handschriftlich angebracht war, obgleich eine Verwendung dieser Kategorie am Ort des handschriftlichen Zusatzes nicht vorgesehen war, vgl. Kilchling, aaO. in Fn. 89.

177 Ders., S. 177; vgl. Anmerkung in vorhergehender Fn.

178 Ders., aaO.

179 Ders., S. 176.

180 Ders., aaO.

181 Kilchling, aaO. in Fn. 92.

182 Ramb/Tietzel, Ökonomische Verhaltenstheorie, München 1993.

183 Montada in Moderne Opferentschädigung, S. 162.

184 Güth/Schmittberger/Schwarze, S. 367–388.

185 Güth/Schmittberger/Schwarze, S. 368 ff; Montada, S. 163.

186 Montada in Moderne Opferentschädigung, aaO.

die ökonomische Theorie des Verhaltens, da hiernach der zustimmungspflichtige Proband aus ökonomischer Logik heraus jede Zuteilung hätte akzeptieren müssen, die höher als 0% lag, denn hierdurch hätte er zumindest einen ökonomischen Vorteil gegenüber dem Ausbleiben jeglicher Zuteilung gezogen.[187] Für das Entschädigungsinteresse des Opfers zieht *Montada* aus diesen Befunden den Schluss, dass die Befriedigung von Gerechtigkeitsmotiven durch Vergeltung häufig wichtiger sei als ein materieller Vorteil.[188] Dementsprechend werde eine Konzeption der Opferentschädigung, bei der der Täter selbst Ersatz leisten müsse, diesem spezifischen Opferinteresse eher gerecht als eine bloße staatliche Entschädigung. Dem Staat sei deshalb im Zuge der Opferentschädigung empfohlen, den Aspekt des Versagens seiner Schutzvorrichtungen gegen Kriminalität stärker in den Vordergrund zu stellen und dem Opfer auf diese Weise über die materiellen Entschädigungsleistungen hinaus eine Art (immaterielle) Anerkennung zu gewähren.[189] Bisher dient der in § 1 Abs. 1 OEG vorgesehene Tatfolgenausgleich nicht dem Konzept einer staatlichen Anerkennung der Tatsache, dass dem Opfer Unrecht zugefügt wurde. Eine derartige Anerkennung könnte im Rahmen staatlicher Opferentschädigung nach Ansicht *Montadas* etwa darin liegen, dass der Staat ausdrücklich zum Ausdruck bringt, dass er nicht in der Lage war, das Opfer vor der Gewalttat zu schützen, dass er aber (selbst dann) Ausgleich für die Folgen leisten möchte, wenn eine Verurteilung des Schädigers oder eine Entschädigungs-/Schadensersatzleistung durch denselben nicht möglich war.[190] Es handelte sich dabei zumindest um die Anerkennung eines staatlichen Unterlassens; ob und wie dies genau begründet werden kann, soll an späterer Stelle erörtert werden.

### b) Rechtspolitische Kritik

Neben der vergleichsweise geringen Zahl der Entschädigungsanträge und zusätzlichen, immateriellen Opferinteressen ist die geltende Konzeption der staatlichen Opferentschädigung gerade in jüngerer Zeit vielfach in weiterer Hinsicht kritisiert worden:[191]

187 Ders., aaO.
188 Ders., aaO.
189 Ders., aaO.
190 Ders., aaO.
191 Eine gute katalogartige Übersicht liefert Schmachtenberg in Moderne Opferentschädigung, S. 147.

Zum einen werden die aus dem BVG hergeleiteten *Rechtsfolgen* beanstandet. Bereits im Jahre 2007 hatte der Bundesrat die Bundesregierung aufgefordert, die Verweisung des OEG auf das für die Kriegsopferversorgung zugeschnittene BVG aufzugeben; die Anwendung des BVG sei wegen der anders gearteten Opferbedürfnisse nicht mehr zeitgemäß.[192] Vielmehr bedürfte es unbürokratischer und zügiger Hilfe, namentlich in Gestalt eines sofortigen Anspruchs auf medizinische Behandlung durch besonders im Umgang mit körperlich oder seelisch Geschädigten erfahrene Therapeuten. Zudem seien die Leistungen des Opferentschädigungsrechts einfach und übersichtlich zu gestalten;[193] dies könne auch Umfang und Reichweite einer Geldentschädigung betreffen, etwa, indem diese in Gestalt monatlicher Zahlungen geleistet wird.[194]

Letzterer Aspekt betrifft auch Fragen des *Tatbestands* der Opferentschädigung: Ein verständliches Opferentschädigungsrecht soll derart beschaffen sein, dass sich nicht nur der Anspruchsgrund, sondern auch die Rechtsfolge aus ihm selbst – ohne die Notwendigkeit von Verweisungen – ergibt.[195] Zudem sollte ein staatliches Opferentschädigungsrecht die Opferrolle nicht stets aufs Neue propagieren, sondern sich für befristete Leistungen entscheiden, die dann ggf. verlängert werden können, dem Opfer also die Erfahrung seiner Opferwerdung nicht immer wieder vor Augen führen[196] – oder anders gesprochen eben eine fortgesetzte sekundäre Viktimisierung vermeiden. Zudem solle der Tatbestand der Opferentschädigung auch sog. atypische Gewalttaten umfassen, also namentlich Folgen von primär psychologisch wirkenden Handlungen wie Mobbing oder Stalking.[197]

Soweit ein solches Gesetz eine eigenständige Anerkennung als Opfer einer Gewalttat vorsehen soll – und zwar auch dann, wenn keine dauerhafte körperliche Schädigung eingetreten ist[198] – betrifft dieser Gesichtspunkt den *Rechtsgrund* der Opferentschädigungsleistung: Eine Anerkennung als Gewaltopfer ist – selbst wenn sie mit der Zahlung eines Geldbetrages verknüpft werden sollte[199] – wie schon ausgeführt stets auch ein immaterieller Faktor, mit dem der Staat eine besondere Stellung des Betroffenen zum Ausdruck bringt. Allerdings wird es mit Rücksicht auf die Vermeidung wiederkehrender Reviktimisierung zu bedenken

---

192 BR-Drs. 541/07 (Beschluss), S. 2 f.

193 BR-Drs. aaO., S. 3.

194 Schmachtenberg in Moderne Opferentschädigung, S. 147.

195 Ders., aaO. und S. 148 f.

196 Ders., aaO. S. 149.

197 Ders., aaO. S. 150.

198 Ders., aaO. S. 147.

199 So ders., aaO. S. 148 f.

gelten, dass eine Anerkennung als Opfer insoweit allein im Sinne einer Anerkennung mangelnden (staatlichen) Opferschutzes zu verstehen sein sollte; anderenfalls erwiese sie sich als kontraindiziert. *Schmachtenberg* hat diesen Gedanken nicht weiter differenziert.[200]

Weitere Aspekte der Kritik betreffen den Zeitpunkt der Leistungen – ggf. auch schon nach Antragstellung und vor Fertigstellung noch einzuholender medizinischer Gutachten, den Umfang der Heilbehandlungsleistungen (sofern es bei der Anwendung des BVG bleibt) und die Struktur der mit der Durchführung des OEG betrauten Verwaltung, da – bei Fortbestand der Koppelung an das BVG – aufgrund des zeitlich bedingten Rückgangs der Zahl der Kriegsgeschädigten möglicherweise verwaltungsinterne Unsicherheit über die Zukunftsperspektive der Versorgungsverwaltung besteht.[201]

Jedenfalls den zuvor genannten und die Komplexe Rechtsgrund, Tatbestand und Rechtsfolgen der Opferentschädigung betreffenden Kritikpunkten an der bestehenden Konzeption ist gemein, dass sie auf eine Steigerung der Interessengerechtigkeit der staatlichen Opferentschädigung abzielen. „Wirksamere" Opferentschädigung kann in diesem Kontext nur als „stärker interessengerechte" Opferentschädigung verstanden werden, da stets von Opferbedürfnissen, der Erfahrung der Opferwerdung (Viktimisierung) und der spezifischen Opferrolle der Geschädigten die Rede ist.

## 2. Wege zu einer Erhöhung der Wirksamkeit des OEG

Die mannigfaltigen Kritikpunkte zeigen, dass es im Zuge einer etwaigen Überarbeitung des OEG größerer Kohärenz zwischen dem Interesse des Opfers und staatlicher Entschädigungsleistung bedarf. Mitunter wird bereits die gegenwärtige Einordnung der Opferentschädigung im sozialen Entschädigungsrecht dem Opferinteresse an staatlicher Entschädigungsleistung nämlich nicht mit der wünschenswerten Effektivität gerecht. Insofern bieten sich zumindest zwei Überlegungsstränge an:

### a) Anderweitige dogmatische Einordnung staatlicher Opferentschädigung

Ist gerade das auf Daseinsfür- und –vorsorge im Rahmen sozialer Gerechtigkeit und Sicherheit[202] abzielende Sozialrecht die richtige Materie, um eine Anerkennung

200 Ders., aaO.

201 Ders., aaO. S. 147.

202 Materieller Sozialrechtsbegriff, vgl. nur Muckel/Ogorek, § 3 Rz. 3.

als Opfer respektive unterbliebenen staatlichen Schutzes zu begründen? Würde nicht der Aspekt staatlicher Haftung an Stelle sozialstaatlicher Versorgung – die Anerkennung des Versagens bei der Vermeidung von Gewaltkriminalität – jenseits der in dieser Einführung bereits geäußerten Bedenken dieser Lage viel eher gerecht, da er eben anerkennt und nicht (nur) sozial sichert? Eine andere dogmatische Einordnung als bisher könnte sich deshalb eher als geeignet erweisen, eine Vielzahl der eingangs genannten Kritikpunkte wenn nicht zu beseitigen, so doch zumindest abzuschwächen. Heilbehandlungs-, Renten- und Fürsorgeleistungen wohnt jedenfalls auch und mindestens[203] jeweils ein auf den Folgenausgleich gerichtetes Element inne, wohl bemerkend, dass insoweit kein vollständiger Nachteilsausgleich, sondern nur ein solcher im Rahmen der sozialstaatlichen Verpflichtungen des Staates geleistet wird.[204] Eine Fundierung der Opferentschädigung im Staatshaftungsrecht – unter dem Gesichtspunkt eines Spezialfalles der Aufopferung – könnte demgegenüber im weitreichendsten Falle auf einen vollständigen Nachteilsausgleich gerichtet sein[205] und ggf. sogar einen Anspruch auf Schmerzensgeld umfassen.[206]

Eine Verschiebung der dogmatischen Grundlage könnte also Relevanz für die Beseitigung folgender Kritikpunkte an der geltenden Konzeption der staatlichen Opferentschädigung besitzen:

- Rechtsgrund: Verdeutlichung einer staatlichen Anerkennung des Geschädigten als Opfer einer Gewaltstraftat durch unterlassenen Schutz im Wege der Einbeziehung zumindest in das System einer ausdrücklichen Haftung für staatliches Unrecht; dabei Anerkennung eines besonderen Opferstatus, ggf. als Unrechtshaftung des Staates oder Sonderopfer[207] des Geschädigten im haftungsrechtlichen Sinne zu begreifen.

---

203 Der sozialentschädigungsrechtliche Grundsatz „Rehabilitation/Teilhabe vor Rente“ (Niedermeyer in Beck-OK Sozialrecht, § 5 SGB I Rz. 5) bleibt hiervon unberührt; es geht an dieser Stelle nicht um Rangfolgen innerhalb des sozialen Entschädigungsrechts, sondern die grundlegende Funktion der Entschädigungsleistungen.

204 Böhm, S. 28.

205 Der Aufopferungsanspruch ist auf angemessene Entschädigung gerichtet; diese muss zwar nicht, kann aber mit einem vollständigen Schadensausgleich kongruent sein, wenn erst dadurch das Sonderopfer voll kompensiert wird, vgl. BGHZ 7, 331, 334; 22, 43, 50; Ossenbühl/Cornils, S. 146.

206 Ossenbühl/Cornils, S. 147.

207 Zu notwendigen Unterscheidungen zwischen Unrechtshaftung und Sonderopfer vgl. unten C. III.

- Rechtsfolge: Erweiterung des Entschädigungsumfangs durch Abkoppelung vom Leistungskatalog des BVG und Gewährung einer zumindest im Grundsatz an den §§ 249 ff. BGB orientierten Entschädigung; Hervorhebung einer Sonderrolle staatlicher Opferentschädigung gegenüber sozialversicherungsrechtlichen Leistungen wie etwa Behandlungskostenübernahmen durch die (gesetzlichen) Krankenkassen und Zusammenführung von Rechtsgrund und Rechtsfolge innerhalb eines einheitlichen, als Spezialfall der Aufopferung zu begreifenden Opferentschädigungsgesetzes.

### b) Ergänzung oder Erweiterung der Rechtsfolgen der Opferentschädigung

So eine staatliche Unrechtshaftung hingegen nicht begründbar scheinen sollte, bedarf es zumindest der Überlegung, in welcher Weise die Rechtsfolgen des OEG dergestalt modifiziert werden könnten, dass sie ein höheres Maß an Interessengerechtigkeit herzustellen geeignet sind. Derartige Überlegungen könnten auch eine Loslösung der Koppelung mit den Rechtsfolgen des BVG zum Gegenstand haben. Sie stellen gleichsam eine Mindestlösung dar, wenn eine Effektivierung staatlicher Opferentschädigung nicht auf anderem Wege begründet zu werden vermag.

Sie berühren die am OEG geäußerte Kritik jedoch nur wie folgt:

- Rechtsfolge: Erweiterung des Entschädigungsumfangs durch Abkoppelung vom Leistungskatalog des BVG und Gewährung einer zumindest im Grundsatz an den §§ 249 ff. BGB orientierten Entschädigung, sofern dies innerhalb des sozialen Entschädigungsrechts begründbar ist; anderenfalls eigenständige ausdrückliche Regelung der Rechtsfolgen innerhalb des OEG selbst.

Die Zielsetzung dieser Untersuchung besteht deshalb darin zu überprüfen, ob eine höhere Effektivität, Reichweite und Interessengerechtigkeit staatlicher Opferentschädigung durch Modifikation entweder der dogmatischen Fundierung oder aber der Rechtsfolgen derselben möglich erscheint.

Die folgende Übersicht nimmt zu diesem Zweck zunächst Voraussetzungen und Rechtsfolgen des OEG nun im Einzelnen in den Blick; sie soll eine Kommentierung nicht ersetzen, sondern hat lediglich die Aufgabe, Struktur und Rechtsfolgen des geltenden OEG zusammenfassend aufzuzeigen, um den haftungsbegründenden Tatbestand des OEG und die Bedeutung der Koppelung des OEG an das Kriegsopferversorgungsrecht zu beleuchten.

# B. Das OEG als Versuch einer Entschädigungsregelung für die Opfer von Gewalttaten

## I. Die Anspruchsbegründung

Nach dem OEG besteht ein Anspruch auf Opferentschädigung als soziale Entschädigung unter folgenden Voraussetzungen:

### 1. Anspruchsvoraussetzungen gemäß § 1 Abs. 1 OEG sowie bestehender Tatbestandserweiterungen

Der Anspruch aufgrund des OEG entsteht, soweit die Voraussetzungen des § 1 Abs. 1 bzw. (diesen gleichgestellt) der Absätze 2 oder 3 vorliegen.

#### a) Eröffnung des sachlichen und persönlichen Geltungsbereichs

§ 1 Abs. 1 S. 1 OEG setzt als Anspruchsberechtigten zunächst eine natürliche Person voraus.[208] Die Frage einer Versorgung ausländischer Opfer ist mithin nicht auf der Ebene des originär anspruchsbegründenden Tatbestandes, sondern zusätzlicher besonderer Leistungsvoraussetzungen geregelt.[209]

##### aa) Unmittelbarkeit der Schädigung

Schwierigkeiten ergeben sich im Hinblick auf den anspruchsberechtigten Personenkreis jedoch, soweit sich die Frage nach der Unmittelbarkeit der Schädigung stellt. Während die Schädigung i.S.d. § 1 BVG nach dem Wortlaut zunächst nur denjenigen betreffen kann, der selbst bzw. unmittelbar den militärischen Dienst verrichtet,[210] ist § 1 Abs. 1 OEG so gefasst, dass jener, der den Schaden an der Gesundheit erlitten hat, nicht identisch zu sein braucht mit jenem, gegen den der tätliche Angriff gerichtet war.[211]

Man könnte der Auffassung sein, dass es sich hierbei um eine Frage der Kausalität oder der Zurechnung (diese Begriffe überschneiden sich im Sozialrecht

---

208 Rademacker in Knickrehm, § 1 OEG Rz. 11.

209 Gelhausen, Rz. 722; Rademacker in Knickrehm, § 1 OEG Rz. 100; BSG, Urteil vom 08.11.2007 – B 9/9 a VG 3/05 R = SozR 4-3800, § 1 Nr. 12.

210 BSG SozR 3800, § 1 Nr. 1, S. 2.

211 BSG, aaO.

teilweise, dazu sogleich) handelt: Bei demjenigen, der nur mittelbar geschädigt wird, liegt ein weiteres Glied in der Ursachenkette zwischen tätlichem Angriff und gesundheitlicher Schädigung vor; zu prüfen wäre, ob i.S.d. sozialrechtlichen Kausalitätslehre der wesentlichen Bedingung nicht dieses Zwischenglied die wesentliche Bedingung für den eingetretenen Gesundheitsschaden war, so dass es allein und nicht der tätliche Angriff als ursächlich zu beurteilen wäre.

Im Zivilrecht stellt sich die Problematik der mittelbaren Schädigung insbesondere bei den sog. *Schockschäden*. Anwendungsfälle stellen z.B. die Zeugenschaft einer Gewaltstraftat oder der Erhalt der Nachricht von einem Gewalttatgeschehen dar.[212] Insoweit erfolgt die bürgerlich-rechtliche Prüfung dahingehend, ob die eingetretene Rechtsgutsverletzung demjenigen, der das den Schock vermittelnde Ereignis verursacht hat, zuzurechnen ist.[213]

Anders jedoch die Lösung im Recht der sozialen Entschädigung. Die mittelbare Schädigung wird vom BSG nicht als Frage der Kausalität oder Zurechnung, sondern als Problem auf der Ebene des anspruchsberechtigten Personenkreises begriffen.[214] Tatsächlich dürfte darin aber nichts anderes als eine Zurechnung der Verhaltensfolgen nach wertenden Kriterien liegen, so dass sich diese Lösung im Grunde genommen nicht von der des Zivilrechts unterscheidet.

Die Lösung des Problems mittelbarer Schäden erfolgt durch das BSG nunmehr dahingehend, dass es solche Schäden wie etwa den Schockschaden in den persönlichen Anwendungsbereich des OEG mit einbezieht.[215] Dabei wird der Begriff der Unmittelbarkeit der Schädigung weit ausgelegt, so dass es des Rückgriffs auf die Tatbestandsalternative des Angriffs gegen *einen anderen* meist gar nicht mehr bedarf.

*Rademacker*[216] führt zu dieser Fragestellung zu Recht aus,

> *„[…] Das Opfer eines Schockschadens wird in der Rechtsprechung regelmäßig als „Sekundäropfer“ bezeichnet. Diese Bezeichnung darf aber nicht darüber hinwegtäuschen, dass das Erfordernis der Unmittelbarkeit der Schädigung für diese Fallkonstellation zwar möglicherweise gelockert, jedoch nicht aufgegeben wird. Der Anspruch des Sekundäropfers setzt nach ständiger Rechtsprechung – ebenso wie der des Primäropfers – einen unmittelbaren Zusammenhang zwischen dem Schädigungstatbestand und der schädigenden Einwirkung im Sinne einer engen, untrennbaren Verbindung beider Tatbestandselemente voraus. Bei*

212 Rademacker in Knickrehm, § 1 OEG Rz. 16.

213 Vgl. hinsichtlich der Kriterien, unter denen der BGH eine solche Zurechnung vornimmt, BGHZ 56, 163, 167.

214 So ausdrücklich BSG SozR 3800, § 1 Nr. 1, S. 6.

215 BSG, aaO.

216 Rademacker in Knickrehm, § 1 OEG Rz. 17.

*Sekundäropfern ist insoweit an den das Primäropfer schädigenden Vorgang anzuknüpfen. Diese müssen demnach durch Wahrnehmung des Vorganges oder eine sonstige Kenntnisnahme davon geschädigt worden sein. Darüber hinaus müssen die psychischen Auswirkungen der Gewalttat beim Sekundäropfer bei wertender Betrachtung mit der Gewalttat so eng verbunden sein, dass beide eine „natürliche Einheit" bilden. [...]"*

Es entsprach bereits im Bereich des insoweit enger gefassten Versorgungsanspruchs gem. § 1 Abs. 1 BVG ständiger Rechtsprechung des BSG, dass etwa auch derjenige, der mit ansehen musste, wie seine Eltern durch feindliche Soldaten erschossen wurden, als *unmittelbar* Geschädigter anzusehen war.[217] Die Unmittelbarkeit im Verhältnis zwischen Tat und Schaden wird lediglich im Sinne einer gewissen Nähe interpretiert;[218] der Zuschauer der Tat ist deswegen unmittelbar betroffen, da die Tätlichkeit mit den Worten des BSG[219] „direkten Zugang zu seinem Gefühl und Bewusstsein" erlangt hat.

Nicht anders wird dann aber der zum Thema Schockschäden nach OEG entschiedene Fall beurteilt, dass einer Mutter die Nachricht vom Tode ihres Kindes erst durch einen Dritten überbracht wird (sie also nicht selbst Augenzeugin des Geschehens geworden ist). Auch hier liegt nach dieser Ansicht noch ein einheitlicher Lebensvorgang gegenüber der Geschädigten vor, der dann sogar eine *Un*mittelbarkeit der Schädigung zu begründen vermag.[220]

Zusammenfassend lässt sich also feststellen, dass das Problem der wertenden Zurechnung von Schadensfolgen vom BSG in die Prüfung des anspruchsberechtigten Personenkreises vorgezogen wurde, wobei eine relativ weitreichende Zurechnung erfolgt, so dass es der Annahme einer nur mittelbaren Schädigung zumeist gar nicht bedarf.

Dass sich dennoch mit der vom Wortlaut des § 1 Abs. 1 S. 1 OEG vorgesehenen Einbeziehung mittelbar Geschädigter in den anspruchsberechtigten Personenkreis möglicherweise ein dogmatischer Widerspruch zum BVG ergibt, da dort im Kriegsdienst ein besonderes, vom Staat abverlangtes Opfer i.S.d. § 5 SGB I zu erblicken ist, wo hingegen die Opferentschädigung lediglich aus anderen Gründen gewährt wird, kann dahinstehen; eine solche Betrachtung setzte nämlich voraus, dass der Subsumtion der Kriegsopferversorgung unter die Alternative des Sonderopfers eine höherrangige Bedeutung zukäme als derjenigen der Opferentschädigung unter die anderen Gründe. In diesem Falle wäre die tatbestandliche

217 BSG SozR 3800, § 1 Nr. 2 (Leitsatz).

218 BSG SozR 3800, § 1 Nr. 1, S. 4.

219 BSG, aaO. S. 5.

220 BSG, aaO. S. 6; Gelhausen, Rz. 720; Mrozynski, § 5 SGB I Rz. 13; Sailer in Wilke, § 1 Rz. 5.

Einbeziehung nur mittelbar Geschädigter im Rahmen der gleichsam schwächeren Alternative des § 5 SGB I sachwidrig. Jedoch steht die Anknüpfung an andere Gründe *de lege lata* den Fällen des Sonderopfers ja nicht etwa im Range nach, sondern gleich.[221] Im Übrigen wird nur eine Einbeziehung auch des mittelbar Angegriffenen den Besonderheiten der Opferentschädigung gerecht, da sich etwa im Falle einer sog. *aberratio ictus* (Fehlgehen der Tat, der Angriff trifft nicht das vom Täter konkret avisierte Opfer, sondern einen Dritten[222]) der Angriff ebenfalls unmittelbar gegen einen Dritten (anderen i.S.d. § 1 Abs. 1 OEG) und nicht gegen das anspruchsberechtigte Opfer richtet. Die objektiven Tatfolgen – die gesundheitliche Schädigung, an die das OEG anknüpft – unterscheiden sich nicht nach Maßgabe des Tätervorsatzes; für das Opfer ist unerheblich, ob es getroffen werden sollte oder nicht.

Im Übrigen kann eine Eingrenzung des berechtigten Personenkreises auch durch Aufstellung gewisser Kriterien erfolgen, unter denen eine entschädigungsfähige mittelbare Schädigung allein anzunehmen ist. In Betracht kommt hier die auch für die Haftungsbegrenzung bei Schockschäden im Zivilrecht verwendete Abgrenzung[223] nach

- naher (z.B. verwandtschaftlicher) Beziehung zwischen unmittelbarem Opfer und mittelbar Geschädigtem,
- Eignung des schädigenden Ereignisses zu der eingetretenen Schädigung und
- schwerer, über das normale Maß hinausgehender Schädigungsintensität (etwa Traumatisierung).[224]

### bb) Anknüpfung an den Erfolgsort

Im Gegensatz zu § 8 StGB kommt es im Rahmen des OEG bei der Frage, ob der räumliche Geltungsbereich eröffnet ist, nur auf den Ort des Eintritts des *Erfolges* der Gewalttat an und nicht auf den Ort der Schädigungs*handlung*.[225] Dies ergibt sich daraus, dass das OEG seine Rechtsfolgen an eine erlittene Schädigung – also gleichsam das Ergebnis der Schädigungshandlung – knüpft.[226]

---

221 Niedermeyer in Beck-OK Sozialrecht, § 5 SGB I Rz. 11: Den anderen Gründen muss ein im Wesentlichen gleiches Gewicht zukommen wie dem besonderen Opfer.

222 Vgl. nur Kudlich in Beck-OK StGB, § 16 Rz. 8 u.v.m.

223 BGHZ 56, 163, 167.

224 Diese Kriterien werden z.T. auch für das Sozialrecht vorgeschlagen, vgl. Gelhausen, Rz. 721; entsprechender Hinweis des BSG, aaO, S. 6.

225 Gelhausen, Rz. 723.

226 Gelhausen, aaO.

### b) Erfordernis eines vorsätzlichen und rechtswidrigen tätlichen Angriffs

Maßgeblicher Anknüpfungspunkt des Anspruchs nach dem OEG ist weiterhin der vorsätzliche und rechtswidrige tätliche Angriff. Da in diesem Rahmen vom Gesetzgeber ihrer Natur nach strafrechtliche Begriffe verwendet worden sind, sollen hier vorrangig mögliche Abweichungen von der strafrechtlichen Begriffsbildung bei der Auslegung der Tatbestandsmerkmale des OEG im Blickpunkt stehen. Eine vom Strafrecht abweichende Auslegung einzelner Tatbestandsmerkmale kann aus dem Grunde geboten sein, dass das OEG nicht dem Strafrecht, sondern dem Recht der sozialen Entschädigung zuzuordnen ist.[227]

Es geht nicht um die Bestrafung des Täters, sondern um eine Entschädigung für das Opfer. Demzufolge ist grundsätzlich eine weitere Auslegung einzelner Begriffe als im Strafrecht geboten.[228]

Zu den Merkmalen im Einzelnen:

#### aa) Objektive Merkmale – der tätliche Angriff

Der entschädigungsauslösende Tatbestand des § 1 Abs. 1 OEG – das Erfordernis eines tätlichen Angriffs – wird mithin weit ausgelegt.

##### (1) Definition

Für die Bestimmung des Begriffs des tätlichen Angriffs lässt sich zunächst ohne weiteres auf die entsprechende Begriffsbildung im Strafrecht zurückgreifen.[229] Demzufolge ist unter einem tätlichen Angriff ein unmittelbar auf die körperliche Integrität eines anderen abzielende feindliche Aktion ohne Rücksicht auf ihren Erfolg zu verstehen.[230] Nach der Rechtsprechung des BSG stellt ein tätlicher Angriff eine in feindseliger Willensrichtung unmittelbar auf den Körper eines anderen zielende Einwirkung dar; maßgebend ist die Rechtsfeindlichkeit dieser Handlung, nicht die innere Willensrichtung des Handelnden.[231] Eine Körperberührung ist

---

227 *„Es gilt ein eigener, vom Strafrecht unabhängiger Begriff [des tätlichen Angriffs]"*; vgl. nur Weiner in Kunz/Zellner, § 1 Rz. 10.

228 BSG NJW 1999, 2207; NJW 1998, 925.

229 BSG SozR 3800, § 1 Nr. 6, S. 19.

230 Rademacker in Knickrehm, § 1 Rz. 32; Weiner in Kunz/Zellner, § 1 Rz. 11; beide leicht differenziert in der Begriffsbildung – auf den Erfolg des tätlichen Angriffs kommt es aber nach allen Begriffsbestimmungen ausdrücklich nicht an, vgl. nur Eser in Schönke/Schröder, § 113 Rz. 46.

231 BSG NJW 1999, aaO.; NJW 1998, aaO.

dazu jedoch nicht erforderlich,[232] das bloße Androhen einer Gewaltanwendung gegenüber dem Opfer genügt.[233]

Insoweit kann z.B. auch eine Aussetzung nach § 221 StGB einen tätlichen Angriff begründen, sofern es im Zuge der so geschaffenen hilflosen Lage des Opfers zu Verletzungen desselben kommt.[234] Auch in der Verfolgung eines Flüchtenden in Misshandlungsabsicht kann bereits ein Angriff liegen.[235]

(2) Unterlassen

Schließlich ist hiernach nicht grundsätzlich ausgeschlossen, dass ein tätlicher Angriff auch durch ein unechtes Unterlassungsdelikt im Sinne von § 13 StGB verwirklicht werden kann.[236] Zwar hat das BSG dies bisher nicht ausdrücklich judiziert;[237] auch spricht der Wortlaut des § 1 Abs. 1 S. 1 OEG mit Blick auf die aktive Formulierung „Angriff“ eher für ein aktives Tun. Da indes für die Annahme eines tätlichen Angriffs in diesem Sinne kein aggressives Verhalten gefordert,[238] sondern vielmehr auf die Rechtsfeindlichkeit des Täterhandelns abgestellt wird,[239] sind Fallgestaltungen denkbar, in denen auch die Begehung eines unechten Unterlassungsdelikts als tätlicher Angriff zu qualifizieren ist. Die überwiegende Auffassung in der opferentschädigungsrechtlichen Literatur lässt insoweit bereits genügen, dass durch § 13 StGB das Unterlassen einem aktiven Tun gleichgestellt ist, sofern es sachliche Gründe hierfür – namentlich eine Garantenstellung – gibt.[240] Auch ungeachtet dieser nicht unstreitigen Einordnung[241] ist jedenfalls festzuhalten, dass zumindest ein Unterlassen, das zugleich ein nicht unmittelbar gegen den Körper des Opfers gerichtetes aktives Tun beinhaltet – wie etwa Nötigung, Drohung mit Gewalt oder Aussetzung – als tätlicher Angriff wird qualifiziert werden können.[242]

---

232 Rademacker in Knickrehm, § 1 Rz. 38; BSG NJW 1993, 880; Weiner in Kunz/Zellner, aaO. Rz. 11.

233 BSG NJW 2003, 164.

234 BSG NJW 1993, aaO.

235 Gelhausen, aaO.

236 Rademacker in Knickrehm, aaO. Rz. 40.

237 Offen gelassen in BSG NJW 1993, aaO.

238 BSGE 81, 42 = SozR 3-3800, § 1 Nr. 11.

239 BSG NJW 1999, aaO.; NJW 1998, aaO.

240 Weiner in Kunz/Zellner, § 1 Rz. 22; Schulz-Lüke/Wolf, § 1 Rz. 99; Sailer in Wilke, § 1 OEG Rz. 6.

241 Kritisch z.B. Rademacker in Knickrehm, § 1 Rz. 40, der die Kriterien einer Notwehr- oder Nothilfelage zur Bestimmung der Konstellationen eines tätlichen Angriffs durch Unterlassen heranziehen möchte.

242 Beispiele bei Rademacker in Knickrehm, aaO.

(3) Erweiterung anhand des Schutzzwecks

Deutlichere Unterschiede zur strafrechtlichen Begriffsbildung ergeben sich aber dann, wenn der Begriff des tätlichen Angriffs durch Schutzzweckerwägungen erweitert wird. So sollen etwa alle sexuellen Handlungen, die in § 176 StGB mit Strafe bedroht sind, unter Schutzzweckgesichtspunkten als tätlicher Angriff im Sinne des § 1 Abs. 1 OEG zu werten sein.[243] Insoweit wird das OEG in dem Sinne ausgelegt, dem zu dienen es bestimmt sein soll, nämlich der Abmilderung von Tatfolgen durch die Entschädigungsregelung. Für das *Opfer* einer Tat gerade im Sexualbereich kann es nämlich nicht darauf ankommen, ob der Täter bei seiner Tat möglicherweise in nicht-feindseliger Willensrichtung handelte; dies mag zwar für das Strafrecht (Strafzumessung) eine Rolle spielen, ändert aber nichts an den durch die Tat auf Opferseite ausgelösten Folgen.[244]

Anders werden hingegen die Fälle des sog. Stalkings behandelt; insofern kommt es nicht zu einer Erweiterung des Entschädigungstatbestands im Lichte des Schutzzwecks. Zum 31. März 2007 ist mit der Einfügung des §238 StGB der Straftatbestand der Nachstellung in das Strafgesetzbuch aufgenommen worden, um den Schutz vor anhaltenden und beharrlichen Nachstellungen zu verbessern.[245] Dieser Straftatbestand umschreibt verschiedene Nachstellungshandlungen, von denen eine die Bedrohung mit der Verletzung von Leben oder körperlicher Unversehrtheit ist (§238 Abs. 1 Nr. 4 StGB). Allen in § 238 Abs. 1 StGB enumerierten Nachstellungshandlungen ist jedoch gemein, dass sie eine Strafbarkeit nur dann auslösen können, soweit sie beharrlich erfolgen. Bei der Beharrlichkeit handelt sich um ein objektives Tatbestandsmerkmal mit subjektiven Komponenten.[246] Strafrechtlich maßgebend ist eine Gesamtwürdigung, bei der objektiv die Missachtung des entgegenstehenden Opferwillens sowie die Gleichgültigkeit des Täters gegenüber demselben zu berücksichtigen sind.[247]

Kaum Schwierigkeiten wirft dies mit Blick auf die Modalität der Drohung mit Gewalt auf; diese ist nach der Rechtsprechung des BSG[248] umso eher als tätlicher Angriff zu bewerten, je größer die objektive Gefahr für Leib und Leben des Bedrohten ist.[249] Die Modalität der Nachstellung durch Bedrohung ist daher

243 Rademacker in Knickrehm, § 1 Rz. 43.

244 Eichberger/Eichberger, S. 193; Rademacker in Knickrehm, aaO.

245 Vgl. zur Entstehungsgeschichte der Vorschrift ausführlich Sonnen, in: Kindhäuser/Neumann/Paeffgen, § 238 Rz. 4 ff.

246 Sonnen in Kindhäuser/Neumann/Paeffgen, § 238 Rz. 42.

247 Ders., aaO.

248 BSG, Urteil vom 02.10.2008 – B 9 VG 2/07 R.

249 Rademacker in Knickrehm, § 1 Rz. 55; BSG aaO., Rz. 16.

grundsätzlich auch im Einzelfall – d.h. als einzelne Bedrohungshandlung in einer Reihe möglicherweise verschiedenartiger Nachstellunghandlungen – geeignet, Opferentschädigungsansprüche nach dem OEG auszulösen. Einer Erweiterung des Begriffs des tätlichen Angriffs unter Berücksichtigung des Schutzzwecks der Opferentschädigung bedarf es hierzu nicht.

Der Straftatbestand der Nachstellung kann aber auch durch andere Begehungsformen – etwa die beharrliche Kontaktaufnahme unter Verwendung von Telekommunikationsmitteln (§ 238 Abs. 1 Nr. 2 StGB) – verwirklicht werden, die keinen oder allenfalls einen entfernten Bezug zu körperlicher Gewalt aufweisen. In Fällen, in denen körperliche Gewalt keine oder nur eine untergeordnete Rolle spielt, stellt sich die Frage, ob diese Taten im OEG ebenfalls nicht nur isoliert, sondern wie im Strafrecht unter dem Gesichtspunkt der Beharrlichkeit in ihrer Gesamtwirkung auf das Opfer zu beurteilen sind; anders gesprochen also die Frage, ob auch das „gewaltlose" Stalking als tätlicher Angriff im Sinne des § 1 Abs. 1 Satz 1 OEG angesehen werden kann. Nach Auffassung des BSG sind die einzelnen Stalking-Handlungen insofern jeweils darauf zu prüfen, ob ein vorsätzlicher, rechtswidriger Angriff vorliegt.[250] Dabei sind die allgemeinen Kriterien (vgl. oben aa) zu Grunde zu legen. Einwirkungen ohne Einsatz körperlicher Mittel, die sich allein als intellektuelle oder psychische Beeinträchtigung darstellen, erfüllen danach nicht die an einen tätlichen Angriff zu stellenden Anforderungen.[251]

Ein tätlicher Angriff liegt also nicht bei jedem strafbaren Verhalten vor, das eine Gesundheitsstörung zur Folge hat. Die Einführung des § 238 StGB hat nicht zu einer anderen oder erweiternden Auslegung des Begriffes des tätlichen Angriffs geführt.

### bb) Subjektive Merkmale – der Vorsatz

Wenngleich der subjektiven Tatseite des Täters für die Erfüllung der Voraussetzungen des Entschädigungsanspruchs auch nicht das gleiche Gewicht zukommt wie mit Blick auf die Strafbarkeit der Tathandlung, so muss der Täter doch vorsätzlich gehandelt haben.[252] Der Vorsatz muss sich dabei aber nur auf den tätlichen Angriff beziehen.[253] Der Einbeziehung von Fahrlässigkeitstaten in den anspruchsberechtigten Personenkreis stand u.a. die fiskalische Erwägung

---

250 BSG, aaO. Rz. 22, wo das Gericht Einzelhandlungen zu Lasten des Opfers als mögliche Anknüpfungspunkte eines tätlichen Angriffs benennt.

251 Rademacker in Knickrehm, aaO. Rz. 56.

252 Ders., aaO. Rz. 58.

253 Ders., aaO. Rz. 60.

entgegen, durch eine entsprechende Ausweitung einen unüberschaubaren anspruchsberechtigten Personenkreis zu erhalten.[254]

Da sich das OEG am strafrechtlichen Vorsatzbegriff orientiert,[255] bestehen insoweit keine Besonderheiten. Zu beachten ist jedoch, dass diese Vorsatzorientierung eine Entschädigung für solche Taten nicht zulässt, bei denen der Täter in einem Tatbestandsirrtum gem. § 16 Abs. 1 StGB handelt. Zwar macht es für das Opfer keinen Unterschied, ob es von einem Täter geschädigt wird, der über das Vorliegen der Voraussetzungen eines Rechtfertigungsgrundes irrt (§ 1 Abs. 1 S. 2 OEG, dazu unten) oder von demjenigen, der im Tatbestandsirrtum handelt;[256] jedoch lässt sich der insoweit eindeutige Wortlaut des § 1 Abs. 1 S. 2 OEG auch nicht durch eine erweiternde Auslegung überwinden.

Aus der dem OEG zugrundeliegenden Opferperspektive ergeben sich Besonderheiten aber in den Fällen, in denen es zur mit dem OEG beabsichtigten Folgenmilderung nicht ausreicht, allein auf strafrechtliche Kategorien abzuheben; dies wird am Fall der sog. *aberratio ictus* deutlich. Strafrechtlich gesehen liegt eine versuchte vorsätzliche Tat am konkret anvisierten Opfer vor[257] – diese ist jedoch entschädigungsrechtlich bedeutungslos, da es hier zu keiner Gesundheitsschädigung als unabdingbare Anspruchsvoraussetzung kommt. Hinsichtlich des tatsächlich verletzten Opfers kommt allenfalls Fahrlässigkeit in Betracht.[258] Ein Entschädigungsanspruch würde demnach nicht entstehen. Um dieses wertwidrige Ergebnis zu vermeiden, lässt § 1 Abs. 1 S. 1 OEG auch schon den vorsätzlichen Angriff gegen *einen anderen* genügen[259] (vgl. bereits oben hinsichtlich des anspruchsberechtigten Personenkreises). Anderes gilt nur, sofern der Täter eine Sache beschädigen wollte und stattdessen einen Menschen verletzt hat; in diesem Fall kommt ein Anspruch auf Opferentschädigung nicht in Betracht.[260]

### cc) Rechtswidrigkeit des Angriffs

Rechtswidrig ist der Angriff ebenso wie im Strafrecht, wenn er nicht durch anerkannte Rechtfertigungsgründe – also geschriebene und ungeschriebene

---

254 Gelhausen, Rz. 739.

255 Weiner in Kunz/Zellner, § 1 Rz. 26.

256 So noch zutreffend Kunz/Zellner in der Vorauflage (4. Aufl.), § 1 Rz. 30 mit dem Hinweis darauf, dass *Täter*vorstellungen bei der Opferentschädigung keine Rolle spielen dürften.

257 Kudlich in Beck-OK StGB, § 16 Rz. 8.

258 Ders., aaO.

259 Rademacker in Knickrehm, § 1 Rz. 64.

260 Ders., aaO.

Erlaubnissätze - ausnahmsweise von der Rechtsordnung gebilligt wird.[261] Mit einbezogen in den Schutz des OEG ist dabei auch die rechtmäßige Abwehr eines Angriffs (§ 1 Abs. 1 S. 1 OEG).[262] Dies ist im Hinblick auf die Regelung des § 32 StGB nur konsequent, da es dem Opfer im eigenen sowie im Rechtsbewahrungsinteresse ja erlaubt ist, sich gegen vorsätzliche rechtswidrige Angriffe aktiv zur Wehr zu setzen.[263] Auch im Rahmen der Rechtswidrigkeit des Angriffs sind aber entschädigungsspezifische Besonderheiten gegenüber dem Strafrecht möglich.

Vorstellbar ist die Situation, in der der Handelnde aufgrund einer fehlerhaften Bewertung tatsächlicher Umstände irrtümlich glaubt, Opfer eines tätlichen Angriffs zu sein, also der Fall der sog. Putativnotwehr[264].

Für die *Strafbarkeit* dieses Verhaltens kommt ein Abstellen auf vorsätzliche Tatbegehung wegen einer entsprechenden Anwendung des § 16 Abs. 1 StGB oder genauer gesprochen zumindest eine Strafbarkeit aus Vorsatztat regelmäßig nicht in Betracht;[265] zu denken ist allenfalls an eine fahrlässige Tatbegehung.[266] Gerade diese aber wird vom OEG grundsätzlich nicht erfasst; aus diesem Grunde bestimmt § 1 Abs. 1 S. 2 OEG, dass derjenige, der von einem in Putativnotwehr Handelnden angegriffen wird, dennoch Anspruch auf Entschädigung nach dem OEG haben kann.

Dies trägt der Tatsache Rechnung, dass der in diesen Konstellationen ja im natürlichen (faktischen) Sinne vorhandene Angriffsvorsatz nur aus *Rechts*gründen entfällt;[267] für die entschädigungsrechtliche Regelung kann dies aber nicht maßgeblich sein. Umgekehrt kann auch demjenigen, der selbst in Putativnotwehr handelt, ein Entschädigungsanspruch zustehen;[268] dies ist aber nicht der Fall, wenn er von dem Angegriffenen in berechtigter Notwehr verletzt wird, da

---

261 Ders., aaO. Rz. 67.

262 Ders., aaO. Rz. 42.

263 Perron in Schönke/Schröder, § 32 StGB Rz. 1.

264 Kindhäuser in Kindhäuser/Neumann/Paeffgen, § 32 Rz. 149.

265 Joecks in MüKo StGB, § 16 Rz. 131 mit umfassendem Überblick zum strafrechtlichen Streitstand.

266 Zu beachten ist, dass § 1 Abs. 1 S. 2 OEG sich an der Auffassung der strafrechtlichen Rechtsprechung hinsichtlich der Behandlung des Erlaubnistatbestandsirrtums orientiert, vgl. zuletzt BGH, Urteil vom 02.11.2011 - 2 StR 375/11; insoweit ist analog § 16 Abs. 1 S. 1 StGB vorsätzliches Unrecht ausgeschlossen und nicht nur, wie bei der rechtsfolgenverweisenden Variante der eingeschränkten Schuldtheorie, der Vorsatzschuldvorwurf, vgl. Sternberg-Lieben in Schönke/Schröder, § 16 Rz. 17 m.w.N.

267 Kunz/Zellner, 4. Aufl., § 1 Rz. 23.

268 Gelhausen, Rz. 754.

insoweit die als Anspruchsvoraussetzung unabdingbare Rechtswidrigkeit des Gegenangriffs gerade fehlt.[269]

Ähnliche Probleme können sich auch im Rahmen einer sog. Notwehrprovokation stellen, wobei jedoch zu beachten ist, dass der Provokateur nicht rechtswidrig handelt.[270] Seine Provokation kann aber im Rahmen der Ausschlusstatbestände des § 2 OEG (dazu unten) relevant werden.[271]

#### dd) Schuldhaftes Verhalten nicht erforderlich

Nicht erforderlich ist im Rahmen des OEG hingegen, dass der Täter schuldhaft, d.h. verantwortlich handelte.[272] Ein Angriff ist demzufolge nur daran gebunden, dass beim Täter der natürliche Vorsatz vorliegt;[273] auch damit soll wiederum ausgeschlossen werden, dass ein Versorgungsanspruch nur deswegen nicht gegeben ist, weil dem Angreifer aus *in seiner Person* liegenden Gründen die Verantwortlichkeit fehlt. Auf das Schuldkriterium kann aus der Sicht des zu entschädigenden Opfers verzichtet werden, da es für dieses hinsichtlich der gesundheitlichen Angriffsfolgen keinen Unterschied macht, ob der Angriff von einem verantwortlich oder schuldlos Handelnden ausgeht.

#### ee) Zusammenfassung

Zusammenfassend lässt sich daher feststellen, dass die Anspruchsvoraussetzungen nach dem OEG sich soweit am Strafrecht orientieren, als dies aus Opfersicht keine Schlechterstellung ergibt; im Übrigen greifen die genannten sozialentschädigungsrechtlichen Modifizierungen Platz.

### c) Tatbestandserweiterung gemäß § 1 Abs. 2 und Abs. 3 OEG

Entschädigungsansprüche werden über den Grundtatbestand des § 1 Abs. 1 OEG hinaus zudem noch in bestimmten besonderen Konstellationen ausgelöst, in denen ein tätlicher Angriff im zuvor erörterten Sinne nicht vorliegt.

---

269 Kunz/Zellner, 4. Aufl., § 1 Rz. 23 aE.

270 Perron in Schönke/Schröder, § 32 Rz. 54.

271 Weiner in Kunz/Zellner, § 1 Rz. 35.

272 Ders., aaO. Rz. 29.

273 Rademacker in Knickrehm, § 1 Rz. 61; hiernach können selbst deliktsunfähige Kinder einen vorsätzlichen tätlichen Angriff i.S.d. § 1 Abs. 1 OEG begehen, sofern das Kind in der Lage ist, die Folgen seines Handelns ungefähr vorherzusehen und es die körperliche Beeinträchtigung des Opfers in seinen Willen aufgenommen hat, vgl. BSG, Urteil vom 08.11.2007 – B 9/9 a VG 3/06 R, SozR 4-3800, § 1 Nr. 11.

### aa) Ergänzende Straftatbestände

§ 1 Abs. 2 OEG stellt bestimmte Straftatbestände dem tätlichen Angriff gleich. Diese Gleichstellung entspringt der dem OEG zugrundeliegenden Motivation effektiven Opferschutzes;[274] insoweit können auch Konstellationen zumindest in die Nähe der Gewaltkriminalität gerückt sein, die nicht unter die Merkmale des vorsätzlichen tätlichen Angriffs nach § 1 Abs. 1 OEG zu subsumieren sind.[275] Zu berücksichtigen ist, dass die Tatbestände des § 1 Abs. 2 OEG den Schutzbereich des OEG erweitern sollen; demzufolge ergibt sich der Entschädigungsanspruch des Opfers bereits aus § 1 Abs. 1 OEG, wenn in dem fraglichen Verhalten schon ein vorsätzlicher tätlicher Angriff zu erblicken ist.[276]

- Nr. 1 beschränkt sich auf die Beibringung von Gift und damit auf Stoffe, die durch chemische oder chemisch-physikalische Wirkung die Gesundheit zu schädigen geeignet sind.[277] Die Strafvorschrift des § 224 Abs. 1 Nr. 1 StGB enthält zwar neben der Beibringung von Gift auch die Beibringung anderer gesundheitsschädlicher Stoffe, also z.B. auch von mechanisch wirkenden Stoffen wie zerstoßenem Glas;[278] in letztgenannten Fällen wird aber regelmäßig ein tätlicher Angriff vorliegen, so dass es des Rückgriffs auf § 1 Abs. 2 Nr. 1 OEG ohnehin nicht bedarf.[279]
- Ferner sollen gemäß Nr. 2 mit gemeingefährlichen Mitteln[280] begangene Verbrechen, durch die lediglich fahrlässig eine Gefahr für Leib oder Leben eines anderen herbeigeführt worden ist, unter den Schutz des OEG fallen. Anknüpfungspunkt für die Entschädigungsregelung ist die Tatsache der besonderen Gefährlichkeit solcher Taten; diese können zu Personenschäden führen, ohne dass die Tat gegen eine Person gerichtet sein muss.[281]

---

274 Gelhausen, Rz. 755.

275 BT-Drs. 7/2506, S. 14; Weiner in Kunz/Zellner, § 1 Rz. 58.

276 Gelhausen, Rz. 765.

277 Paeffgen in Kindhäuser/Neumann/Paeffgen § 224 Rz. 7.

278 Ders., aaO. Rz. 9.

279 Rademacker in Knickrehm, § 1 Rz. 73.

280 Zum Begriff Eser in Schönke/Schröder, § 211 Rz. 29; Bedeutung erlangt diese Erweiterung nur im Rahmen der Tatbestände gemeingefährlicher Straftaten des 28. Abschnitts des StGB (§§ 306 ff.), da nur die Verwirklichung dieser nicht zugleich einen bereits von § 1 Abs. 1 OEG erfassten Angriff darstellt.

281 Gelhausen, Rz. 759; Weiner in Kunz/Zellner, § 1 Rz. 59; Rademacker in Knickrehm, § 1 Rz. 76.

### bb) Einbeziehung bestimmter Unfälle

Gemäß § 1 Abs. 3 OEG i.V.m. § 1 Abs. 2 Buchst. e und f BVG stehen schließlich Unfälle auf dem Wege zu oder bei der Durchführung gewisser Heilmaßnahmen unter dem Schutz des OEG; dieser Schutz wird zudem durch Absatz 9 noch auf Unfälle von Angehörigen im Zuge der Durchführung von Heilmaßnahmen ausgedehnt. Ebenso wird wegen der durch die in § 2 Abs. 2 OEG begründeten Mitwirkungspflicht des Opfers der auf dem Weg zur Erstattung einer Strafanzeige erlittene Unfall in den Tatbestand der Opferentschädigung mit einbezogen. Allerdings muss das Opfer in letzterem Falle durch den tätlichen Angriff bereits einen Körperschaden erlitten haben, da es anderenfalls bessergestellt würde als sonstige Personen, die an der Aufklärung von Straftaten mitwirken.[282]

### cc) Ausnahme: Kraftfahrzeug als Tatmittel

Vom Anwendungsbereich des OEG ausgenommen sind dagegen tätliche Angriffe, die vom Gebrauch eines Kraftfahrzeugs ausgehen, § 1 Abs. 11. Die Vorschrift schließt mit Blick auf § 12 Pflichtversicherungsgesetz, der das Eintreten des *Entschädigungsfonds für Schäden aus Kraftfahrzeugunfällen* regelt, Opferentschädigungsansprüche aus.[283] Die Stellung des Entschädigungsfonds ist dem Verein *Verkehrsopferhilfe e.V.* in Hamburg durch § 1 der Verordnung über den Entschädigungsfonds für Schäden aus Kraftfahrzeugunfällen zugewiesen worden.[284]

## d) Gesundheitsschädigung

Neben der Erfüllung des anspruchsbegründenden Tatbestands setzt der Anspruch aus § 1 Abs. 1 OEG bzw. den Tatbestandserweiterungen der Absätze 2 und 3 voraus, dass es durch den Angriff zu einer gesundheitlichen Schädigung gekommen sein muss; dabei ist zu unterscheiden zwischen der gesundheitlichen Schädigung einerseits und ihren gesundheitlichen und wirtschaftlichen Folgen andererseits.[285] Die gesundheitliche Schädigung ist die primäre Beeinträchtigung der Gesundheit durch den Angriff.[286] Demgegenüber sollen die gesundheitlichen Folgen der Primärschädigung in der Folge als Gesundheitsstörung bezeichnet werden.

---

282 Gelhausen, Rz. 780.

283 Rademacker in Knickrehm, § 1 Rz. 150.

284 Ders., aaO.

285 Weiner in Kunz/Zellner, § 1 Rz. 40.

286 Rademacker in Knickrehm, § 1 Rz. 89.

Beispiel:[287] Wird der A durch einen Schuss am Ellenbogen verletzt, liegt darin die gesundheitliche Schädigung. Eine gesundheitliche Folge derselben dagegen könnte etwa eine dauerhafte Versteifung des Armgelenks sein.

### e) Gesundheitsstörung

Da es sich bei der Gesundheitsstörung um die Folge der gesundheitlichen Schädigung handelt, ist diese für die ausgelöste Rechtsfolge bedeutsam. Die Beurteilung der Auswirkung erfolgt durch eine Feststellung des Grades der Schädigungsfolgen (in der Folge: GdS) gemäß § 30 BVG. Dieser wird als Maß für die Auswirkungen der Schädigung auf die körperliche Integrität von der Versorgungsverwaltung festgelegt.[288] Dem Begriff der Gesundheitsstörung liegt damit in erster Linie eine medizinische Beurteilung zugrunde.[289]

### f) Kausalität

Ein entscheidender Anknüpfungspunkt des Entstehungstatbestandes ist damit die Frage der Kausalität. Im Gegensatz zu anderen Bereichen des Sozialrechts wie etwa der Sozialhilfe[290] wird das Recht der sozialen Entschädigung vom Kausalprinzip beherrscht.[291] Da es sich um eine Sonderversorgung handelt, die ihren Grund im Versagen staatlicher Schutzmechanismen gegen Gewaltkriminalität hat, muss eine Begrenzung des anspruchsberechtigten Personenkreises erfolgen; nur demjenigen, dessen gesundheitliche Schädigung auch gerade auf dem tätlichen Angriff beruht, soll ein Entschädigungsanspruch gegen den Staat zustehen. Bei der Anspruchsbegründung nach dem OEG ist dabei zwischen der haftungsbegründenden (tätlicher Angriff – gesundheitliche Schädigung) und der haftungsausfüllenden (gesundheitliche Schädigung – gesundheitliche und wirtschaftliche Folgen = Störung) Kausalität zu unterscheiden.[292]

---

287 Aus: Weiner in Kunz/Zellner, aaO.

288 Gelhausen in Kunz/Zellner, Anh. I Nr. 3 Rz. 2.

289 Ders., aaO. Rz. 2 ff.

290 Dort gilt das sog. Tatsächlichkeitsprinzip, d.h. es wird ein Ist-Zustand bestehender Notlagen ohne Rücksicht auf deren Entstehungsgründe zu Grunde gelegt, vgl. nur Grube in Grube/Wahrendorf, Einleitung Rz. 76.

291 Kessler in HSRB, Kap. 8 Rz. 8.

292 Rademacker in Knickrehm, § 1 OEG Rz. 92; Knickrehm, § 1 BVG Rz. 26.

### aa) Haftungsbegründende Kausalität

Bereits die haftungsbegründende Kausalität wird dabei abweichend von derjenigen im Strafrecht oder im bürgerlichen Recht bestimmt, was eine bedeutende Abweichung des Anspruchs auf Opferentschädigung von anderen für das Opfer denkbaren Entschädigungstatbeständen wie etwa deliktsrechtlicher Ansprüche zur Folge hat. Auf diesen Aspekt wird mit Blick auf die vorzuschlagende Einordnung der Opferentschädigung in das allgemeine Staatshaftungsrecht noch zurückzukommen sein.

#### (1) Äquivalenz

Bei naturwissenschaftlicher Betrachtungsweise kommt als Ursache eines konkret eingetretenen Erfolges (hier: der Gesundheitsschädigung) jede Bedingung in Betracht, die nicht hinweggedacht werden kann, ohne dass dieser Erfolg entfiele.[293] Diese der Äquivalenzformel entsprechende Formulierung wird auf die haftungsbegründende Kausalität des Sozialrechts wegen ihrer immensen Weite aber nicht angewandt; anders als im Strafrecht, wo durch das Korrektiv der Schuld (und ggf. auch der objektiven Zurechnung) im Einzelfall sachgerechte Ergebnisse zu erzielen sind, fehlt es im sozialen Entschädigungsrecht gerade an derartigen Möglichkeiten.[294] Die Äquivalenzformel bleibt jedoch Ausgangspunkt der Bestimmung des Ursachenzusammenhangs, wird dabei allerdings maßgebend modifiziert[295] (dazu sogleich).

#### (2) Adäquanz

Aber auch die zivilrechtliche Adäquanztheorie findet im sozialen Entschädigungsrecht keine Anwendung. Diese Theorie knüpft an solche Bedingungen als Ursache eines Erfolges an, aus denen sich eine entsprechende Wirkung nach allgemeiner Lebenserfahrung ergibt.[296] Diese Anforderungen werden im Sozialrecht und insbesondere im Versorgungsrecht mit Blick auf die dortigen Rechtsfolgen z.T. als nicht hinreichend streng[297], z.T. als ungeeignet[298] angesehen, da sie eine differenzierende Einengung der möglichen Ursachen einer Schädigung nicht erlaubten.[299]

---

293 Vgl. statt vieler nur Knickrehm, § 1 BVG Rz. 28.
294 Dies., aaO.
295 Dies., aaO.
296 Oetker in MüKo BGB, § 249 Rz. 110.
297 Weishäupl, S. 192.
298 Böhm, S. 27.
299 Ders., aaO.

Entscheidend sei, dass soziale Entschädigung nicht im Sinne des Ausgleichs, sondern der Bereitstellung eines sozial notwendigen Äquivalents an den Geschädigten geleistet werde.[300] Dies bedeute, dass das Sozialrecht nicht durch einen vollständigen Ersatz des Schadens, sondern lediglich durch einen nach seinem Umfang im Vorhinein festgelegten Leistungskatalog gekennzeichnet sei, der sich nur auf Schäden beziehe, die infolge der Realisierung einer bereichsspezifischen Gefahr eingetreten seien.[301]

Die Lehre von der wesentlichen Bedingung stellt daher darauf ab, ob eine Bedingung im Einzelfall wegen ihrer besonderen Beziehung zum Erfolg zu dessen Eintritt wesentlich beigetragen hat.[302] Anders als die generalisierende Adäquanztheorie erweist sie sich als individualisierend und konkretisierend.[303]

Im Zivilrecht besteht ferner die Möglichkeit einer Schadensminderung betreffend die Höhe des zu leistenden Ersatzes bei sog. überholender Kausalität[304]; überholende Kausalität liegt vor, wenn anzunehmen ist, dass ein bei der Schadenszufügung bereits vorhandener Umstand den Schaden ohnehin später ebenfalls herbeigeführt hätte (hypothetische Reserveursache[305]). Gänzlich ausgeschlossen sind bürgerlich-rechtliche Ersatzansprüche in Fällen überholender Kausalität

300 Ders., aaO.

301 Ders., S. 28.

302 Böhm, S. 30; ders., S. 31 f. liefert auch anschauliche Beispiele für divergierende Ergebnisse zwischen Adäquanztheorie und Lehre von der wesentlichen Bedingung aus dem Bereich der gesetzlichen Unfallversicherung. Eines sei hier zu Verständniszwecken wiedergegeben: „Spielt" ein Arbeitnehmer während der Arbeitszeit an einer von ihm zu bedienenden Maschine und erleidet infolgedessen einen Arbeitsunfall, so liegt adäquate Kausalität der Arbeitstätigkeit für die eingetretene Schädigung vor, da die Tätigkeit an Maschinen im Allgemeinen das Risiko eines Unfalls in sich birgt. Tätigkeit und Schaden sind aber nicht nach der Lehre von der wesentlichen Bedingung verknüpft, da „privates Herumspielen" an einer Maschine der privaten Risikosphäre zuzuordnen ist und die Arbeitstätigkeit des Arbeitnehmers mithin nicht wesentliche Ursache der Schädigung war.

303 Ders., S. 31.

304 Ein Beispiel für überholende Kausalität liefert etwa Jahnke in Burmann/Heß/Jahnke/Janker, vor § 249 BGB Rz. 14: Führt eine Ursache (z.B. ein Verkehrsunfall) den Erfolg herbei und verhindert damit, dass eine andere – auch hypothetisch zu betrachtende – Kausalkette (z.B. die Wirkungen einer schweren Erkrankung, ein konjunktureller Arbeitsplatzverlust o.Ä.) sich ganz oder teilweise früher oder später auswirkt, kann die bürgerlich-rechtliche Ersatzpflicht gemindert oder ausgeschlossen sein.

305 Röthel in Staudinger, § 844 Rz. 70.

indes nicht,[306] und dies, obgleich eine hypothetische Reserveursache den Schädigungserfolg u.U. mit an Sicherheit grenzender Wahrscheinlichkeit ihrerseits herbeigeführt hätte.

Im Versorgungsrecht besteht eine andere Lage: Die Gewährung insbesondere von Rentenleistungen erstreckt sich bei Vorliegen der Anspruchsvoraussetzungen möglicherweise auf das gesamte Leben eines Geschädigten oder Hinterbliebenen. Versorgungsleistungen wären bei Anwendung der Adäquanztheorie damit auch dann für einen erheblichen Zeitraum zu gewähren, wenn die Schädigung des Opfers auf anderem Wege in zeitlich engem Zusammenhang ebenfalls eingetreten wäre. Auch eine hypothetische Anspruchsminderung änderte an der grundsätzlichen Verpflichtung zur Leistungsgewährung dann nichts.

Neben der Leistungsdauer wird für die Nichtanwendung der Adäquanztheorie auch angeführt, dass es sich um öffentlich-rechtliche Leistungen handelt, die aus Mitteln der Allgemeinheit bestritten werden; auch dies soll einen strengeren Kausalitätsmaßstab rechtfertigen.[307]

#### (3) Wesentliche Bedingung

Demzufolge hat sich im Sozialrecht die bereits vom Reichsversicherungsamt entwickelte[308] Kausalitätslehre der wesentlichen Bedingung durchgesetzt.[309] Im Gegensatz zur zivilrechtlichen Adäquanzlehre ist Anknüpfungspunkt dabei nicht die Frage, ob eine Bedingung generell zur Herbeiführung des konkreten Erfolges geeignet war, sondern vielmehr, ob sie im *konkreten Einzelfall* wesentlich zu diesem beigetragen hat.

Insoweit stellt sich natürlich die Frage, wie eine solche Bedingung beschaffen sein muss, also unter welchen Voraussetzungen sie *wesentlich* im Sinne dieser Lehre zu sein imstande ist.

Die Frage, ob eine Bedingung wesentlich zum Erfolg beigetragen hat, ist letztlich eine bloße Wertungsfrage. Es handelt sich um die *rechtliche* Abgrenzung derjenigen Bedingungen, die unter Beachtung des Schutzzwecks der Norm die

306 In Fällen des § 844 Abs. 1 BGB – Beerdigungskosten bei deliktischer Tötung – scheidet eine Berufung auf überholende Kausalität sogar gänzlich aus, vgl. Röthel in Staudinger, aaO.

307 Weishäupl, aaO.

308 Amtliche Nachrichten des Reichsversicherungsamtes = AN 1912, 930; Böhm, S. 26.

309 Die Lehre von der wesentlichen Bedingung genießt *im Sozialrecht durchweg unbestrittene Geltung*, Böhm, S. 23.

Leistungspflicht des Staates auslösen sollen.[310] Besonderheiten weist die Theorie der wesentlichen Bedingung vor allem bei der Bewertung der Mitursächlichkeit auf: Haben mehrere Umstände zum Eintritt eines Erfolges beigetragen, so können sie aufgrund des Wesentlichkeitserfordernisses nur dann Mitursachen sein, wenn sie in ihrer (individualisiert im Einzelfall festzustellenden) Bedeutung und Tragweite für den Eintritt des Erfolges annähernd gleichwertig sind.[311] Kommt nämlich einer Bedingung bei wertender Betrachtung überragende Bedeutung für den Eintritt des Erfolges zu, so ist sie hier *alleinige* Ursache im Rechtssinne.[312]

Auf die an dieser Theorie geäußerten Bedenken soll hier nicht näher eingegangen werden; nur so viel: Da sich die Frage des Beitrags einer Bedingung zum Erfolgseintritt immer nur anhand des Einzelfalles[313] stellt, lassen sich die Bedingungen, die taugliche Ursachen sein können, nicht im Vorhinein abschießend festlegen, da es stets der wertenden Abwägung der in Betracht kommenden Ursachen bedarf.[314] Eine klare Abgrenzung lässt sich letztlich nur über die Bildung von Fallgruppen gewinnen.[315]

---

310 Gelhausen, Rz. 32; Knickrehm, § 1 BVG Rz. 28 kritisiert in diesem Zusammenhang, dass diese wertende Abwägung die Gefahr der Vermischung der Fragen der Zurechnung und der Kausalität birgt. Ob ein schädigendes Ereignis noch dem Schutzbereich der sozialen Entschädigung zuzurechnen ist, ist nach *Knickrehms* Auffassung jedoch keine Frage der Kausalität, sondern eine Frage, die dieser vorgelagert zu klären ist. Aus Sicht des Verf. stellt sich jedoch die Frage, ob angesichts der in beiden Prüfungsschritten notwendigen Wertungen eine trennscharfe Abgrenzung von Kausalität und Zurechnung im sozialen Entschädigungsrecht überhaupt möglich ist. Dementsprechend wird in diesem Überblick davon ausgegangen, dass letztlich keine exakte Trennung erfolgt, sondern Aspekte der Zurechnung stets auch innerhalb der Kausalität mit anzusprechen sind.

311 Gelhausen, aaO.; BSG SozR 3800, § 2 Nr. 1, S. 2.

312 Gelhausen, Rz. 33; Mrozynski, § 5 SGB I Rz. 21; Knickrehm, § 1 BVG Rz. 28; BSGE 88, 153.

313 Besonders deutlich BSG NJW 1960, 406, 407, das – im Rahmen der Anwendung des BVG – die Ursächlichkeit des militärischen Dienstes für eine Selbsttötung ausdrücklich anhand der individuellen Verhältnisse des Betroffenen bestimmt und jegliche generalisierte Betrachtung – etwa der Wirkung des Dienstes auf Soldaten im Allgemeinen – für unzulässig erachtet.

314 BSGE 16, 216; 88, 153.

315 Gelhausen, Rz. 36.

### bb) Haftungsausfüllende Kausalität

Demgegenüber handelt es sich bei der Frage der haftungsausfüllenden Kausalität in erster Linie um eine medizinische Fragestellung; ist die Primärschädigung Ursache der eingetretenen weiteren gesundheitlichen und damit zusammenhängenden wirtschaftlichen Folgen? Insoweit greift eine Beweiserleichterung nach § 1 Abs. 12 OEG i.V.m. § 1 Abs. 3 S. 1 BVG Platz.

Der haftungsausfüllende Ursachenzusammenhang ist hiernach (bereits dann) gegeben, wenn eine überwiegende Wahrscheinlichkeit dafür besteht, dass die gesundheitlichen Folgen auf der Schädigung beruhen.[316] Insoweit wird die Anerkennung von Schädigungsfolgen für das Opfer erleichtert. Wahrscheinlichkeit bedeutet in diesem Zusammenhang, dass unter Berücksichtigung der herrschenden medizinisch-wissenschaftlichen Lehrmeinungen mehr Umstände für als gegen den Kausalzusammenhang sprechen.[317] Auch durch diese Beweiserleichterung lässt sich der an sich strengere Kausalitätsmaßstab der wesentlichen Bedingung insgesamt rechtfertigen.

## g) Antrag

Schließlich werden die Leistungen nach dem OEG nur auf Antrag des Geschädigten gewährt, der sich als materiell-rechtliche Leistungsvoraussetzung darstellt, da er im Tatbestand der Anspruchsnorm des § 1 Abs. 1 S. 1 OEG enthalten ist.[318] Maßgeblich für das Opfer ist dabei § 16 Abs. 2 S. 2 SGB I, nach dem die Leistungen frühestens zum Antragszeitpunkt einsetzen. Von diesem Erfordernis macht das BVG aber Ausnahmen, namentlich, in dem es die Versorgung nach § 60 Abs. 1 S. 2 auch für Zeiträume vor Antragstellung gewährt, sofern der Antrag binnen eines Jahres nach Eintritt der Schädigung gestellt wird.

Zu beachten ist, dass das Opfer (oder seine Hinterbliebenen)[319] den Antrag nicht selbst stellen müssen. Auch den möglicherweise Vorleistungen gewährenden Krankenkassen steht eigenes Antragsrecht zu.[320]

---

316 Vgl. statt vieler nur Mrozynski, aaO. Rz. 22.

317 BSG SozR 3850, § 51 Nr. 10; Mrozynski, aaO.

318 Rademacker in Knickrehm, § 1 OEG Rz. 159; Gelhausen, Rz. 806.

319 Dies folgt aus dem Wortlaut des § 2 Abs. 1 S. 2 OEG, der zwischen Geschädigtem und Antragsteller differenziert; dürfte lediglich der Geschädigte den Antrag stellen, wäre diese Unterscheidung nicht notwendig. Das Antragsrecht der Hinterbliebenen folgt aus § 1 Abs. 8 OEG.

320 Weiner in Kunz/Zellner, § 1 Rz. 44.

## h) Beweisgrundsätze

Ein Anspruch auf Opferentschädigung setzt im Übrigen grundsätzlich voraus, dass dem Opfer der Nachweis der anspruchsbegründenden Tatbestandsvoraussetzungen gelingt.

Insoweit trägt das Opfer die objektive Beweislast.[321] Für die Voraussetzungen der noch zu erörternden Versagungsgründe des § 2 OEG ist hingegen die mit der Ausführung des OEG betraute Verwaltung belastet.[322]

Probleme können sich in beweisrechtlicher Hinsicht in den Fällen ergeben, in denen der Täter *unbekannt* geblieben ist. Es ließe sich daran denken, dass insoweit Ansprüche des Opfers nicht in Betracht kommen. Dies ist aber aus Opferschutzgesichtspunkten und mit Blick auf die rechtliche Eigenständigkeit des OEG gegenüber dem Strafrecht[323] nicht sachgerecht. Vielmehr ist die Versorgungsverwaltung zur eigenen Sachverhaltsaufklärung nach der Amtsermittlungsmaxime[324] verpflichtet. Allerdings begründen in diesem Rahmen möglicherweise auftretenden Beweisschwierigkeiten keine generelle Beweiserleichterung zugunsten des Opfers.[325]

Grundsätzlich gilt: Die anspruchsbegründenden Tatsachen (Angriff, Schädigung) unterliegen dem Vollbeweis.[326] Sind nicht alle nach dem OEG anspruchsbegründenden Tatsachen zur Überzeugung des Tatgerichts erwiesen, so geht dies zu Lasten des Opfers/Antragstellers.[327] Allerdings sieht das Recht der sozialen Entschädigung einige ausdrücklich normierte Beweiserleichterungen vor:

Einerseits sind gemäß § 6 Abs. 3 OEG i.V.m. § 15 KOVVfG[328] die Angaben des Geschädigten, die sich auf die mit der Schädigung in Zusammenhang stehenden Tatsachen beziehen, in bestimmten Fällen der Entscheidung über eine Entschädigung zugrunde zu legen, soweit sie glaubhaft erscheinen. Glaubhaftmachung bedeutet das Dartun überwiegender Wahrscheinlichkeit, dass der Vorgang sich

---

321 Rademacker in Knickrehm, § 1 OEG Rz. 169; BSG SozR 1500, § 128 SGG Nr. 34, S. 29.

322 Rademacker, aaO.

323 Weiner in Kunz/Zellner, § 1 Rz. 26 a; BSG SozR 1500, § 128 SGG Nr. 35, S. 34.

324 Vgl. § 20 Abs. 1 S. 1 SGB X sowie § 6 Abs. 3 OEG i.V.m. § 12 Abs. 2 KOVVfG; Weiner in Kunz/Zellner, § 1 Rz. 50.

325 Weiner in Kunz/Zellner, aaO; BSG SozR 1500, § 128 SGG Nr. 34, S. 29.

326 Rademacker in Knickrehm, § 1 OEG aaO.

327 BSG SozR 1500, § 128 SGG Nr. 34, S. 29; BSG SozR 1500, § 128 SGG Nr. 35, S. 35.

328 Gesetz über das Verwaltungsverfahren in der Kriegsopferversorgung vom 6. Mai 1976, BGBl. I S. 1169.

wie geschildert zugetragen hat; Restzweifel schaden nicht.[329] § 15 KOVVfG trägt damit gerade der Lage desjenigen Opfers Rechnung, in der der Täter unbekannt geblieben ist.[330]

Weiterhin sieht § 1 Abs. 12 OEG i.V.m. § 1 Abs. 3 S. 1 BVG eine Beweiserleichterung im Hinblick auf die haftungsausfüllende Kausalität (Schädigung – gesundheitliche Folgen) vor; diese muss nur medizinisch wahrscheinlich sein.[331] Schließlich sieht § 1 Abs. 3 S. 2 BVG die sog. Kann-Versorgung vor. Anders als der Begriff suggeriert, bezieht sich dieser Aspekt nicht auf ein der Versorgungsverwaltung etwa zustehendes Entschließungsermessen bei der Gewährung von Versorgungsleistungen[332] – vielmehr geht es um eine bloße Beweiserleichterung für den Geschädigten. Maßgebend ist, ob in der medizinischen Wissenschaft über die Ursache einer Krankheit Ungewissheit herrscht; mit Blick auf den Einzelfall des jeweiligen Geschädigten müssen sowohl die Ursache der Erkrankung im Allgemeinen als auch der konkrete Ursachenzusammenhang für die in Person des Geschädigten vorliegende Gesundheitsstörung ungewiss sein.[333] Liegen diese Voraussetzungen vor, greift der Versorgungsanspruch zu Gunsten des Geschädigten im gleichen Umfange Platz wie bei bewiesenem Ursachenzusammenhang.[334]

Darüber hinaus geht das BSG[335] davon aus, dass Beweiserleichterungen ferner auch im Rahmen der Grundsätze über den sog. Anscheinsbeweis[336] in Betracht kommen, wobei der Anscheinsbeweis zur Feststellung willensgesteuerter Verhaltensweisen und des Vorsatzes jedoch meist impraktikabel erscheint.[337] Sind nämlich mehrere Geschehensabläufe denkbar, die zu der eingetretenen Gesundheitsschädigung geführt haben, ist der Anscheinsbeweis ausgeschlossen.[338] Dem

---

329 Weiner in Kunz/Zellner, § 1 Rz. 55.

330 Ders., aaO.

331 Mrozynski, § 5 SGB I Rz. 22.

332 BSGE 74, 109.

333 Knickrehm, § 1 BVG Rz. 8.

334 BSGE 73, 190.

335 BSG SozR 1500, § 128 SGG Nr. 35, S. 36; BSGE 99, 236.

336 Beim Anscheinsbeweis geht es darum, aus bestimmten Tatsachen Schlüsse auf einen üblicherweise damit zusammenhängenden Verlauf (typischer Geschehensablauf) zu ziehen, so dass anspruchsbegründende Tatsachen zunächst als gegeben anzunehmen wären; vgl. BSG SozR 1500, § 128 SGG Nr. 35, S. 37; Weiner in Kunz/Zellner, § 1 Rz. 57.

337 Rademacker in Knickrehm, § 1 Rz. 170.

338 Weiner in Kunz/Zellner, aaO. Rz. 57.

Anscheinsbeweis – obgleich rechtlich zulässig – kommt daher im Opferentschädigungsrecht keine signifikante praktische Bedeutung zu.[339]

Der Ablauf des Beweisverfahrens gestaltet sich in praktischer Hinsicht regelmäßig in den Fällen der Opferentschädigung dergestalt, dass die Verwaltungsbehörde die Akten aus Straf- oder Zivilverfahren beizieht und auf ihren Gehalt für die Anspruchsbegründung nach dem OEG auswertet.[340] Zu beachten ist dabei aber, dass die Behörde nicht an die Feststellungen des Strafgerichts gebunden ist[341] – ein Strafurteil stellt lediglich eine Wertung des (tatsächlichen) Sachverhalts aus strafrechtlicher Sicht dar.[342] So darf sich der strafrechtliche Grundsatz *in dubio pro reo* im Entschädigungsrecht nicht zu Lasten des Opfers auswirken;[343] ebenso ist einer strafrechtlichen Verurteilung wegen fahrlässiger Tatbegehung noch nicht zu entnehmen, dass kein vorsätzlicher tätlicher Angriff vorlag, da sich der Vorsatz im OEG ja lediglich auf den tätlichen Angriff, nicht aber den Körperschaden zu richten braucht.[344]

Soweit sämtliche unter Ziffern 1 bis 8 genannten Voraussetzungen kumulativ vorliegen, ist der Anspruch auf Entschädigung gemäß § 1 Abs. 1 OEG entstanden.

## 2. Ausschlusstatbestand oder fehlende Durchsetzbarkeit

Der Anspruch auf der Grundlage des OEG kann jedoch ausgeschlossen oder nicht durchsetzbar sein.

### a) Einbeziehung ausländischer Staatsangehöriger in den Kreis der Anspruchsberechtigten

Ein Sonderproblem hinsichtlich der Durchsetzbarkeit des Anspruchs ergibt sich im Hinblick auf ausländische Staatsangehörige. Insoweit bestehen zusätzliche besondere Leistungsvoraussetzungen[345] in Gestalt der Vorschriften des § 1 Abs. 4 bis 7 OEG. Ausländische Staatsangehörige[346] sind gem. § 1 Abs. 1 OEG nicht etwa vom anspruchsberechtigten Personenkreis ausgeschlossen; sie können Ansprüche aus

339 Ders., aaO.

340 Gelhausen, Rz. 774.

341 Rademacker in Knickrehm, § 1 Rz. 175.

342 Gelhausen, Rz. 775.

343 Ders., aaO.

344 Ders., Rz. 741 sowie Rz. 775 f.

345 Rademacker in Knickrehm, § 1 OEG Rz. 100.

346 Im Rahmen des OEG jeder, der nicht Deutscher i.S.d. Art. 116 Abs. 1 GG ist, vgl. nur ders., aaO. Rz. 99.

dem OEG aber eben nur unter den zusätzlichen Voraussetzungen der Absätze 4 bis 7 geltend machen.

### aa) Ausgangspunkt: Prinzip der Gegenseitigkeit

Maßgebend ist dabei zunächst das Prinzip der Gegenseitigkeit (§ 1 Abs. 4 Nr. 3 OEG). Absatz 4 der ursprünglichen Fassung des OEG vom 11. Mai 1976 koppelte Ansprüche von ausländischen Staatsangehörigen allein an diesen Grundsatz.[347] Das völkerrechtlich anerkannte Gegenseitigkeitsprinzip besagt, dass Angehörigen anderer Staaten im Inland keine Rechte eingeräumt werden brauchen, die ein Deutscher in ihrem Heimatland nicht genießt.[348] Insofern sollen andere Staaten zur Schaffung entsprechender Regelungen angeregt werden, die zur Annäherung oder Angleichung der Rechtsstellung von Aus- und Inländern im jeweiligen Lande dienen.[349] Diese Regelung hat in der Praxis des OEG zunächst zumeist zu erheblichen Ungerechtigkeiten geführt, da es an der erforderlichen Gegenseitigkeit oft fehlte.[350]

### bb) Erweiterung des persönlichen Geltungsbereichs durch das 2. OEG-Änderungsgesetz

Durch das 2. OEG-Änderungsgesetz[351] von 1993 sind daher weitere Tatbestände geschaffen worden, die ausländischen Staatsangehörigen einen durchsetzbaren Anspruch aufgrund des OEG verschaffen (§ 1 Abs. 4 Nr. 1 und 2, Abs. 5 bis 7 OEG). Durch das 3. OEG-Änderungsgesetz[352] aus dem Jahre 2009 schließlich wurde der Kreis der in den Anwendungsbereich einbezogenen Personen auf Verwandte dritten Grades mit nach § 1 Abs. 1 bis 5 anspruchsberechtigten Personen erweitert und es wurden bestimmte Auslandstaten (tätliche Angriffe auf den anspruchsberechtigten Personenkreis außerhalb des Staatsgebietes der Bundesrepublik Deutschland) in den Anwendungsbereich mit einbezogen. Allerdings

347 Ders., aaO. Rz. 98.

348 Gelhausen, Rz. 784.

349 BVerfGE 30, 409, 414.

350 Bis heute besteht die Gegenseitigkeit nur im Verhältnis zu wenigen außereuropäischen Staaten, nämlich allein zu den kanadischen Provinzen British Columbia und Ontario, zu den US-Bundesstaaten Maryland und Ohio sowie zu Norwegen. Vgl. insoweit auch die Übersicht bei Kunz/Zellner, 4. Aufl., Anh. 1.

351 Zweites Gesetz zur Änderung des Gesetzes über die Entschädigung für Opfer von Gewalttaten vom 21.07.1993, BGBl. I S. 1262.

352 Drittes Gesetz zur Änderung des Opferentschädigungsgesetzes vom 25.06.2009, BGBl. I S. 1580.

tragen auch diese Änderungen der Tatsache, dass sich Gewaltkriminalität eben nicht nur gegen deutsche Staatsangehörige richtet, letztlich nicht in vollem Umfange Rechnung.[353]

§ 1 Abs. 4 Nr. 1 OEG gewährt Angehörigen der Mitgliedstaaten der Europäischen Union[354] einen durchsetzbaren Anspruch nach dem OEG. Gleiches gilt für Personen, für die auf der Grundlage des Unionsrechts eine Gleichbehandlung mit EU-Bürgern zwingend ist, § 1 Abs. 4 Nr. 2 OEG.[355]

Aber auch ausländischen Staatsangehörigen, bei denen die Voraussetzungen des § 1 Abs. 4 OEG nicht gegeben sind, können Ansprüche auf Opferentschädigung zustehen; nach § 1 Abs. 5 OEG kommt es für die Anspruchsberechtigung auf die Dauer des rechtmäßigen Aufenthalts im Bundesgebiet an; bei ausländischen Staatsangehörigen, die sich erst kürzer als drei Jahre (Nr. 2) im Bundesgebiet aufgehalten haben, wird lediglich die Rechtsfolge modifiziert[356], an der Anspruchsinhaberschaft ändert sich jedoch nichts. Letzteres gilt auch für Personen, die im Bundesgebiet lediglich einen Kurzaufenthalt – etwa als Tourist – unternehmen, sofern sie mit einer anspruchsberechtigten Person entweder verwandt sind oder einem Vertragsstaat des Europäischen Übereinkommens vom 24. November 1983 über die Entschädigung für Opfer von Gewalttaten

---

353 Rademacker in Knickrehm, § 1 OEG aaO. erachtet die geschaffene abgestufte Regelung zur Einbeziehung ausländischer Staatsangehöriger in den Anwendungsbereich des OEG denn auch für wenig stimmig; er kritisiert namentlich Abstufungen nach der Aufenthaltsdauer und die Notwendigkeit eines Härtefallausgleichs im Einzelfall. Dem kann nur beigepflichtet werden, da die Gewährung einer Opferentschädigung beim Erleiden eines tätlichen Angriffs ihrer Natur nach nicht davon abhängen kann, wie der konkrete Aufenthaltsstatus des Opfers beschaffen ist; ungeachtet dessen haben nämlich in jedem Fall, in dem es zu einem tätlichen Angriff gekommen ist, die staatlichen Schutzmechanismen gegen Gewaltkriminalität versagt.

354 § 1 Abs. 4 Nr. 1 OEG spricht insoweit noch von den „Europäischen Gemeinschaften“, die als Rechtspersönlichkeit mit dem Inkrafttreten des Vertrages von Lissabon jedoch durch die Europäische Union abgelöst worden sind, vgl. Art. 1 Abs. 3 S. 3 EUV und Streinz/Ohler/Herrmann, § 4 Nr. 4. Die Verweisung des OEG bezieht sich daher nunmehr auf die EU als Rechtsnachfolgerin der EG.

355 Beispiele hierfür können sich in sog. Assoziierungsabkommen der EU mit Drittstaaten finden. Ein Beispiel liefert das Freizügigkeitsabkommen mit der Schweizerischen Eidgenossenschaft, Amtsblatt der Europäischen Gemeinschaften, L 114 vom 30.4.2002, S. 6; Gesetz zu dem Abkommen zwischen der Europäischen Gemeinschaft und ihren Mitgliedstaaten einerseits und der Schweizerischen Eidgenossenschaft andererseits über die Freizügigkeit vom 02.09.2001, BGBl. II 2001, 810.

356 Rademacker in Knickrehm, § 1 OEG Rz. 121: Einkommensunabhängige Leistung ist etwa die Heilbehandlung nach §§ 10 ff. BVG.

angehören (§ 1 Abs. 6 OEG). Derartige Modifizierungen treten im Rahmen des § 1 Abs. 7 OEG schließlich ein, wenn ein ausländischer Staatsangehöriger unter den dort genannten Voraussetzungen das Bundesgebiet verlässt; insoweit wandelt sich der Anspruch in einen Anspruch auf einmalige Geldentschädigung („Abfindung“).

Insgesamt wird sich sagen lassen, dass die aktuelle Fassung der Regelung einem erheblich größeren Kreis von ausländischen Staatsangehörigen die Entschädigung nach dem OEG zugänglich macht, in ihrer Abstufung jedoch hinter dem nach dem Normzweck Gebotenen – Schutz aller Personen, die durch ein Versagen der staatlichen Schutzinstrumentarien gegenüber Gewaltkriminalität betroffen sind – zurückbleibt. Auch dieser Aspekt ist deshalb von einer dogmatischen Neueinordnung der Opferentschädigung betroffen, da potentielle staatshaftungsrechtliche Ansprüche aus dem Gesichtspunkt der Aufopferung an die Jedermann-Grundrechte des Art 2 Abs. 2 S. 1 GG anknüpfen[357] und insofern nicht nach der Staatsangehörigkeit des Anspruchstellers unterscheiden.

### b) Ruhen bei Anspruchskollision

#### aa) Kollision mit Ansprüchen aus der gesetzlichen Unfallversicherung

Weiterhin können Ansprüche nach dem OEG auch unter den Voraussetzungen des § 65 BVG ruhen. Dies ist der Fall, soweit aufgrund desselben schädigenden Ereignisses sowohl Ansprüche nach dem OEG als auch aus der gesetzlichen Unfallversicherung (SGB VII) bestehen oder wenn zugleich ein Fall der beamtenrechtlichen Unfallfürsorge nach § 134 BBG vorliegt.[358] Rechtsgrundlage für das Ruhen ist § 65 BVG. Stellt eine Schädigung nach dem OEG also zugleich einen Arbeits- oder Dienstunfall dar, so ist klargestellt, dass der (im Übrigen auch niedrigere) Anspruch aus dem OEG *subsidiär* ist und mithin in Höhe der Bezüge aus der Unfallversicherung ruht. Sind die Leistungen auf der Grundlage des OEG jedoch höher als diejenigen aus der Unfallversicherung, sind sie im Umfang der übersteigenden Differenz zu gewähren.[359]

#### bb) Kollision mit anderen Anspruchsgrundlagen des sozialen Entschädigungsrechts

Der Anspruch auf Opferentschädigung ist dagegen ausgeschlossen, wenn aufgrund derselben Schädigung Ansprüche nach anderen Vorschriften des sozialen

357 Ossenbühl/Cornils, S. 130.
358 Gelhausen in Kunz/Zellner, § 3 Rz. 7.
359 Ders., aaO. Rz. 8.

Entschädigungsrechts bestehen, § 3 Abs. 2 OEG.[360] Sichergestellt werden soll dadurch, dass keine Mehrfachversorgung begründet wird.[361]

### c) Anspruchsausschluss nach Maßgabe von § 2 Abs. 1 OEG

Wichtigster Ausschlusstatbestand ist allerdings die Regelung des § 2 OEG. Der Anspruch ist endgültig ausgeschlossen, wenn die Gewährung von Leistungen der grundlegenden Wertung des OEG widersprechen würde.[362]

Bei der Formulierung des § 2 handelt es sich um einen politischen Kompromiss mit Blick auf die Ausgestaltung des Opferentschädigungsgesetzes.[363] Leitgedanke war, dass Leistungen zu Gunsten der Opfer von Gewalttaten nur dann Anerkennung in der Gesellschaft erlangen würden, sofern bestimmte Fallkonstellationen von der Entschädigungspflicht ausgenommen sind, namentlich solche, in denen das Verhalten des Opfers der Gewährung staatlicher Leistungen entgegensteht.[364]

#### aa) Mitverursachung durch den Geschädigten

Ein Ausschluss von Ansprüchen des Geschädigten kann sich zunächst aus dessen *Mitverursachung* der Schädigung ergeben, § 2 Abs. 1 S. 1 Alt. 1 OEG. Bei der Mitverursachung handelt es sich um einen Sonderfall der Unbilligkeit i.S.d. 2. Alternative des Tatbestands.[365] Der Begriff der Mitverursachung darf jedoch keinen Missverständnissen begegnen: Anders als im Zivilrecht nach § 254 BGB ist eine Minderung der Leistung wegen Mitverschuldens gerade nicht vorgesehen.[366] Es gilt ein „Alles-oder-Nichts"-Prinzip, mit anderen Worten: bereits die (bloße) Mitverursachung der Gesundheitsschädigung durch das Opfer schließt dessen Ansprüche in vollem Umfange aus.[367] Bereits an dieser Stelle wird erneut die sozialrechtliche Eigenständigkeit des OEG gegenüber dem Strafrecht deutlich; die Frage, ob der Geschädigte die Schädigung mitverursacht hat, bestimmt

---

360 Bei diesen Vorschriften handelt es sich um § 80 SoldatVG, § 59 Abs. 1 BGSG, § 47 ZDG, § 60 Abs. 1 InfSchG, §§ 4, 5 HHG, § 21 StrRehaG und § 3 VwRehaG.

361 Gelhausen in Kunz/Zellner, § 3 Rz. 7.

362 Gelhausen, Rz. 817; ders. in Kunz/Zellner, § 2 Rz. 2; Rademacker in Knickrehm, § 2 OEG Rz. 6.

363 Gelhausen in Kunz/Zellner, § 2 Rz. 1.

364 Ders., aaO. Rz. 2.

365 Gelhausen, Rz. 818; ders. in Kunz/Zellner, § 2 Rz. 9; BSG SozR 3800, § 2 Nr. 7, S. 41.

366 Rademacker in Knickrehm, § 2 OEG Rz. 1.

367 Ders., aaO. Rz. 8.

sich wiederum nach der Kausalitätstheorie der wesentlichen Bedingung,[368] ist also letztlich Einzelfall- und Wertungsfrage.

Bei der Mitverursachung handelt es sich um einen in der Person des Opfers liegenden Versagungsgrund; dem Opferverhalten kommt für den Anspruch aus dem OEG daher eine Rolle zu, die über dessen Bedeutung im Strafrecht – dort in der Regel bloße Strafzumessungstatsache[369] – weit hinausreicht.

### (1) Gleichrangigkeit des Mitverursachungsbeitrags

Ein Verhalten des Geschädigten wird regelmäßig dann als wesentlich bedeutsam für den (Schädigungs-)Erfolg zu beurteilen sein, wenn es in seiner Bedeutung für den Eintritt des Erfolges im Verhältnis zu den übrigen Umständen mindestens annähernd gleichwertig ist.[370]

Dies lässt sich anhand folgender Überlegung verdeutlichen:

- Hat der Geschädigte selbst die wesentliche Bedingung für die Schädigung gesetzt, so ist bereits der Anspruch gem. § 1 Abs. 1 OEG gar nicht erst entstanden, da es bereits an der haftungsbegründenden Kausalität fehlt. Diese Konstellation kann also nicht unter § 2 OEG fallen.
- Ist die vom Geschädigten gesetzte Bedingung hingegen gegenüber dem tätlichen Angriff als nachrangig („unwesentlich") zu bewerten, so ist sie überhaupt keine Ursache im Sinne dieser Kausalitätslehre. Eine Mitverursachung käme insoweit also ebenfalls nicht in Betracht.
- Bleibt für § 2 Abs. 1 S. 1 Alt. 1 OEG mithin nur der Fall, dass die vom Geschädigten gesetzte Bedingung in etwa gleich schwer zu gewichten ist wie der tätliche Angriff; nur insoweit ist eine Mitverursachung denkbar.

Damit liegt es im Opferentschädigungsrecht anders als etwa im Bereich der Kriegsopferentschädigung oder der gesetzlichen Unfallversicherung; dort kann nur eine überwiegende Mitverursachung durch den Geschädigten den Anspruch ausschließen.[371] Gerade dieser Fall (oben Beispiel 1) wird von § 2 OEG aber gar nicht erfasst, sondern erfüllt von vornherein nicht den anspruchsbegründenden

368 BSG SozR 3800, § 2 Nr. 1, S. 1; Gelhausen in Kunz/Zellner, § 2 Rz. 3; Schoreit/Düsseldorf, § 2 Rz. 4; Gelhausen, Rz. 819.

369 Vgl. nur Hillenkamp, S. 150 f.

370 Gelhausen, Rz. 819; ders. in Kunz/Zellner, § 2 Rz. 10; Rademacker in Knickrehm, § 2 OEG Rz. 13.

371 BSG SozR 3800, § 2 Nr. 7, S. 41; Gelhausen in Kunz/Zellner, § 2 Rz. 4. Jedenfalls in der gesetzlichen Unfallversicherung ordnet das BSG den Fall der überwiegenden Mitverursachung durch den Geschädigten zwischenzeitlich jedoch eher der Abwägung im

Tatbestand. Daran zeigt sich, dass dem Schutzzweck des OEG bei der Auslegung des Ausschlusstatbestandes maßgebliche Bedeutung zukommt. Der Ausschlusstatbestand insbesondere der 1. Alternative ist vor dem Hintergrund zu werten, dass bereits ein *rechtswidriger* Angriff (des Täters) vorliegen muss – demzufolge kann umgekehrt für den Leistungsausschluss als Spiegelbild der Anspruchsbegründung zunächst nur ein Verhalten des Opfers relevant sein, das seinerseits von der Rechtsordnung missbilligt wird.[372]

Umstritten war in diesem Zusammenhang früher, ob es sich bei der Qualifizierung des Opferverhaltens als *rechtswidrig* um eine Modifizierung der Kausalitätslehre der wesentlichen Bedingung handelte, nach der im Rahmen des OEG dann eben nur bestimmte (nämlich ihrerseits von der Rechtsordnung missbilligte) Verhaltensweisen überhaupt den Rang einer wesentlichen Bedingung erlangen konnten;[373] dieser Streit dürfte aber inzwischen als erledigt[374] zu betrachten sein, da nach der Rechtsprechung des BSG eine die Leistung nach dem OEG ausschließende Mitverursachung auch dann vorliegen kann, wenn das Opfer selbst keinen Straftatbestand erfüllt, sich aber leichtfertig durch eine unmittelbare, mit dem eigentlichen Tatgeschehen insbesondere zeitlich eng zusammenhängende Förderung der Tat selbst gefährdet hat.[375] Dies ist letztlich konsequent, da es sich bei der Kausalitätslehre der wesentlichen Bedingung um eine wertende Formel handelt,[376] die damit dem Begriff der Zurechnung näher stehen dürfte als dem der Kausalität (vgl. schon oben). Dies lässt Raum für abweichende Betrachtungen im Einzelfall. Aus diesem Grunde schließt daher auch umgekehrt ein rechtswidriges Verhalten des Opfers den Anspruch noch nicht ohne weiteres aus.[377]

---

Rahmen der haftungsbegründenden Kausalität zu, vgl. Wallerath/Rühr, S. 66 sowie BSG NZS 2006, 154, 157.

372 Gelhausen, aaO; ders. in Kunz/Zellner, § 2 Rz. 10; BSGE 84, 54.

373 Nachweise noch bei Kunz/Zellner, 4. Aufl., § 2 Rz. 1.

374 Gelhausen in Kunz/Zellner, 5. Aufl., sieht von einer Erwähnung inzwischen ab.

375 BSG SGb 1999, 625; Gelhausen in Kunz/Zellner, § 2 Rz. 16; Rademacker in Knickrehm, § 2 OEG Rz. 14.

376 Bultmann in Münchener Anwaltshandbuch Sozialrecht, § 25 Rz. 77.

377 Gelhausen, Rz. 825; nicht die Rechtswidrigkeit des Opferverhaltens als solche ist entscheidend, sondern der Umstand, dass das Opfer in der konkreten Situation in ähnlich schwerer Weise gegen die Rechtsordnung verstoßen hat wie der Täter, also das relative Gewicht der Rechtswidrigkeit im Verhältnis zu derjenigen des Täterverhaltens, vgl. auch ders. in Kunz/Zellner, aaO. Rz. 10.

### (2) Schuldhaftigkeit des Mitverursachungsbeitrags

Weitere Voraussetzung einer Mitverursachung ist es (und insoweit besteht eine Abweichung von der Spiegelbildlichkeit des Ausschlusstatbestandes gegenüber der Anspruchsbegründung), dass die Herbeiführung der wesentlichen Bedingung für die Schädigung durch das Opfer auch *schuldhaft* erfolgt sein muss.[378] Indes lässt sich dieses Erfordernis aus der Zwecksetzung des OEG ableiten; es würde dem Sinn einer angemessenen und sachgerechten Opferentschädigung widerstreiten, wenn sich das Opfer zwar in einer von der Rechtsordnung missbilligten Weise verhalten hat, dies ihm aber nicht vorzuwerfen ist. Die Vorsatzschuld wird missbilligt, weil sich das Opfer insoweit bewusst gegen die Rechtsordnung gestellt hat; bei der Fahrlässigkeitsschuld hätte der Geschädigte bedenken sollen, dass er sich rechtswidrig verhielt.[379] Mit der Bewertung eines Opferverhaltens als schuldhaft ist der Vorwurf an das Opfer verbunden, sich für das Unrecht entschieden zu haben, obwohl es sich für ein rechtmäßiges Verhalten hätte entscheiden können.[380] An dieser Formulierung fällt auf, dass sie dem Strafrecht entnommen ist, wo ihr für die Bewertung des *Täter*verhaltens maßgebliche Bedeutung zukommt. Im Gegensatz zum Strafrecht kann sozialentschädigungsrechtlich also auch gegenüber dem Opfer (§ 2 OEG) ein Schuldvorwurf erhoben werden, der (nicht ganz spiegelbildlich, da § 1 OEG nicht an die Schuld anknüpft) den vom Täter gesetzten Unwertgehalt durch Anspruchsausschluss gleichsam kompensiert. Das OEG rekurriert insofern immer wieder auf strafrechtliche Begriffsbestimmungen, wendet diese aber im wesentlichen Unterschied zum Strafrecht auch auf den Geschädigten an. Nach diesem Verständnis des § 2 Abs. 1 S. 1 Alt. 1 OEG setzt der Geschädigte also nur dann eine wesentliche Bedingung für seine Schädigung, wenn er in hohem Maße vernunftwidrig handelt und es in grob fahrlässiger Weise unterlässt, eine höchst wahrscheinliche Gefahr von sich abzuwenden.[381] Auch die Begriffe des Mitverschuldens und der eigenverantwortlichen Selbstschädigung (auch darin steckt ein Vorwerfbarkeitsurteil) fallen demnach bereits unter die 1. Alternative des § 2 Abs. 1 S. 1 OEG; anderenfalls würde die Abgrenzung gegenüber der 2. Alternative (Unbilligkeit, vgl. sofort) erhebliche Schwierigkeiten bereiten.

---

378 Gelhausen, Rz. 826; ders. in Kunz/Zellner, aaO. Rz. 16.

379 Ders. in Kunz/Zellner, aaO.

380 Ders. in Kunz/Zellner, aaO.; für den Täter gebraucht BGHSt 2, 194, 200 diese Formulierung.

381 Gelhausen, Rz. 827.

Zusammenfassend lässt sich konstatieren, dass unter eine Mitverursachung im Sinne der 1. Alternative solche vorwerfbaren und von der Rechtsordnung missbilligten Verhaltensweisen des Opfers zu subsumieren sind, die in einem *unmittelbaren Tatbeitrag* bestehen.[382] Es käme zu Wertungswidersprüchen, wollte man ein tatunmittelbares Verhalten des Opfers einmal nicht als wesentliche Bedingung im Sinne der 1. Alternative, im Übrigen aber zugleich als sonstigen Ausschlussgrund gemäß der 2. Alternative ansehen.[383] Insofern erklärt sich auch die Spezialität des Ausschlusstatbestands der Mitverursachung; spezielle Opferverhaltensweisen in der konkreten Tatsituation sind nach allgemeinen Regeln[384] stets vor nur allgemein risikoerhöhenden Faktoren zu betrachten.

(3) Einzelfälle

- Die rechtmäßige Abwehr eines Angriffs im Wege der Notwehr kann demzufolge nicht zu einer Mitverursachung der Schädigung führen, da kein rechtlich missbilligtes Verhalten vorliegt, auch wenn die Schädigung erst im Rahmen der Verteidigungshandlung aufgetreten ist.[385]
- Gleiches gilt, wenn das Verhalten des Opfers zwar als riskant zu bewerten, aber von der Rechtsordnung gebilligt ist, etwa wenn der Angreifer vom Opfer auf friedliche Art und Weise von seinem Vorhaben abgebracht werden soll.[386]
- Handelt das spätere Opfer selbst rechtswidrig wie bei der Ausübung der Putativnotwehr, so muss dies dennoch nicht zum Ausschluss des Anspruchs nach der 1. Alternative führen, wenn sein Handeln dem Tatbeitrag des vermeintlichen Täters (des in Putativnotwehr Angegriffenen) deutlich nachgeordnet ist;[387] hier wird die Wertungsbezogenheit der Lehre von der wesentlichen Bedingung wiederum deutlich.
- Auch die Notwehrprovokation kann den Anspruch für den Provokateur ausschließen, da in ihr das vorwerfbare (Absichtsprovokation oder sonstig schuldhafte Provokation) Setzen einer wesentlichen Bedingung zu erblicken sein kann; dies mag jedoch u.U. wiederum nicht gelten, wenn die Provokation für den Provokateur später zu einem unvorhersehbaren, ungewöhnlichen

382 Ders., Rz. 840; BSG SozR 3800, § 2 Nr. 7, S. 41; Gelhausen in Kunz/Zellner, § 2 Rz. 27.
383 BSG, aaO.
384 *Lex specialis derogat legi generali*, vgl. nur Vranes, S. 397 ff.
385 BSG SozR 3800, § 2 Nr. 3, S. 20.
386 BSG SozR 3800, § 2 Nr. 7, S. 42; NJW 1990, 1501, 1502.
387 Gelhausen, Rz. 824.

Geschehensablauf führt[388] – insoweit ist die Provokation nicht mehr als wesentlich zu beurteilen. Maßgebend ist dabei, ob der auf die Provokation folgende Angriff objektiv nach Art und Schwere der Provokation noch als verhältnismäßig betrachtet werden kann; musste das Opfer mit einem Angriff der konkreten Art und Schwere nicht rechnen, hat es diesen Angriff auch nicht im Sinne einer wesentlichen Bedingung mitverursacht.[389]

### bb) Unbilligkeit

Der Anspruchsausschluss kann sich schließlich aus sonstigen Gründen ergeben, soweit eine Entschädigung dadurch im Einzelfall unbillig erscheinen würde, § 2 Abs. 1 S. 1 Alt. 2 OEG.

#### (1) Unbestimmter Rechtsbegriff

Der Begriff der Unbilligkeit als unbestimmter Rechtsbegriff erscheint dabei auf den ersten Blick bedenklich im Hinblick auf den aus dem Rechtsstaatsprinzip des Art. 20 Abs. 3 GG folgenden Bestimmtheitsgrundsatz[390]. Diese Bedenken lassen sich jedoch dadurch begrenzen, dass der gerichtlich voll nachprüfbare Begriff am Normzweck[391] und der grundlegenden Wertung des OEG[392] zu orientieren ist; der Begriff kann durch die Rechtsprechung eine Ausformung erfahren, die ihn hinreichend konkretisiert erscheinen lässt.

Das OEG gewährt, wie oben bereits ausgeführt, eine Entschädigung aus dem Grunde, dass die staatlichen Schutzvorkehrungen gegen Verbrechen versagt

---

388 Ders., Rz. 826; ders. in Kunz/Zellner, § 2 Rz. 17; Schoreit/Düsseldorf, § 2 Rz. 15; BSG NJW 1997, 965, 966.

389 BSG aaO., S. 966.

390 Grzeszick in Maunz/Dürig, Art. 20 Rz. 58 ff., 61; der Bestimmtheitsgrundsatz schießt die Verwendung unbestimmter Rechtsbegriffe nicht aus, da er lediglich Mindestanforderungen im Sinne einer *hinreichenden* Bestimmtheit stellt. Es reicht aus, dass sich mit Hilfe juristischer Auslegungsmethoden, insbesondere durch Heranziehung anderer Vorschriften des Gesetzes, der Berücksichtigung des Normzusammenhangs sowie der Begründung eine zuverlässige Grundlage für die Auslegung und Anwendung der Vorschrift gewinnen lässt.

391 Gelhausen in Kunz/Zellner, § 2 Rz. 25; das Tatbestandsmerkmal der Unbilligkeit wird auch in anderen einfachen Gesetzen verwendet. BVerfGE 48, 102, 116 hat etwa im Hinblick auf die Nichtgewährung einer Steuervergünstigung unter Inanspruchnahme einer steuergesetzlichen Unbilligkeitsklausel das Merkmal der Unbilligkeit für hinreichend bestimmt erachtet, sofern sie unter Beachtung der Grundrechtsbindung des Staates ausgelegt wurde.

392 Gelhausen in Kunz/Zellner, aaO. m.w.N.

haben;[393] eine Opferentschädigung kann deswegen aber zweckwidrig sein, etwa dann, wenn das spätere Opfer die staatliche Schutzgemeinschaft rechtstreuer Bürger verlassen hat.[394] Weiterhin sind für die Auslegung die bereits zur 1. Alternative entwickelten Kriterien bedeutsam. Auch der Versagungsgrund der 2. Alternative setzt also voraus, dass das insoweit rechtlich erhebliche Verhalten des Opfers schwerwiegend und vorwerfbar ist.[395] Die Rechtsfolgen der 1. und 2. Alternative unterscheiden sich nicht voneinander, so dass auch aus diesem Grunde den die Unbilligkeit begründenden Umständen (zumindest annähernd) gleiches Gewicht zukommen muss wie den Mitverursachungsbeiträgen der 1. Alternative.[396] Es muss sich ferner ebenso um Gründe handeln, die in der Person oder dem Verhalten des Geschädigten liegen.[397]

### (2) Verhalten des Geschädigten jenseits tatbezogener Mitverursachung

Weiterhin muss es sich um ein Verhalten des Geschädigten handeln, das außerhalb des eigentlichen Tatbeitrags liegt;[398] die Umstände einer Unbilligkeit können nicht dieselben sein, die bereits im Rahmen der Mitverursachung maßgeblich zu berücksichtigen sind, sondern müssen zusätzliche, andere Gründe darstellen.[399] Dies ist maßgebliches Abgrenzungskriterium.

393 Vgl. statt vieler nur BSG SozR 3800, § 2 Nr. 1, S. 2.

394 Gelhausen, Rz. 830; ders. in Kunz/Zellner, § 2 Rz. 26; Beispiel: Tätigkeit in krimineller Vereinigung.

395 Ders. in Kunz/Zellner, aaO. Rz. 32.

396 BSG SozR 3800, § 2 Nr.7, S. 41; st.Rspr. seit SozR 3800, § 2 Nr. 1, S. 4.

397 Gelhausen in Kunz/Zellner, aaO. Rz. 26.

398 Gelhausen, Rz. 839; ganz präzise ist diese Abgrenzung nicht, da die Unbilligkeit als unbestimmter Rechtsbegriff auch eine Gesamtschau potentiell anspruchsausschließender Gesichtspunkte erlaubt. Dementsprechend wird in der Rechtsprechung des BSG eine Unbilligkeit auch in Konstellationen angenommen, in denen ein Tatbeitrag des Opfers vorliegt, der nach seinem Gewicht isoliert betrachtet zwar unter dem Gesichtspunkt der Mitverursachung zu bewerten wäre, jedoch nicht den Grad einer versorgungsausschließenden Mitverursachung im Sinne der 1. Alternative erreicht, sofern dieser Beitrag in einer Zusammenschau mit weiteren, nicht tatunmittelbaren Umständen insgesamt die Annahme einer Unbilligkeit erlaubt; vgl. BSGE 49, 104 ff.; 66, 115 ff.; SGb 2007, 111 ff.; Gelhausen in Kunz/Zellner, § 2 Rz. 27. Insofern werden vereinzelt auch tatunmittelbare Umstände in die Betrachtung der Unbilligkeit mit einbezogen.

399 BSG, SozR 3800, § 2 Nr. 7, aaO.

### (3) Gründe für das Erfordernis einer Unbilligkeitsklausel

Es stellt insoweit naturgemäß die Frage, aus welchem Grunde es zu dieser zweiten (noch dazu so wenig bestimmten) Ausschlusstatbestandsalternative gekommen ist, d.h. welches gesetzgeberische Interesse einer solchen Regelung zugrunde liegt. Betrachtet man allein die dem Opferschutz verpflichtete Schutzrichtung des OEG, so erscheint es zunächst wenig verständlich, dass ein solcher Ausschlusstatbestand geschaffen wurde; ein bloßer Rekurs auf eine wie auch immer geartete Unbilligkeit scheint in dieser weiten Fassung kaum gewährleisten zu können, dass eine weite Bandbreite von Opfern in den Genuss von Entschädigungsleistungen kommt. Dies gilt umso mehr, als ja bereits eine Versagungsmöglichkeit aufgrund der 1. Alternative besteht. Das Erfordernis dieser Regelung lässt sich demzufolge m.E. vor allem aus den sozialrechtlichen Besonderheiten im Zuge der Behandlung der Mitverursachung begründen:

Entspricht es regelmäßig einer weitverbreiteten[400] Regelungspraxis, dass ein Mitverschulden des Anspruchstellers zur Anspruchsminderung führt (§ 254 BGB), so wird das Sozialrecht vom Prinzip des „Alles oder Nichts“ beherrscht.[401] Dies ergibt sich aus der Anwendung der Theorie der wesentlichen Bedingung, die Mitursachen nur unter sehr engen Voraussetzungen als solche anerkennt (vgl. oben). Diese Besonderheit führt dazu, dass bei Vorliegen einer Mitverursachung die Versorgung insgesamt zu versagen ist; eine entsprechende Anwendung des § 254 BGB ist im OEG und dort insbesondere in § 2 gerade nicht vorgesehen. Demzufolge würde ein Verhalten des Opfers, das den eingetretenen Schaden zwar in irgendeiner Weise gefördert hat, aber nicht als dessen Ursache angesehen werden kann (nicht tatunmittelbarer, erfolgsfördernder Umstand), nicht zu einer Minderung des Anspruchs führen können. Dieses Ergebnis wurde vom Gesetzgeber als zweckwidrig angesehen[402] (zur näheren Konkretisierung eines solchen Verhaltens vgl. die Beispiele sogleich). Folge ist daher, dass auch in derartigen Konstellationen der Anspruch insgesamt ausgeschlossen ist.

---

400 Über das Zivilrecht hinaus findet § 254 BGB in zahlreichen Rechtsgebieten entsprechend Anwendung, etwa auch bei Entschädigungsansprüchen des Staatshaftungsrechts, vgl. nur Ossenbühl/Cornils, S. 149. Dieser Aspekt würde im Falle einer Neuverortung des OEG im Staatshaftungsrecht dazu führen, dass für einen Tatbestandsausschluss durch Unbilligkeit kein sinnvoller Anwendungsbereich mehr verbleibt, jedenfalls aber ein Festhalten an der „Alles-oder-Nichts“-Lösung des Sozialrechts systemwidrig erschiene. Dazu im Einzelnen im 3. Teil.

401 Vgl. statt aller Gelhausen, Rz. 829.

402 BT-Drs. 7/2506, S. 11 und 15; BSG SozR 3800, § 2 Nr. 1, S. 4.

#### (4) Einzelfälle

Da die Konkretisierung der Unbilligkeitsklausel nur durch die Fallpraxis erfolgen kann, seien hier einige Beispiele genannt. Aus der Rechtsprechung des BSG entnimmt die Literatur[403] zwischenzeitlich jedenfalls vier Fallgruppen, in denen Unbilligkeit anzunehmen ist. Es sind dies

- eine bereits im zeitlichen Vorfeld der zur Opferwerdung führenden Tat liegende eigene rechtsfeindliche Betätigung des Opfers, z.B. als Mitglied einer kriminellen Vereinigung;[404]
- die sozialwidrige Zugehörigkeit zum Kreis der Alkohol- und Drogenkonsumenten, soweit die Tat aus speziellen Gefahren dieses Milieus entstanden ist (Fallgruppe der Selbstgefährdung);[405]
- das bewusste und leichtfertige Eingehen einer Gefahr, der sich das Opfer leicht hätte entziehen können, sofern das Eingehen der Gefahr nicht gerechtfertigt oder sozial nützlich ist[406] sowie
- Konstellationen, in denen der Täter durch die Gewährung von Opferentschädigung begünstigt würde, etwa, wenn er als naher Verwandter des Opfers Anspruch auf Hinterbliebenenversorgung hätte.[407]

Auch diese Fallgruppen schließen indes – ungeachtet ihrer Konkretisierungsfunktion – nicht sämtliche Auslegungsschwierigkeiten im Zusammenhang mit dem Merkmal der Unbilligkeit aus.

- Soweit Unbilligkeit aus einer umweltbezogenen Eigenverantwortlichkeit des Geschädigten folgt,[408] ergeben sich mitunter – mit der Formulierung bei *Kunz/Zellner*[409] – Einfallstore für moralisierende Alltagstheorien. Zwar führt das Zusammenleben von Täter und Opfer in häuslicher Gemeinschaft grundsätzlich

403 Gelhausen in Kunz/Zellner, § 2 Rz. 28.

404 BSGE 72, 136.

405 BSG, Urteil vom 06.07.2006 – B 9 a VG 1/05 R = SozR 4-3800, § 2 Nr. 1, m.w.N.

406 BSGE 57, 168 = NJW 1985, 647, 648. In dieser Entscheidung hat das BSG die Auffassung vertreten, dass eine Frau, die in einer Lebensgemeinschaft verbleibt, die mit einer dauernden Gefahrenlage verbunden ist, in der sie stets mit einer schweren Misshandlung rechnen muss, keine staatliche Entschädigung im Fall einer Körperverletzung beanspruchen kann. Dies ist in der Literatur zu Recht auf Kritik gestoßen, da das spezielle soziale Beziehungsgeflecht einer derartigen Lage unberücksichtigt geblieben ist, vgl. Rademacker in Knickrehm, § 2 Rz. 27.

407 Rademacker in Knickrehm, aaO. Rz. 28 f.

408 Vgl. nochmals BSGE 57, 168 vom 03.10.1984, oben Fallgruppe (3).

409 Gelhausen in Kunz/Zellner, § 2 Rz. 1.

noch nicht zum Anspruchsausschluss.[410] Das BSG hat aber einen Anspruch aus dem OEG verneint, wenn der Geschädigte einer Dauergefahr zum Opfer gefallen ist, aus der er sich bei einem Mindestmaß an Selbstverantwortung selbst hätte befreien können.[411] Diese Wertung hat das BSG allerdings in einer späteren Entscheidung korrigiert und präzisiert, indem es für dieses Mindestmaß an Selbstverantwortung entscheidend auf die individuellen Fähigkeiten der in emotionaler Abhängigkeit zu dem gewalttätigen Partner lebenden Frau abgestellt hat.[412] Dennoch verbleibt bei der Bewertung der umweltbezogenen Eigenverantwortung des Geschädigten ein vergleichsweise subjektiver Bewertungsspielraum, der eine einheitliche Handhabung derartiger Konstellationen im Rahmen des Ausschlusstatbestands auch künftig schwierig erscheinen lässt.

- Da Unbilligkeit auch vorliegt, wenn die an das Opfer gezahlte Entschädigung dem Schädiger selbst wirtschaftlich zugutekommt,[413] können bei Angehörigen, die auch nach der Schädigung in häuslicher Gemeinschaft leben, weitere Schwierigkeiten auftreten, nämlich dann, wenn sich das Opfer nicht kraft eigener Willensentschließung der Sphäre des Schädigers entziehen kann – etwa im Verhältnis der Eltern zum misshandelten Kind. Insoweit vermag aber durch die Anordnung einer Vermögenspflegschaft für das Kind Abhilfe geschaffen werden.[414]
- Problematisch sind schließlich diejenigen Fälle, in denen bereits ein bloßer unsolider Lebenswandel des Opfers[415] – wiederum im Sinne *moralisierender Alltagstheorien* – zum Ausschluss des Anspruchs führen soll.
  Auf wenig Bedenken stoßen dabei zunächst die Fälle, in denen die Beziehung zwischen Opfer und Täter gleichsam in ein Geflecht von Straftaten eingebettet ist.[416] Gehören z.B. Opfer und Täter einer Gewalttat derselben kriminellen Vereinigung an, so greift der dem Grundgedanken des OEG entsprechende Grundsatz, dass derjenige, der sich allgemein[417] rechtsfeindlich verhält und gar mit einer kriminellen Gruppe die Rechtsordnung untergräbt,

410 Rademacker in Knickrehm, aaO. Rz. 37.

411 BSG NJW 1985, 648.

412 BSG NJW 2002, 1069, 1070.

413 Gelhausen, Rz. 843; Schoreit/Düsseldorf, § 2 Rz. 29.

414 Gelhausen in Kunz/Zellner, aaO. Rz. 35.

415 Zur Begründung einer Unbilligkeit anerkannt in BSG SozR 3800, § 2 Nr. 1, S. 6.

416 So noch die Formulierung bei Kunz/Zellner, 4. Aufl., § 2 Rz. 12.

417 Es geht bei der Tatbestandsalternative der Unbilligkeit ja nicht um unmittelbare Tatbeiträge; vgl. Gelhausen in Kunz/Zellner, § 2 Rz. 27.

nicht schutzbedürftig ist.[418] Anderenfalls würde durch eine Entschädigung möglicherweise früheres rechtsfeindliches Verhalten mittelbar zumindest als billigenswert anerkannt.[419]

Schwieriger ist die Beurteilung in denjenigen Fällen, in denen es an einem solchen Straftatengeflecht fehlt. Hier besteht die erhebliche Gefahr, dass das Opferentschädigungsrecht durch die Versagung aufgrund des bloßen Lebenswandels des Opfers zu einem reinen Billigkeitsrecht ohne klare Konturen verschwimmt; die Einbeziehung moralischer Kategorien erscheint überdies äußerst fragwürdig. Das BSG[420] stellt deshalb hohe Anforderungen an die Bedeutung von Faktoren des Lebenswandels, die ja immerhin einer Mitverursachung in ihrem objektiven Gewicht im Wesentlichen gleichkommen müssen. Derartige Umstände müssen insbesondere öffentliche Belange berühren.[421] Dennoch werden sie als Versagungsgründe zugelassen, wenn darin eine unmoralische Haltung gegenüber dem Täter in einem unmoralischen Umfeld der Tat als gruppenspezifisches Verhältnis besteht.[422] Es soll sich um Situationen handeln, die entweder eine besondere Gewaltopfergeneigtheit erkennen lassen, oder bei denen allgemein Sozialschädlichkeit besteht.[423]

- Als nicht vorliegend angesehen hat das BSG derartige Umstände in einem Fall, in dem eine Geliebte ihren Liebhaber tötete, nachdem dieser sie immer wieder

418 Ders., § 2 Rz. 26.

419 Ders., aaO; BSG SozR 3800, § 2 Nr. 1, S. 8. Schwierigkeiten wirft dieser Aspekt jedoch im Hinblick auf Personen auf, die sich glaubhaft und endgültig vom kriminellen Milieu distanziert haben und ggf. sogar noch an der Aufklärung von Straftaten mitwirken. BSGE 72, 136 = NJW 1993, 2957 hat für Recht erkannt, dass selbst diesem Personenkreis keine Entschädigung auf der Grundlage des OEG zustehen soll. Ob an den Wertungen dieser bereits aus dem Jahre 1993 stammenden Entscheidung allerdings im Lichte des 2001 in Kraft getretenen Gesetzes zur Harmonisierung des Schutzes gefährdeter Zeugen (Zeugenschutz-Harmonisierungsgesetz – ZSHG, BGBl. I S. 3510) festgehalten werden kann, darf bezweifelt werden. Nach Ansicht des Verf. kann jedenfalls ein grundsätzlicher Ausschluss der Gewährung von Opferentschädigung gegenüber den betroffenen Personenkreisen nicht mehr aufrechterhalten werden, vgl. auch Rademacker in Knickrehm, § 2 OEG Rz. 24.

420 BSG SozR 3800, § 2 Nr. 1, S. 7.

421 BSG, aaO.

422 So wörtlich BSG, aaO.

423 So noch Kunz/Zellner in der 4. Aufl., § 2 Rz. 12; inzwischen erörtert die Kommentierung diese Schwierigkeiten nur noch anhand von Einzelfällen ohne den Versuch einer abstrakten Typisierung, vgl. Gelhausen in Kunz/Zellner, § 2 Rz. 29 ff.

durch Kontakte mit anderen Frauen enttäuscht hatte;[424] interessant ist insoweit nur, dass der Anspruch ursprünglich unter Zugrundelegung dieses Verhaltens von der Versorgungsverwaltung abgelehnt worden war.[425] Zur Konkretisierung der Frage, wann denn nun ein unmoralisches Verhalten des Geschädigten den Anspruch ausschließt, soll im Übrigen auf den Maßstab der unzulässigen Rechtsausübung zurückzugreifen sein.[426] Demnach kann ein Recht nicht geltend gemacht werden, wenn dies nicht sozial angemessen geschieht und es der rechtsethischen Funktion des Rechts widerspricht.[427] Bedenkt man dabei, dass unter gewissen Umständen selbst ein rechtswidriges Verhalten des Opfers den Anspruch nicht ausschließt (vgl. oben zur Mitverursachung), so ist gerade an dieser Stelle darauf zu achten, dass die Anforderungen an das tatunabhängige „unmoralische" Verhalten möglichst hoch zu halten sind. Dies kann nach neuerer Auffassung[428] in erster Linie durch eine Orientierung am Strafrecht geschehen, und zwar m.E., in dem sozial- oder milieubedingte Wertungen vermieden werden und lediglich danach gefragt wird, ob zwischen der Zugehörigkeit zu einem „Milieu" und der die konkrete Schädigung auslösenden Straftat *Konnexität* in dem Sinne besteht, dass die Ursache der Straftat allein milieubedingt ist und gerade nicht auf anderen Auslösemomenten beruht.

Zusammenfassend lässt sich feststellen, dass vielfältige tatbeitragsunabhängige Umstände zu einer Versagung aus Gründen der Unbilligkeit führen können; das BSG scheint bemüht, die Anforderungen an diese Umstände gerade mit Blick auf den Lebenswandel des Opfers möglichst hoch[429] zu halten, was im Interesse einer einheitlichen Handhabung des Entschädigungsanspruchs auch dringend geboten erscheint.

424 BSG SozR 3800, § 2 Nr. 1; es fehlt an der Berührung öffentlicher Interessen.

425 BSG, aaO.

426 BSG SozR 3800, § 2 Nr. 1, S. 9; dies gilt jedenfalls für die Fallgruppen oben (1) bis (3), vgl. Hoffmann, S. 113.

427 Ausführlich hierzu Roth/Schubert in MüKo BGB, § 242 Rz. 197 ff.

428 Gelhausen in Kunz/Zellner in der aktuellen Auflage, § 2 Rz. 30; noch restriktiver Hoffmann, S. 114, die Milieuzugehörigkeit und hieraus erwachsene Straftaten isoliert betrachtet – also ohne das Hinzutreten weiterer Umstände –, und diese Gesichtspunkte überhaupt nicht mehr zur Annahme der Unbilligkeit heranziehen möchte.

429 BSGE 88, 103, 104; Gelhausen in Kunz/Zellner, § 2 Rz. 51.

### d) Fehlende Mitwirkung des Geschädigten bei der Aufklärung des Sachverhalts

Weiterhin kommt eine Versagung von Leistungen auch wegen fehlender Mitwirkung des Geschädigten bei der Aufklärung des Sachverhalts in Betracht, § 2 Abs. 2 OEG. Anders als bei den übrigen Ausschlusstatbeständen steht die Versagung von Entschädigungsleistungen insoweit jedoch im pflichtgemäßen Ermessen der Versorgungsverwaltung.[430]

- Auch dieser Ausschlusstatbestand ist im Lichte des Entschädigungszwecks zu sehen.[431] Die staatliche Kriminalitätsbekämpfung ist nur funktionsfähig, soweit sie auch durch die Mithilfe der Bürger getragen wird.[432] Im Übrigen entspricht es auch den in den §§ 60–67 SGB I normierten Grundsätzen des Sozialrechts, dass derjenige, der ein Sozialleistung erhalten möchte, an der Darlegung der anspruchsbegründenden Tatsachen mitzuwirken hat. Eine Überschneidung dieser Pflichten mit derjenigen aus § 2 Abs. 2 OEG besteht jedoch aus zeitlichen Gründen nicht, da die Erstattung der Strafanzeige zeitlich noch vor dem Beginn des (sozialrechtlichen) Verwaltungsverfahrens liegt.[433] Ferner lässt sich die Mitwirkungspflicht damit erklären, dass der Geschädigte bei Erhalt von Leistungen nach dem OEG von der Durchsetzung seines zivilrechtlichen Schadensersatzanspruchs gegen den Schädiger befreit wird, weil die gegen den Täter bestehenden bürgerlich-rechtlichen Schadensersatzansprüche nach § 5 OEG auf den Träger der Versorgungsverwaltung übergehen,[434] so dass ihm zumindest die Erstattung einer Strafanzeige in aller Regel zumutbar sein sollte.[435]
- Das Opfer muss das ihm Mögliche zur Aufklärung des Sachverhalts oder der Verfolgung des Täters beitragen; was möglich ist, bestimmt sich subjektiv aus der Sicht des Geschädigten.[436] In der Regel wird die Mitwirkung in der unverzüglichen Erstattung einer Strafanzeige (§ 158 StPO) bestehen; dagegen ist etwa

---

430 Ders. in Kunz/Zellner, aaO. Rz. 51.

431 Das folgt bereits daraus, dass die Ermessensbetätigung nicht gleichsam im „luftleeren Raum" stattfindet, sondern stets am Zweck der Ermächtigung zu orientieren ist, was sich für sozialrechtliche Leistungsansprüche aus § 39 Abs. 1 SGB I ergibt und damit auch im Anwendungsbereich des OEG gilt, vgl. Gelhausen in Kunz/Zellner, aaO.

432 Gelhausen, Rz. 849.

433 Rademacker in Knickrehm, § 2 OEG Rz. 36; vgl. § 8 SGB X.

434 Gelhausen in Kunz/Zellner, § 2 Rz. 53; in der Regel ist Kostenträger das jeweilige Bundesland, in dem die Schädigung eingetreten ist (Tatortprinzip, § 4 Abs. 1 OEG).

435 Ders., Rz. 850.

436 Ders., aaO.

nicht erforderlich, dass der Verletzte eine Strafverfolgung im Wege der Privatklage oder der Durchführung eines Sühneversuchs betreibt.[437] Ausnahmsweise sind den Anforderungen an das Opfer auch Grenzen gesetzt, insbesondere wenn eine Unzumutbarkeit der Mitwirkung vorliegt (etwa bei psychischen Folgewirkungen im Rahmen von Fällen des sexuellen Missbrauchs).[438]

- Da der Ausschluss des Anspruchs nach § 2 Abs. 2 OEG nicht zwingend vorgeschrieben, sondern ins behördliche Ermessen gestellt ist, kann sich die Versagung einer Leistung auch als ermessensfehlerhaft darstellen. Dies ist etwa der Fall, wenn die Straftat, die zur gesundheitlichen Schädigung geführt hat, bereits ohne Mitwirkung des Opfers aufgeklärt ist.[439]
- Im Übrigen gewährt § 2 Abs. 2 OEG auch hinsichtlich der Rechtsfolgen eine größere Flexibilität; es kann nicht nur die gesamte Leistung, sondern es können stattdessen auch lediglich einzelne Teilleistungen versagt werden.[440] Dies scheint zwar auf den ersten Blick dem „Alles-oder-Nichts"-Prinzip zu widerstreiten; dennoch liegt hier ein Unterschied gegenüber einer entsprechenden Anwendung des § 254 BGB vor, da die Leistungen nicht der Höhe nach gemindert, sondern nur einzelne Leistungen aus dem umfassenden Leistungskatalog des BVG versagt werden.[441]

### e) Sonstige Ausschlusstatbestände

Ein Ausschluss des Anspruchs auf Opferentschädigung erfolgt schließlich noch in bestimmten besonderen, gesetzlich enumerierten Fallgruppen. Durch das 2. OEG-Änderungsgesetz wurde insbesondere im Hinblick auf Entschädigungsleistungen an ausländische Staatsangehörige Absatz 1 Satz 2 angefügt, nach dem Entschädigungsleistungen aufgrund des OEG auch bei einer aktiven Beteiligung an politischen (Nr. 1) oder kriegerischen (Nr. 2) Auseinandersetzungen im Heimatstaat eines ausländischen Staatsangehörigen möglich ist, sofern die gesundheitliche Schädigung hierauf beruht (Nr. 1) oder zumindest tatsächliche Anhaltspunkte einen Zusammenhang zwischen Beteiligung an Auseinandersetzung und Schädigung nahelegen (Nr. 2); es handelt sich um eine Konkretisierung

---

437 Ders. in Kunz/Zellner, § 2 Rz. 58.

438 Ders., Rz. 851; ebenso wird Unzumutbarkeit angenommen, wenn das Opfer sich selbst oder eine ihm nahestehende Person i.S.v. § 383 Abs. 1 Nr. 1–3 ZPO der Gefahr strafrechtlicher Verfolgung oder eines Ordnungswidrigkeitenverfahrens aussetzen würde, vgl. ders. in Kunz/Zellner, aaO. Rz. 55.

439 Gelhausen, Rz. 854.

440 Ders. in Kunz/Zellner, § 2 Rz. 52.

441 Ders., aaO.

der Unbilligkeitsklausel für bestimmte Fallgruppen.[442] Nach § 2 Abs. 1 S. 2 Nr. 3 OEG führt schließlich auch die Verwicklung in die organisierte Kriminalität[443] zum Anspruchsausschluss; es handelt sich um einen Sonderfall des Anspruchsausschlusses bei Vorhandensein eines Straftätergeflechts bzw. des Vorliegens einer rechtsfeindlichen Betätigung außerhalb der unmittelbaren Tatumstände.[444] Durch die Regelung der Nr. 1 und 2 sollte insbesondere verhindert werden, dass ausländische Staatsangehörige ihre im Heimatland begründeten Konflikte in der Bundesrepublik fortsetzen.[445] Soweit Ansprüche auf Opferentschädigung wegen einer Auslandstat zu Lasten des im Inland anspruchsberechtigten Opfers bestehen (§ 3 a OEG, eingefügt durch das 3. OEG-Änderungsgesetz), finden die Versagungsgründe des § 2 Abs. 1 S. 2 OEG indes keine Anwendung (§ 3 a Abs. 5 OEG); insoweit hätte sich eine Systemwidrigkeit für diejenigen Konstellationen ergeben, in denen ein nach § 3 a OEG wegen einer Auslandstat anspruchsberechtigter ausländischer Staatsangehöriger an politischen oder kriegerischen Auseinandersetzungen in Deutschland beteiligt gewesen wäre.[446]

Im Übrigen treffen die besonderen Ausschlusstatbestände auch eine Beweislastverteilung mit der in Nr. 2 und 3 vorgesehenen Möglichkeit des Entlastungsbeweises durch den Geschädigten – es kann z.B. nachgewiesen werden, dass eine Schädigung gemäß Nr. 3 nicht im Zusammenhang mit der organisierten Kriminalität steht.

Bei Nichteingreifen einer der genannten Ausschlussregelungen steht dem Opfer mithin der Entschädigungsanspruch nach dem OEG zu.

442 Gelhausen, Rz. 831; Ders. in Kunz/Zellner, § 2 Rz. 41.

443 Wegen der definitorischen Schwierigkeiten hinsichtlich des Begriffs der *organisierten Kriminalität* vgl. Gelhausen in Kunz/Zellner, § 2 Rz. 48; hiernach lässt sich zumindest an die *Gemeinsamen Richtlinien der Justizminister/-senatoren und Innenminister/-senatoren der Länder* (Nr. 2. 1 der Anlage E zu den RiStBV, bisher nicht in Kraft gesetzt) anknüpfen, wonach organisierte Kriminalität im Zuge einer von Gewinn- und Machtstreben bestimmten planmäßigen Begehung von Straftaten vorliegt, sofern die Straftaten einzeln oder in ihrer Gesamtheit von erheblicher Bedeutung sind und mehr als zwei Beteiligte auf längere oder unbestimmte Dauer arbeitsteilig unter Verwendung gewerblicher oder geschäftsähnlicher Strukturen unter Anwendung von Gewalt oder anderer zur Einschüchterung geeigneter Mittel oder unter Einfluss auf Politik, Medien, öffentliche Verwaltung, Justiz oder Wirtschaft zusammenwirken.

444 Ders. in Kunz/Zellner, § 2 Rz. 41.

445 Rademacker in Knickrehm, § 2 OEG Rz. 30.

446 Gelhausen in Kunz/Zellner, aaO.

## II. Rechtsfolgen

Als Rechtsfolge ergibt sich für die Opfer von Gewalttaten eine Versorgung in entsprechender Anwendung des BVG, vgl. § 1 Abs. 1 S. 1 OEG. Wie ausgeführt handelt es sich dabei um typisiert ausgestaltete Rechtsfolgen, die nicht auf Schadensersatz in vollem Umfange gerichtet, sondern an einer sozialen Notwendigkeit ausgerichtet sind.[447] An dieser Stelle soll aus Gründen der Prägnanz nur ein kurzer, an den verschiedenen Leistungsgruppen orientierter Überblick über die möglichen Rechtsfolgen gegeben werden.

Die möglichen Rechtsfolgen der sozialen Entschädigung sind durch § 24 SGB I im Vorhinein festgelegt; die Vorschrift gewährt einen Überblick über Versorgungsleistungen bei Gesundheitsschäden bzw. über Leistungen, die bei solchen Schäden nach dem Recht der sozialen Entschädigung erbracht werden können;[448] die Streitfrage, ob darin wegen der inhärenten Bezugnahme auf das BVG nur eine unselbständige Verweisung auf selbiges[449] liegt oder der Vorschrift ein eigenständiger Regelungsgehalt[450] zukommt, bedarf nicht der Bewertung, da sich die einzelnen für die Opferentschädigung maßgebenden Rechtsfolgen jedenfalls sämtlich aus dem BVG ergeben. Dementsprechend legt § 9 BVG die möglichen Leistungen in Gestalt eines abschießenden Katalogs fest.[451] § 9 BVG konkretisiert damit die in §§ 5, 24 SGB I benannten Sozialleistungen,[452] namentlich die Opferentschädigung.

Die Vorschrift beinhaltet verschiedenen Arten von Sozialleistungen: Sozialleistungen können in Gestalt von Dienst, Sach- oder Geldleistungen erbracht werden (§ 11 S. 1 SGB I). Geldleistungen sind alle Geldzahlungen an Anspruchsinhaber oder an Dritte;[453] Sachleistungen umfassen die Hingabe oder die Bereitstellung von Sachen oder Sachgesamtheiten wie etwa Arzneimittel, Heil- und Hilfsmittel, Verpflegung oder Kleidung;[454] den Dienstleistungen wird schließlich jede Erbringung einer Tätigkeit ohne Hingabe von Sachen zugeordnet, also z.B. Pflege- oder Betreuungsleistungen.[455]

§ 9 BVG sieht sämtliche vorbezeichneten Leistungsarten vor; dabei handelt es sich bei den in Abs. 1 Nr. 3 bis 6 genannten Renten, Zulagen und Geldern um

447 Böhm, S. 27.
448 Merten in Beck-OK Sozialrecht, § 24 SGB I Rz. 6.
449 So Rüfner in Wannagat, § 24 SGB I Rz. 11.
450 So Merten, aaO. Rz. 7.
451 Knickrehm, § 9 BVG Rz. 1.
452 Dies., aaO.
453 Seewald in Kasseler Kommentar, § 11 SGB I Rz. 6.
454 Ders., aaO. Rz. 7.
455 Ders., aaO. Rz. 8.

Geldleistungen.[456] Die Heilbehandlung (Abs. 1 Nr. 1) kann sämtliche Leistungsarten umfassen.[457] Gleiches gilt von Leistungen der Kriegsopferfürsorge (Abs. 1 Nr. 2);[458] darüber hinaus enthält Abs. 2 für bestimmte Bereiche (neben der Heil- und Krankenbehandlung noch für Leistungen zur Teilhabe am Arbeitsleben, Leistungen zur Eingliederung behinderter Menschen, Leistungen der Hilfe zur Pflege einschließlich der Hilfe zur Weiterführung des eigenen Haushalts und für die Pflegezulage) eine besondere Form der Leistungserbringung[459] in Gestalt des sog. Persönliche Budgets (§ 17 Abs. 2 SGB IX). Beim Persönlichen Budget handelt es sich um eine Alternative zum Sachleistungsprinzip; die Form der Leistungserbringung besteht dabei darin, dass der Leistungsberechtigte regelmäßig einen Geldbetrag (§ 17 Abs. 3 SGB IX) erhält, der sich an seinem Bedarf orientiert und ausreichen soll, um die erforderlichen Leistungen eigenverantwortlich und auf eigene Rechnung zu beschaffen.[460] Im Übrigen enumeriert § 9 BVG weitere Sach- und Dienstleistungen; klassisches Beispiel für eine Sachleistung ist die Krankenbehandlung,[461] für eine Dienstleistung die Versehrtenleibesübung[462] (beide in Abs. 1 Nr. 1 enthalten).

Im Einzelnen erscheinen für die Person des nach dem OEG Anspruchsberechtigten vor allem folgende Leistungen bedeutsam:

## 1. Heilbehandlung

Nach §§ 24 Abs. 1 Nr. 1 SGB I, 9 Nr. 1, 10 ff. BVG steht dem Geschädigten oder einem Angehörigen desselben zunächst ein Anspruch auf Heil- (§ 10 Abs. 1 BVG) oder Krankenbehandlung (§ 10 Abs. 4 und 5 BVG) zu. Während die Heilbehandlung dem Geschädigten selbst gewährt wird, steht die Krankenbehandlung Dritten – etwa Hinterbliebenen des Opfers – zu.[463] Die Heilbehandlung umfasst ausweislich § 11 Abs. 1 S. 1 BVG ambulante ärztliche und zahnärztliche Behandlung, Versorgung mit Arznei- und Verbandmitteln, Versorgung mit Heilmitteln

---

456 Vgl. im Einzelnen Gelhausen in Kunz/Zellner, Anh. I, Nr. 3 und 4.

457 Leistungen der Heilbehandlung werden grundsätzlich allerdings als Sachleistungen erbracht, soweit sich aus dem BVG nichts anderes ergibt, vgl. § 18 Abs. 1 BVG; Gelhausen in Kunz/Zellner, Anh. I Nr. 1 Rz. 11.

458 Ders., Anh. I Nr. 2.

459 Jabben in Beck-OK Sozialrecht, § 17 SGB IX Rz. 4 a.

460 Knickrehm, § 9 BVG Rz. 8.

461 Vgl. Peters in Kasseler Kommentar, § 2 SGB V Rz. 7.

462 Hierzu im Einzelnen Knickrehm, § 10 BVG Rz. 47 ff.

463 Dies., § 10 BVG Rz. 27.

einschließlich Krankengymnastik, Bewegungstherapie, Sprachtherapie und Beschäftigungstherapie sowie mit Brillengläsern und Kontaktlinsen, Versorgung mit Zahnersatz, Behandlung in einem Krankenhaus oder einer Rehabilitationseinrichtung, häusliche Krankenpflege, Versorgung mit (medizintechnischen[464]) Hilfsmitteln, Belastungserprobung und Arbeitstherapie, nichtärztliche sozialpädiatrische Leistungen und Psychotherapie als ärztliche und psychotherapeutische Behandlung und Soziotherapie. Die Krankenbehandlung umfasst nach § 12 Abs. 1 S. 2 BVG darüber hinaus u.a. auch Leistungen zur medizinischen Rehabilitation. Es handelt sich um Leistungen, die hinsichtlich ihres Inhalts weitgehend denjenigen in der gesetzlichen Krankenversicherung entsprechen[465] – jedoch ohne eine etwa im Rahmen der gesetzlichen Krankenversicherung vorgesehene Eigenbeteiligung –, und die auch außerhalb des Leistungskatalogs der gesetzlichen Krankenkassen gewährt werden.[466] Dementsprechend wird die Heil- oder Krankenbehandlung regelmäßig auch von den Trägern der gesetzlichen Krankenversicherung erbracht,[467] wie sich aus §§ 18 c ff. BVG ergibt.[468] Dies ist insbesondere für die Frage etwaiger Erstattungsansprüche der Kassen wegen tatsächlich erbrachter Aufwendungen gemäß § 19 BVG relevant.

---

464 Vgl. dies., § 11 BVG Rz. 24 ff.

465 Gitter/Schmitt, § 33 Rz. 20, gehen von einer vollständigen Kongruenz aus; dies ist jedoch noch nicht ganz richtig, da auch die Vermeidung oder Überwindung einer Pflegebedürftigkeit von der Heilbehandlung, nicht aber von der Krankenbehandlung des § 27 SGB V umfasst sind. Vielmehr ist mit Knickrehm, § 10 BVG Rz. 5, davon auszugehen, dass durch die Gewährung von Leistungen zur Förderung der Gesundheit, zur Verhütung und Früherkennung von Krankheiten sowie bei Schwangerschaft und Mutterschaft die Heil- und Krankenbehandlungsberechtigten **nur insoweit** den Versicherten der gesetzlichen Krankenversicherung gleichgestellt werden.

466 Gelhausen in Kunz/Zellner, Anh. I Nr. 1 Rz. 5.

467 Gitter/Schmitt, aaO. Rz. 23.

468 An dieser Stelle ist die tatsächliche Leistungserbringung entscheidend; Vogl in Knickrehm, § 18 c BVG Rz. 4 führt insofern zutreffend aus: *„§ 18 c BVG unterscheidet hinsichtlich der normierten Zuständigkeitsbestimmungen zwischen der Durchführung und der Erbringung der Leistungen nach den §§ 10 bis 24 a BVG. Die Durchführung betrifft die rechtliche und die Erbringung die* ***tatsächliche Seite*** *der Leistungsgewährung. Dabei ist die Behörde der Versorgungsverwaltung (Verwaltungsbehörde) gemäß Abs. 1 Satz 1 für die Durchführung der Leistungen zuständig, trifft also die Entscheidung über die Leistungsgewährung dem Grunde nach. Die Erbringung der Leistung obliegt hingegen – je nach Leistungsgegenstand (§§ 18 c Abs. 1 Sätze 2 und 3 BVG) und ggf. in Abhängigkeit vom Bestehen einer Krankenkassenmitgliedschaft (z.B. § 18 Abs. 4 Satz 2 BVG) – den Krankenkassen oder den Behörden der Versorgungsverwaltung.“* (Hervorhebung durch Verf.)

## 2. Rentenleistungen

Weiterhin stellen zu Gunsten des Opfers Rentenleistungen ein wichtiges Entschädigungselement dar. Hervorzuheben ist die sog. Beschädigtenrente auf der Grundlage der §§ 24 Abs. 1 Nr. 3 SGB I, 9 Nr. 3, 29 ff. BVG. Beschädigtenrente wird (lediglich) in Abhängigkeit vom sog. Grad der Schädigungsfolgen (in der Folge: GdS) gewährt. Der GdS bildet die Funktionsbeeinträchtigung beim Geschädigten infolge der Schädigung ab, also die Einbuße im körperlichen und geistigen Feld mit Blick auf die allgemeine Lebensführung.[469] Problematisch ist insoweit, dass die Eingangsstufe für den Erhalt wenigstens einer Grundrente einen GdS von mindestens 30% voraussetzt, so dass leichtere Schädigungen nicht zur Gewährung von Rentenleistungen führen, § 31 Abs. 1 BVG. Ebenso wird die Feststellung des GdS als eine der schwierigsten Materien des Sozialrechts bezeichnet;[470] die hiermit verbundene Erstellung von medizinischen Sachverständigengutachten ist regelmäßig mit einem erheblichen Zeitaufwand verbunden, wenngleich dies die Leistungserbringung an das Opfer nicht hindert – diese ist auch schon auf der Grundlage eines Vorbehaltsbescheids möglich.[471]

Rentenleistungen auf der Grundlage des BVG dienen nicht dem Ausgleich eines konkreten Schadens, sondern legen einen abstrakten Maßstab zur Schadensabgeltung fest.[472] Dementsprechend liegt etwa die Grundrente einkommensunabhängig in Anlehnung an den GdS gegenwärtig zwischen € 127,00 und € 668,00.[473] Ein noch vorhandenes Einkommen des Beschädigten wird lediglich im Rahmen der Grundrente und bestimmter Zulagen und Zuschläge nicht angerechnet.[474] Individuellen Besonderheiten wird im Rahmen der Rentenleistungen lediglich durch bestimmte Zulagen – etwa die Schwerstbeschädigtenzulage und die Pflegezulage – oder Zuschläge (Ehegattenzuschlag und Kinderzuschlag) auf die/ zu der Rentenleistung Rechnung getragen;[475] der Versuch eines konkreten

469 Zu eng Gelhausen in Kunz/Zellner, Anh. I, Nr. 3 Rz. 4, der nur auf die Funktionsbeeinträchtigung im allgemeinen Erwerbsleben abstellt. Richtigerweise gleicht das soziale Entschädigungsrecht die körperlichen und wirtschaftlichen Schäden des Geschädigten unabhängig davon aus, ob dieser im Erwerbsleben steht; so BT-Drs. 16/6541, S. 31; Dau in Knickrehm, § 30 BVG Rz. 5.

470 Gelhausen in Kunz/Zellner, aaO. Rz. 2; Grundsätze für die Bestimmung des GdS enthält die Versorgungsmedizin-Verordnung vom 10. Dezember 2008, BGBl. I S. 2412.

471 Gelhausen in Kunz/Zellner, aaO.

472 Ders., aaO. Rz. 4.

473 § 31 Abs. 1 BVG i.d.F. der VO v. 14.08.2013, BGBl. I S. 3227.

474 Gelhausen in Kunz/Zellner, Anh. I Nr. 3 Rz. 1.

475 Vgl. allgemein die Übersicht bei Gelhausen in Kunz/Zellner, Anh. I Nr. 3.

Schadensausgleichs wird darüber hinaus in Gestalt des sog. Berufsschadensausgleichs (§ 30 Abs. 3 BVG) unternommen. Auch insoweit hat sich der Gesetzgeber jedoch für ein pauschaliertes System des Schadensausgleichs entschieden.[476] Aus Opfersicht erscheinen Rentenleistungen indes dennoch von höchster Relevanz, da sie einem echten Schadensersatzanspruch aus der Opferperspektive wohl am nächsten kommen.[477]

Auch Hinterbliebene,[478] denen gemäß § 1 Abs. 8 OEG ein vom Tatopfer abgeleiteter Anspruch[479] zusteht, können nach Maßgabe der §§ 38–52 BVG rentenberechtigt sein. Allerdings knüpft die Hinterbliebenenrente daran an, dass der Beschädigte an einem Leiden stirbt, das als Folge einer Schädigung anerkannt war; für dieses musste ihm ein Beschädigtenrentenanspruch zugestanden haben (§ 38 Abs. 1 S. 2 BVG). Ansprüche Hinterbliebener können also nicht weiter gehen als Ansprüche des ursprünglichen Opfers. Ob der Tod Folge der Schädigung war, bestimmt sich nach der Kausalitätslehre der wesentlichen Bedingung.[480]

### 3. Fürsorgeleistungen

Aus Sicht des Gewaltopfers hervorzuheben sind schließlich noch die besonderen Hilfen im Einzelfall (Kriegsopferfürsorge), §§ 24 I Nr. 2 SGB I, 9 Nr. 2, 25–27 j BVG. Diese Leistungen knüpfen an eine besondere Bedürftigkeit (die Notwendigkeit einer Bedarfsdeckung) des Geschädigten oder seiner Hinterbliebenen an und ähneln damit der Sozialhilfe;[481] maßgeblich ist, ob das Opfer oder seine Hinterbliebenen ihren Lebensbedarf durch die sonstigen Leistungen nach dem BVG oder etwaige sonstige Einkünfte zu decken vermögen, § 25 a Abs. 1 BVG.

Die dem BVG entnommenen Rechtsfolgen der Opferentschädigung gliedern sich damit strukturell in drei Grundelemente: Heil- und Krankenbehandlung, Renten- und sonstige Geldleistungen sowie Fürsorgeleistungen bei Bestehen eines entsprechenden Bedarfs.

---

476 Ders., aaO. Nr. 3 Rz. 51.

477 In diesem Sinne Gelhausen in Kunz/Zellner, aaO. Rz. 1 und Rz. 50.

478 Verwandte aufsteigender Linie, insbesondere Witwen und Waisen, vgl. Weiner in Kunz/Zellner, § 1 Rz. 74.

479 Weiner in Kunz/Zellner, aaO.

480 Gitter/Schmitt, § 33 Rz. 32.

481 Gitter/Schmitt, aaO. Rz. 41; Gelhausen in Kunz/Zellner, Anh. I Nr. 2 Rz. 1; es gilt das Bedarfsdeckungsprinzip, das auch die Sozialhilfe kennzeichnet, vgl. insoweit Wahrendorf in Grube/Wahrendorf, § 8 SGB XII Rz. 4.

## III. Wirkungen des OEG auf das Haftungssystem

Die dergestalt umrissenen Rechtsfolgen der Opferentschädigung bleiben freilich nicht ohne Wirkung auf das System des Haftungsrechts insgesamt. Im Zuge der Einräumung eines Anspruchs auf Opferentschädigung wird dem Geschädigten ein Anspruch gegen den Staat eingeräumt; das Entstehen eines solchen Entschädigungsanspruchs des Opfers einer Gewalttat gegen den Staat bleibt indes nicht ohne Folgen für andere denkbare Ansprüche aufgrund der Anknüpfungstat, insbesondere aus dem bürgerlichen Recht. Nicht zuletzt existiert – wie ausgeführt – der Ausschlusstatbestand des § 2 Abs. 2 OEG auch aus dem Grunde, da der Geschädigte infolge der Gewährung des Entschädigungsanspruchs gegen den Staat aus der Notwendigkeit zur Geltendmachung und Durchsetzung zivilrechtlicher Schadensersatzansprüche entlassen wird.[482] Überdies sind an der Durchführung der Opferentschädigung Verwaltungsbehörden und Krankenkassen beteiligt, so dass ein etwaiger Ausgleich in Vorleistungskonstellationen berücksichtigt werden muss. Auswirkungen ergeben sich deshalb im Wesentlichen in zweierlei Hinsicht:

### 1. Konkurrenz zu bürgerlich-rechtlichen Schadensersatzansprüchen

Durch die Schädigung ist dem Opfer nämlich regelmäßig auch ein Schadensersatzanspruch auf Grundlage der §§ 823, 826 ff. BGB entstanden. Das Opfer erhält bei Vorliegen der Voraussetzungen aber bereits umfassende Leistungen aufgrund des OEG. Um eine Doppelentschädigung des Opfers zu vermeiden,[483] gehen diese Ansprüche gemäß § 5 OEG i.V.m. § 81a BVG auf den Kostenträger der OEG-Leistungen über, soweit es sich dabei um ein Bundesland handelt. § 5 OEG begründet damit einen Fall des gesetzlichen Forderungsübergangs.[484] Zugleich wird durch die Anwendung des sog. Quotenvorrechts über § 81 a Abs. 1 S. 3 BVG sichergestellt, dass der Geschädigte durch den Forderungsübergang auf die Gebietskörperschaft keine Nachteile erleidet. Das Quotenvorrecht hat zur Folge, dass jedenfalls insoweit keine Ansprüche auf das Land übergehen, als der Schaden in der Person des Opfers nicht durch die Leistungen nach dem OEG i.V.m. BVG kompensiert ist.[485]

---

482 Gelhausen, Rz. 850; ders. in Kunz/Zellner, § 5 Rz. 1.

483 Ders. in Kunz/Zellner, § 5 Rz. 3.

484 Rademacker in Knickrehm, § 5 OEG Rz. 3.

485 Vgl. Heß/Höke in Beckmann/Matusche-Beckmann, § 30 Rz. 247 zur entsprechenden Regelung im Versicherungsrecht (§ 86 Abs. 1 S. 2 VVG); hierzu ebenso BGH NJW 1982, 827. Das Quotenvorrecht nach der Differenztheorie (Heß/Höke in Beckmann/Matusche-Beckmann, aaO. Rz. 248) darf nicht mit der Haftungsquote – also der

## 2. Kostenerstattungsanspruch der gesetzlichen Krankenkassen

Von maßgebender Bedeutung sind darüber hinaus die Regelungen der §§ 18 c, 19 BVG. Gemäß § 18 c Abs. 1 S. 3 BVG können Leistungen der Heil- und Krankenbehandlung von den Krankenkassen für die Verwaltungsbehörde erbracht werden; überdies sind die Krankenkassen regelmäßig die Erbringer der tatsächlichen Leistung.[486] Da üblicherweise die Länder Kostenträger der OEG-Entschädigung sind, entsteht den Krankenkassen bei Vorleistung ein Erstattungsanspruch gemäß § 19 S. 1 BVG gegen den Kostenträger der Entschädigung. Es handelt sich um eine gesetzliche Regelung des öffentlich-rechtlichen Erstattungsanspruchs.[487] Diesem Anspruch kommt im Rahmen der Praxis der Opferentschädigung erhebliche Bedeutung zu, da auch Krankenkassen berechtigt sind, Leistungen der Opferentschädigung zu beantragen.[488] Die jeweilige Krankenkasse kann daher durch Antragstellung nach dem OEG zugleich eine Tatbestandswirkung hinsichtlich ihrer eigenen Erstattungsansprüche gegen den Kostenträger der Opferentschädigung herbeiführen.[489]

Soziale Entschädigung für die Opfer von Gewaltstraftaten wirkt damit sowohl auf die bürgerlich-rechtliche Lage des Geschädigten als auch auf die Stellung von sozialversicherungsrechtlichen Körperschaften: In beiden Konstellationen wird an Stelle des möglicherweise nicht solventen Verursachers der Schädigung in Gestalt des Staates ein solventer Anspruchsgegner zur Verfügung gestellt.

# IV. Konsequenzen für Gewaltopfer - zusammenfassende Bestandsaufnahme

Opferentschädigung wird also *de lege lata* nach einem ausdifferenzierten System gewährt, dem einige wesentliche Strukturmerkmale zu eigen sind:

---

Anwendung des § 254 BGB im bürgerlichen Recht - verwechselt werden. Da § 254 BGB im sozialen Entschädigungsrecht ohnehin nicht zur Anwendung gelangt, hat das Quotenvorrecht hier nur die Funktion, den Geschädigten vor einem teilweisen Verlust seiner gesetzlichen Schadensersatzansprüche durch Inanspruchnahme von Opferentschädigungsleistungen zu schützen. Ist der Schaden des Tatopfers durch die Entschädigungsleistungen nach dem OEG nicht in vollem Umfange kompensiert, gehen daher bürgerlich-rechtliche Ersatzansprüche im Umfang der verbleibenden Differenz nicht auf das die Entschädigung leistende Land über.

486 Vgl. oben.

487 Vogl in Knickrehm, § 19 BVG Rz. 3.

488 Weiner in Kunz/Zellner, § 1 Rz. 44.

489 Ders., aaO.

Es existiert eine Anspruchsbegründung, die in vielfältiger Weise auf Begriffsbildungen aus dem allgemeinen Strafrecht rekurriert; ob dies den vorsätzlichen und rechtswidrigen tätlichen Angriff[490] betrifft oder das Vorwerfbarkeitsurteil gegenüber dem Opfer im Falle der Mitverursachung[491] – viele Begriffe des anspruchsbegründenden Tatbestands weisen keine eigenständige, entschädigungsspezifische Definition auf, sondern werden dem Strafrecht entlehnt.

Gleichwohl vermögen Opferentschädigung und Strafrecht nicht deckungsgleich zu sein; die Perspektive ist im Entschädigungsfalle eine andere. Wie in der Einführung bemerkt,[492] steht nicht die Person des Täters bzw. Angreifers im Mittelpunkt der Betrachtung, sondern diejenige des Opfers. Nicht jeder strafrechtliche Begriff lässt sich aber ohne weiteres auf die Person des Opfers übertragen; die hiermit verbundenen Schwierigkeiten sind gerade im Zusammenhang mit dem Ausschlusstatbestand der Unbilligkeit deutlich geworden, wenn nämlich ein Unwerturteil gegenüber der allgemeinen Lebensführung des Opfers mit der Schuld eines Straftäters verglichen werden soll.[493]

Zugleich existieren Rechtsfolgen, die nicht spezifisch für die Lage der Opfer von Gewaltstraftaten, sondern vielmehr zum Zwecke der Kriegsfolgenbewältigung[494] geschaffen wurden. Welche Konsequenzen diese Konstruktion in der praktischen Ausgestaltung für das Opfer zeitigt, soll an einem Anwendungsbeispiel erläutert werden.

## 1. Begrenzte Reichweite des Tatfolgenausgleichs

Das Gewaltopfer besitzt nach der gesetzlichen Konzeption jedenfalls ein unmittelbar der Vorschrift des § 1 Abs. 1 OEG zu entnehmendes Interesse am Ausgleich der wirtschaftlichen Tatfolgen. Insoweit stellt sich die Frage, inwieweit das geltende OEG zur Befriedigung dieses Interesses beiträgt.

490 Weiner in Kunz/Zellner, § 1 Rz. 26: „*Der Vorsatzbegriff ist dabei nach strafrechtlichen und nicht nach zivilrechtlichen Gesichtspunkten zu bestimmen.*“

491 Gelhausen in Kunz/Zellner, § 2 Rz. 12.

492 Oben A. I.

493 Gelhausen in Kunz/Zellner, § 2 Rz. 27; das Gewicht der die Unbilligkeit begründenden Umstände muss demjenigen einer schuldhaften Mitverursachung entsprechen.

494 BT-Drs. 1/1333, S. 43 ff.

*Beispiel: Person A ist Opfer eines vorsätzlichen tätlichen Angriffs geworden, der die Voraussetzungen des § 1 Abs. 1 S. 1 OEG erfüllt und zu einer Gesundheitsschädigung geführt hat. Über die tatunmittelbare Gesundheitsschädigung hinausgehende Folgen sind nicht eingetreten.*

*Abwandlung: Die Gesundheitsschädigung hat zusätzlich dazu geführt, dass A seine Tätigkeit als selbständiger Gewerbetreibender nicht mehr in vollem Umfange ausüben kann.*

A hat in der beschriebenen Ausgangslage zunächst ein Interesse an der Wiederherstellung seines ursprünglichen Gesundheitszustandes. Welcher Art auch immer die erlittene Gesundheitsschädigung sein mag, es handelt sich auf jeden Fall um eine negative Abweichung vom Normalzustand der körperlichen Funktionen. Das Interesse an der Wiederherstellung des eigenen Gesundheitszustandes soll hier allein aus Gründen der Klarheit als *primäres* Ausgleichsinteresse bezeichnet werden. Ein Ausgleichsinteresse kann ferner auch außerhalb des zur Wiederherstellung des Gesundheitszustands Erforderlichen bestehen, und zwar in Gestalt eines Interesses an der Kompensation wirtschaftlicher Tatfolgen. Dies ist etwa der Fall, wenn – wie in der Abwandlung – das Opfer aufgrund der Tat einer Erwerbstätigkeit nicht mehr nachzugehen vermag. Es handelt sich dabei um die durch die Gewalttat verursachte Abweichung vom *wirtschaftlichen* Normalzustand. Ich möchte jenes Ausgleichsinteresse hier als *sekundäres* Ausgleichsinteresse bezeichnen, da es den gesundheitlichen Primärfolgen gleichsam als Folgeerscheinung nachgeordnet ist; ihm kommt bei der Differenzierung der Schädigungsfolgen[495] nach dem BVG Bedeutung zu. Beide Ausprägungen des Ausgleichsinteresses kommen nicht nur bei Schädigungen durch Gewalttaten, sondern vielmehr bei Schädigungen jeder beliebigen Art in Betracht.

Das Ausgleichsinteresse wird sich nun in seiner Gestalt als primäres Ausgleichsinteresse dadurch befriedigen lassen, dass der ursprüngliche Gesundheitszustand wiederhergestellt wird. Mit dieser Wiederherstellung fällt das primäre Ausgleichsinteresse weg. Naturgemäß ist eine faktische Wiederherstellung eines Gesundheitszustandes nur durch Heilung bzw. irgendeine Form der Behandlung möglich; die Befriedigung des Ausgleichsinteresses wird bei Gesundheitsschäden also dadurch erfolgen, dass dem Geschädigten die Kosten für diese Behandlung ersetzt werden. Es handelt sich dabei eigentlich um eine bloß mittelbare Befriedigung des

495 Grad der Schädigungsfolgen (GdS) nach § 30 BVG: *„Der Grad der Schädigungsfolgen ist nach den allgemeinen Auswirkungen der Funktionsbeeinträchtigungen, die durch die als Schädigungsfolge anerkannten körperlichen, geistigen oder seelischen Gesundheitsstörungen bedingt sind,* ***in allen Lebensbereichen*** *zu beurteilen.“* (Hervorhebung durch Verf.)

Ausgleichsinteresses; dies folgt aus der physischen Unmöglichkeit der Tatsache, erlittene Körperschäden in Natur zu korrigieren. Das primäre Ausgleichsinteresse wird demzufolge an sich auch noch nicht durch die Zahlung der Geldsumme, sondern erst in dem Zeitpunkt befriedigt, in dem die Maßnahmen zur Heilung diese endgültig herbeigeführt haben. Die Befriedigung dieses Interesses ist dadurch aber lediglich zeitlich nach hinten verschoben.

In seiner Gestalt als sekundäres Ausgleichsinteresse ist das Interesse befriedigungsfähig, soweit die jenseits der gesundheitlichen Beeinträchtigung liegenden Folgen der Gewalttat beseitigt werden, im Beispiel – Abwandlung – also die wirtschaftliche Einbuße, die dadurch entstanden ist, dass A seine selbständige Erwerbstätigkeit nicht mehr im bisherigen Umfang ausüben kann.

Der durch die Gewalttat geschädigte A hat rechtlich gesehen sodann mehrere Möglichkeiten, sein Ausgleichsinteresse geltend zu machen; dabei soll zwischen einer leichten oder mäßigen Schädigung, die sich auf die tatunmittelbare Gesundheitsschädigung und die darauf beruhende Gesundheitsstörung beschränkt, und einer schweren bis irreparablen Schädigung mit erheblichen Folgen für die allgemeine Lebensführung unterschieden werden:

### a) Leichte oder mäßige Schädigung

#### aa) Zivilrechtliche Inanspruchnahme des Täters

Im Falle der leichten oder mäßigen Schädigung kann A im Wege des Zivilverfahrens gegen den Schädiger selbst vorgehen, etwa auf Grundlage der §§ 823, 826 ff. BGB. Der Schadensersatz des Zivilrechts dient – nach hiesiger Begriffsbildung und unter Außerachtlassung von Schmerzensgeldansprüchen – in erster Linie dem Ausgleich im engeren Sinne, was sich aus der vorrangig Naturalrestitution[496] vorsehenden Regelung des § 249 S. 1 BGB ergibt.[497] Der Anspruch ist im Falle der leichten bis mäßigen Schädigung gerichtet auf die Zahlung einer Geldsumme zu Heilbehandlungszwecken. Jedoch ist die zivilrechtliche Rechtsverfolgung für das Opfer mit erheblichem Aufwand verbunden: Es muss die Klage gegen den Täter erheben und steht diesem im Prozess gleichrangig als Partei gegenüber; zudem muss es die Voraussetzungen seines

496 Herstellung des Zustandes, der ohne das schädigende Ereignis unter Berücksichtigung einer seither eingetretenen hypothetischen Weiterentwicklung bestehen würde, vgl. nur Oetker in MüKo BGB, § 249 Rz. 323 f.

497 Vgl. nur ders. in MüKo BGB, § 249 Rz. 8.

Schadensersatzanspruchs beweisen.[498] Schon in diesen Gegebenheiten des Zivilprozesses sind Schwierigkeiten für das Opfer zu erblicken, ganz abgesehen davon, dass die prozessuale Gleichrangigkeit mit dem Täter unter möglicherweise gleichzeitiger Anwesenheit beider Teile für das Opfer auch mit psychischen Folgen verbunden sein kann. Weiterhin stellen sich Probleme schon bei der Befriedigung des primären Ausgleichsinteresses, wenn der Täter zahlungsunfähig ist; dass Opfer kann in diesem Fall trotz großen Aufwandes eine Ausgleichszahlung durch den Täter nicht einmal dann erreichen, wenn ihm der Nachweis der Anspruchsvoraussetzungen gelingt.

### bb) Inanspruchnahme von Leistungen der gesetzlichen Krankenversicherung

Das Opfer einer leichten bis mäßigen Schädigung kann zum anderen Leistungen der gesetzlichen Krankenversicherung auf der Grundlage der §§ 11, 20, 27 ff. SGB V in Anspruch nehmen, die auf den Ausgleich der erlittenen Gesundheitsschäden gerichtet sind. Dies ergibt sich ohne Rücksicht auf die Gewalttat bereits aus dem Umstand, dass das Opfer überhaupt in der gesetzlichen Krankenkasse versichert ist,[499] da diese gerade das mit Krankheit oder Verletzung verbundene Risiko auch im Interesse des einzelnen Versicherten abzuwenden dient.[500] Nichts anderes gilt aus der Interessenperspektive jedoch auch, sofern das Opfer privat krankenversichert ist, wobei es insoweit abweichend von der Lage bei der gesetzlichen Krankenversicherung regelmäßig in Vorleistung gehen wird, also zunächst eigene Mittel für die Heilbehandlung aufwenden muss, die es später erstattet erhält.[501] Die Leistungen durch die Krankenkasse haben für das Opfer den Vorteil, dass ihre Erlangung nicht mit vergleichbaren Schwierigkeiten verbunden ist wie das Vorgehen gegen den Täter selbst. Auch ist typischerweise das

498 Vgl. statt aller nur Prütting in MüKo ZPO, § 286 Rz. 111: *„Der Anspruchsteller trägt die Beweislast für die rechtsbegründenden Tatbestandsmerkmale, der Anspruchsgegner für die rechtshindernden, rechtsvernichtenden und rechtshemmenden Merkmale.“*

499 Dies dürfte angesichts von bundesweit 69.704.000 Mitgliedern der Gesetzlichen Krankenversicherungen (GKV) im Jahre 2012 als Regelfall zu unterstellen sein, vgl. Bundesministerium für Gesundheit, Kennzahlen der Gesetzlichen Krankenversicherung 2001–2012, http://www.bmg.bund.de/fileadmin/dateien/Downloads/Statistiken/GKV/Kennzahlen_Daten/KF2013Bund_Juli_2013.pdf, S. 2, besucht am 12.12.2013.

500 Waltermann, § 7 Rz. 91 und § 8 Rz. 132.

501 Dies folgt aus § 14 VVG sowie § 6 der Allgemeinen Versicherungsbedingungen für die Krankheitskosten- und Krankenhaustagegeldversicherung, hier: Musterbedingungen 2009 (MB/KK 2009).

Risiko einer Insolvenz der Kasse gering.[502] Eine Inanspruchnahme der eigenen Krankenversicherung wegen der Heilbehandlungskosten ist daher regelmäßig geeignet, das primäre Ausgleichsinteresse des Gewaltopfers zu befriedigen.

### cc) Inanspruchnahme von Leistungen auf der Grundlage des OEG

Schließlich besteht für die Person des Geschädigten die Möglichkeit, auf der Grundlage des OEG vorgehen. Insoweit ist vielfach angemerkt worden, dass die Heilbehandlung des BVG zwar weiter reicht als die Krankenbehandlung der §§ 27 ff. SGB V, aber dennoch in vielen Punkten mit letzterer kongruent ist.[503] Da die Heilbehandlung nach dem BVG insoweit weitgehend der Krankenbehandlung in der gesetzlichen Krankenversicherung entspricht, droht der Anspruch des A auf Heilbehandlung im Ausgangsfall der bloßen tatunmittelbaren Gesundheitsstörung, sich aus seiner Perspektive nicht wahrnehmbar von einer Inanspruchnahme der eigenen Krankenkasse zu unterscheiden.

Dies hat zur Folge, dass bei bloß leichtem oder durchschnittlichem Schädigungsgrad eine Inanspruchnahme von Opferentschädigung nach dem OEG allenfalls in geringfügigem Umfang – konkrete Reichweite der Heilbehandlung des BVG im Vergleich zur Krankenbehandlung des SGB V – zu Vorteilen für das Opfer führt, die ohne seine Existenz nicht bestehen würden. Eine nicht zu unterschätzende Bedeutung kommt zudem der Rückgriffsmöglichkeit der Krankenkassen gegen den Träger der Versorgungsverwaltung aus § 19 c BVG zu, da in diesem Rahmen Konstellationen denkbar erscheinen, in denen das Opfer selbst von seinem Entschädigungsanspruch gleichsam nichts bemerkt.

Beispiel: Der durch eine Gewalttat geschädigte A hat nur Anspruch auf Heilbehandlung; diese Leistung würde er aber durch seine Krankenkasse möglicherweise auch bei einem bloßen Sportunfall mit gleichen Folgen erhalten; nur der

---

502 Zwar sind Krankenkassen seit dem 01.01.2010 mit Blick auf § 171 b SGB V insolvenzfähig; seit Inkrafttreten dieser Vorschrift sind bis zum 31.12.2013 jedoch erst zwei Gesetzliche Krankenkassen geschlossen worden, und zwar die „BKK für Heilberufe" zum 31.12.2011 und die „City BKK" zum 30.06.2011, so dass das Insolvenzrisiko im Vergleich zu einer Inanspruchnahme des Täters selbst moderat erscheint, zumal die Mitglieder der Krankenkasse im Insolvenzfalle ihren Versicherungsschutz behalten; vgl. auch Hänlein in Hänlein/Kruse/Schuler, § 171 b SGB V Rz. 3.

503 Wie oben bereits gezeigt, erachten Gitter/Schmitt, § 33 Rz. 20, den Umfang unter Hinweis auf BSGE 80, 164 sogar für identisch. Dies kann allerdings angesichts der im vergangenen Jahrzehnt durchgeführten Kürzungen im Leistungskatalog der GKV nicht mehr uneingeschränkt Geltung beanspruchen; vgl. Schmachtenberg in Moderne Opferentschädigung, S. 147.

Rechtsgrund der Leistung wäre ein anderer, wovon der Geschädigte aber gerade nichts bemerkt. Aus seiner Sicht ist es zumeist völlig irrelevant, aus welchem Rechtsgrund er die Leistung erhält.

Die Inanspruchnahme von Opferentschädigungsleistungen befriedigt aus Opfersicht das primäre Interesse an Kompensation deshalb kaum fühlbar weitergehend als bei einer Inanspruchnahme anderer Leistungen, namentlich solchen der gesetzlichen Krankenversicherung. Insoweit kommt der geltenden Opferentschädigungsgesetzgebung für das nur leicht oder mäßig geschädigte Opfer auf der Ebene kompensatorischer Leistungsinteressen nur eine geringe Bedeutung zu.

### b) Schwere oder irreparable Schädigung

Eine andere Lage ergibt sich, wenn die Schädigung nicht mehr oder nur schwer rückgängig zu machen ist, d.h. so schwerwiegend, dass nach dem aktuellen Stand der medizinischen Wissenschaft eine Behebung entweder gar nicht oder zumindest nicht in absehbarer Zukunft in Betracht kommt. An dieser Stelle greift zusätzlich das Interesse des A an der Kompensation der weiteren – z.B. wirtschaftlichen – Folgen der Gesundheitsschädigung Platz, wodurch sich hinsichtlich des hier so bezeichneten sekundären Ausgleichsinteresses ein Unterschied zur Lage bei leichter Schädigung ergibt:

#### aa) Bürgerliches Recht

Hinsichtlich des zivilrechtlichen Schadensersatzes, der auch die Zahlung von Rentenleistungen umfassen kann,[504] ergeben sich in der Geltendmachung noch keine Besonderheiten. Es bleibt bei den bei jedem bürgerlich-rechtlichen Vorgehen gegen den Täter bestehenden Schwierigkeiten. Eine Abweichung besteht lediglich für den Fall, dass der Täter solvent ist: Insoweit kann A wegen der Rechtsfolgen der §§ 249 ff. BGB den Ausgleich seines vollständigen Schadens erreichen, was ihm bei einem Vorgehen auf der Grundlage des OEG wegen der pauschalierten Rentensätze des § 31 BVG gerade nicht möglich ist.[505]

---

504 Vgl. § 843 BGB.

505 Vgl. wiederum nur Niedermeyer in Beck-OK Sozialrecht, Einleitung zu § 5 SGB I und § 5 SGB I Rz. 3 f.: Es handelt sich insoweit eben um bloßen sozialen Nachteilsausgleich. Gerade bei schwersten Schädigungen erscheinen die Rentensätze des § 31 BVG indes gering.

#### bb) Inanspruchnahme der gesetzlichen Krankenversicherung

Von seiner Krankenkasse kann A erneut eine Krankenbehandlung verlangen, die auch zeitlich andauert, so lange behandlungsbedürftige Schädigungsfolgen bestehen. Diese Maßnahmen entsprechen den bereits für den Fall der leichten Schädigung genannten Möglichkeiten, allein mit dem Unterschied, dass ihre zeitliche Dauer unabsehbar verlängert ist (auf eventuelle Sonderregelungen aus dem Bereich des Rechts der gesetzlichen Krankenversicherung soll hier nicht eingegangen werden).

#### cc) Leistungen nach dem OEG

Nunmehr wird aber eine Schädigung vorliegen, die zu einem GdS von 30% oder mehr geführt hat; für den Bereich des OEG bedeutet das daher, dass A auch Rentenleistungen zu verlangen vermag. An dieser Stelle greift ein Vorteil der OEG-Regelung ein: Die verschiedenen Rentenleistungen werden neben der zugleich möglichen Heilbehandlung erbracht.[506] Daraus lässt sich die Schlussfolgerung ziehen, dass das sekundäre Ausgleichsinteresse des schwer geschädigten Opfers mit Hilfe des OEG jedenfalls dann effektiver befriedigt zu werden vermag als im Zuge einer Inanspruchnahme bürgerlich-rechtlichen Schadensersatzes, wenn ein Zugriff auf das Tätervermögen nicht möglich ist, weil der Täter unbekannt geblieben oder nicht solvent ist. Dies gilt auch gegenüber Leistungen der gesetzlichen Krankenversicherung, da eine zeitliche Beschränkung der Leistungen wie beim Krankengeld des § 48 SGB V fehlt. Hinsichtlich des sekundären Ausgleichsinteresses erweist sich die geltende OEG-Regelung deshalb gegenüber anderen Ausgleichsmöglichkeiten für das durch die Tat schwer geschädigte Opfer als wirksamer.

## 2. Schlussfolgerung

Es lässt sich deshalb grundsätzlich sagen, dass es für die Effektivität von Leistungen nach dem OEG zur Befriedigung der tatbestandlich beschriebenen (gesundheitlichen und wirtschaftlichen) Ausgleichsinteressen des Opfers darauf ankommt, eine hinreichend schwerwiegende Schädigung erlitten zu haben. Leicht oder nur mäßig geschädigte Opfer zählen mithin nicht zu den Nutznießern der Regelung. Dieser Befund zeigt, dass das kompensatorische Opferinteresse am Tatfolgenausgleich durch das geltende OEG offenbar nur unvollständig befriedigt wird.

---

506 Dies folgt schon daraus, dass sämtliche in § 9 BVG enumerierten Leistungen den Inhalt des Versorgungsanspruchs kennzeichnen, vgl. nur Knickrehm, § 9 BVG Rz. 1.

Diese Aspekte treten zu der bereits eingangs[507] erörterten Kritik hinzu; sie werfen ebenfalls die Frage auf, ob eine größere Opferinteressengerechtigkeit des OEG durch Modifikationen in Einordnung oder Rechtsfolge der Opferentschädigung hergestellt zu werden vermag.

507 Oben A. III.

# C. Gebieten rechtsdogmatische Gründe eine Besserstellung des Opfers durch Neuverortung der Opferentschädigung?

Vor diesem Hintergrund ist zu erörtern, ob die gegenwärtige dogmatische Einordnung der Opferentschädigung als *soziale* Entschädigung hinreichend geeignet erscheint, ein Interesse des Opfers

- an der Anerkennung von etwaigem Unrecht des Staates zum Ausdruck zu bringen und
- zugleich sowohl für die Konstellation der leichten bis mäßigen als auch der schweren Schädigung zu Gunsten des Opfers weitergehende Rechtsfolgen in Gestalt eines möglichst vollständigen und nicht nur sozial gebotenen Nachteilsausgleichs herbeizuführen.

## I. Opferentschädigung aus unechter gesetzlicher Unfallversicherung

Zu erwägen wäre eine Verortung der staatlichen Opferentschädigung im Recht der (unechten) gesetzlichen Unfallversicherung. Noch vor Inkrafttreten des OEG im Jahre 1976 ist bereits Anfang der siebziger Jahre des 20. Jahrhunderts bekanntlich erwogen worden, staatliche Entschädigung für die Opfer von Gewaltstraftaten aus der gesetzlichen Unfallversicherung zu gewähren.[508] Maßgebender Anknüpfungspunkt dieser Überlegung war, dass § 539 Abs. 1 Nr. 9 RVO (heute § 2 Abs. 1 Nr. 13 SGB VII) bereits Entschädigungsleistungen außerhalb von Beschäftigungsverhältnissen vorsah, namentlich Unfallschutz für die gesellschaftlich geforderte Hilfeleistung bei Unglücksfällen und Straftaten (heute § 2 Abs. 1 Nr. 13 lit. a SGB VII) sowie bei der Verfolgung und/oder Festnahme von Straftätern, etwa aufgrund des Jedermannfestnahmerechts des § 127 Abs. 1 StPO (heute § 2 Abs. 1 Nr. 13 lit. c SGB VII).[509] Zur Begründung des seinerzeitigen Gesetzentwurfs wurde auf die staatliche Pflicht, den Einzelnen vor Gewaltstraftaten zu schützen, eine moralische Pflicht des Staates zur

508 Gesetzentwurf der Fraktion der CDU/CSU, BT-Drs. 6/2420.

509 BT-Drs. 6/2420, S. 3.

Opferentschädigung und auf die Mitverantwortung der staatlichen Ordnung für manche Straftaten rekurriert:[510]

> *„[…] Für eine solche Entschädigung des Opfers einer mit Strafe bedrohten Handlung aus öffentlichen Mitteln spricht insbesondere,*
>
> — *daß der Staat die Pflicht hat, seine Bürger vor strafbaren Handlungen zu schützen, und daher auch für den Schaden des Opfers einer mit Strafe bedrohten Handlung aufkommen muß, soweit der staatliche Schutz nicht ausreicht, um derartige Straftaten zu verhüten,*
> — *daß sich der soziale Rechtsstaat zumindest der moralischen Pflicht, dem Opfer einer mit Strafe bedrohten Handlung Hilfe zu gewähren, nicht entziehen sollte,*
> — *daß die staatliche und gesellschaftliche Ordnung für manche der mit Strafe bedrohten Handlungen in gewissem Maße mitverantwortlich ist. […]" (Rechtschreibung im Original)*

Der Gesetzentwurf rekurrierte zwecks Begründung also auf unterschiedliche Elemente der dogmatischen Herleitung staatlicher Opferentschädigung: Sowohl eine Mitverantwortlichkeit des Staates als auch der Gedanke der Gefahrengemeinschaft werden gepaart mit allgemeinen Gerechtigkeitserwägungen.[511] Eine eindeutige, gar in gewisser Weise zwingende Zuordnung zum Recht der gesetzlichen Unfallversicherung kann aus dieser Gemengelage kaum abgeleitet werden. Eine Einordnung durch bloße Aufnahme der Opferentschädigung in den Katalog des § 2 Abs. 1 SGB VII erwiese sich ebenso wie die bisherige Anknüpfung an § 5 SGB I rein formeller Natur; die bloße Tatsache der Enumerierung begründete die dogmatische Verwurzelung. Eine Zuordnung zur gesetzlichen Unfallversicherung dürfte demgegenüber nur dann sinnvoll erscheinen, wenn auch materielle Kriterien gerade für eine derartige dogmatische Verankerung streiten.

## 1. Gemeinwohlbezug der Viktimisierung?

Ein derartiges materielles Kriterium stellt der Gemeinwohlbezug des versicherten Verhaltens dar. Grundsätzlich kennzeichnend für die gesetzliche Unfallversicherung – gleichviel, ob echt oder unecht – ist der sog. Allgemeinwohlbezug. Nicht zuletzt das BVerfG hat klargestellt, dass erst durch ein funktionierendes System der Sozialversicherung und hier insbesondere der Unfallversicherung es dem Einzelnen möglich sei, seinen für die Allgemeinheit wichtigen Beitrag in der Arbeitswelt zu leisten; je besser das System der sozialen Sicherheit ausgestaltet sei, desto eher würden nicht nur schutzwürdige individuelle Belange

510 BT-Drs. 6/2420, aaO.
511 Vgl. oben A. II. 2. a).

gewahrt, sondern werde zugleich dem Allgemeinwohl gedient.[512] Auch der Nothelfer dient dem Gemeinwohl, indem er Gefahr oder deren Folgen von Mitgliedern der Gesellschaft abwendet. Wie dieser Gemeinwohlbezug nun aber durch Viktimisierung verwirklicht werden soll, ist nicht erkennbar. Indem das Tatopfer eine Gewalttat erleidet, wird es – wie schon in der Eingangsbemerkung dargestellt – nicht zum „Kämpfer gegen die Kriminalität nach innen"[513], insbesondere dann, wenn es die Tat ohne Gegenwehr hinnimmt. Im Gegenteil ist schlicht kein Gemeinwohlinteresse vorstellbar, dass das Hinnehmen oder Dulden einer Viktimisierung gemeinwohlbezogen legitimieren würde. Vielmehr entspricht die Lage der hier konstatierten gewandelten grundrechtlichen Schutzpflicht einer Lage, in der gemeinwohlbezogen nur die Nichtviktimisierung sein kann, denn nur in deren Falle hat der Schutz der grundrechtlichen Güter des Opfers tatsächlich funktioniert. Nach der Konzeption der perpetuierten grundrechtlichen Schutzpflicht kann das Opfer die Tat zwar im Einzelfall nicht abwehren oder präventiv verhindern, es kann sie aber – gerade da das Gemeinwohlinteresse am Schutze der grundrechtlichen Güter aller Bürger im Falle der Viktimisierung nicht gewahrt wurde – nachträglich im Wege des Entschädigungsanspruchs liquidieren. Bei Einordnung der Opferentschädigung in das Recht der gesetzlichen Unfallversicherung würde infolgedessen bereits der Leitgedanke dieses Rechtszweiges verfehlt, ein Leitgedanke, der neben der individuellen Betroffenheit auch stets den Gemeinwohlbezug des unfallversicherungsrechtlich geschützten Verhaltens betont. Dementsprechend sind auch die Fallgruppen der Nothelfer oder Festnehmenden nicht mit der Lage des Gewaltopfers vergleichbar, denn beide genannten Hilfeleistungen erfolgen gerade (auch) im öffentlichen Interesse, wohingegen das bloße Erdulden einer Gewalttat keinerlei öffentliche Interessen befördern kann.

## 2. Gefahrengemeinschaft der Kriminalitätsopfer?

Darüber hinaus dürfte es nur schwerlich zu begründen sein, das Gewaltopfer als Mitglied einer Gefahrengemeinschaft zu begreifen, in der jedes Individuum potentielles Verbrechensopfer ist.[514] Zwar ist diesem Gedanken auch nach der hier vertretenen Konzeption zuzugeben, dass grundsätzlich jedes Individuum als potentielles Opfer eines Gewaltverbrechens in Betracht kommt; darin erschöpft

512 BVerfG NJW 1978, 207, 208 (Einbeziehung des sog. *nasciturus* in die gesetzliche Unfallversicherung).

513 Formulierung nach Stolleis in FS Wannagat, S. 585.

514 Nachweise bei Stolleis, S. 580 in Fn. 6.

sich indes die Überschneidung mit dem Gedanken der Gefahrengemeinschaft. Der Begriff der Gefahrengemeinschaft setzt nämlich voraus, dass sowohl eine Gemeinschaft in Gestalt einer mit Sicht auf ihren Mitgliederbestand bestimmbaren Gruppe vorliegt, als darüber hinaus diese Gruppe auch ihrem Wesen nach gerade auf wechselseitigen Beistand angelegt ist.[515] Im Versicherungsvertragsrecht wird die Gefahrengemeinschaft teils auch als Risikokollektiv bezeichnet.[516] Schon die Annahme einer mit Blick auf ihren Mitgliederbestand bestimmbaren Gruppe wirft Schwierigkeiten auf, erstreckt sich der Anwendungsbereich der Opferentschädigung doch nicht nur auf alle Staatsbürger, sondern darüber hinaus auch auf andere Personen, die sich teils sogar ohne Rücksicht auf ihren aufenthaltsrechtlichen Status auf dem Gebiet der Bundesrepublik Deutschland aufhalten. Die Gemeinschaft der in der Bundesrepublik Deutschland aufenthältlichen Personen kann indes kaum als Risikokollektiv mit wechselseitiger Beistandsverpflichtung bezeichnet werden; vielmehr ist eine Beistandsverpflichtung grundsätzlich auf bestimmte Arten von Unglücks- und Notfällen beschränkt, wie dies etwa in § 323 c StGB zum Ausdruck kommt. Selbst dort aber entfällt die Hilfspflicht, wenn der über das gefährdete Rechtsgut Dispositionsbefugte auf Hilfe verzichtet oder deren Annahme verweigert.[517] Dispositionsbefugnis über eigene Rechtsgüter stellt sich nämlich ihrerseits als Ausdruck grundrechtlich anerkannter Freiheit dar, jedenfalls einer der allgemeinen Handlungsfreiheit zuzuordnenden Freiheit zur Selbstbestimmung. Dementsprechend ermöglicht etwa § 228 StGB selbst rechtmäßige Eingriffe in die körperliche Integrität des Einzelnen, sofern eine wirksame Einwilligung vorliegt. Innerhalb eines Risikokollektivs scheinen indessen Wohl und Wehe der einzelnen Mitglieder untrennbar miteinander verknüpft; zwar scheint auch insofern ein Verzicht möglich, jedoch wird dieser regelmäßig dahingehend auszulegen sein, dass der Verzichtende die Gefahrengemeinschaft verlässt, nicht aber dahin, dass er weiterhin – in gleichsam abgeschwächter Position – deren Mitglied bleibt.[518]

Potentielle Kriminalitätsopfer sind einander deshalb mitnichten in Gefahrengemeinschaft verbunden; materiell lässt sich eine Einbeziehung der staatlichen Opferentschädigung in die gesetzliche Unfallversicherung nicht begründen.

515 Vgl. für das materielle Strafrecht nur Heuchemer in Beck-OK StGB, § 13 Rz. 42.
516 Looschelders in MüKo VVG, § 1 Rz. 61.
517 Von Heintschel-Heinegg in Beck-OK StGB, § 323 c Rz. 1; BGH NStZ 1983, 117, 118.
518 Vgl. nur Heuchemer in Beck-OK StGB, § 13 Rz. 42.

## II. Opferentschädigung im bürgerlichen Recht oder das Problem hoheitlichen Handelns

Ansprüche des Tatopfers unmittelbar gegen den Täter sind stets nach allgemeinem Zivilrecht geltend zu machen; insbesondere kommt typischerweise eine Haftung des Täters aus Delikt (§ 823 Abs. 1 oder Abs. 2, 826 BGB) in Betracht. Wie gezeigt, stellt allerdings die unmittelbare zivilrechtliche Inanspruchnahme des Schädigers regelmäßig keine taugliche Vorgehensweise für das Opfer dar, insbesondre dann, wenn es der entsprechenden deliktischen Forderung an Bonität fehlt. Zwar wäre die Inanspruchnahme des Schädigers in besonderer Weise geeignet, Opferinteressen zu befriedigen, da sie darauf abzielt, Gerechtigkeit unmittelbar im Täter-Opfer-Verhältnis soweit möglich wiederherzustellen; insbesondere läge in dem zusprechenden zivilgerichtlichen Urteil auch die Anerkennung des Opfers durch eine staatliche Institution. Die regelmäßige Fruchtlosigkeit des entsprechenden Vorgehens kann aber ebenso gut zu einem gegenteiligen Effekt führen: Das Opfer fühlt sich gerade nicht anerkannt, da es bei der Durchsetzung seiner Ansprüche scheitert; es empfindet den zivilgerichtlichen Titel als wertlos und sieht sich mit seinen Schädigungsfolgen allein gelassen.

Der Staat hingegen stellt stets einen solventen Anspruchsgegner dar; einen Forderungsausfall auf der Ebene der Bonität hätte das Tatopfer insoweit nicht zu befürchten.

Zu berücksichtigen ist indessen, dass eine Ergänzung der Haftungsbeziehung Täter – Opfer um eine entsprechende und auf dieselben Anspruchsgrundlagen gestützte Beziehung Staat – Opfer letztlich (nur, aber auch und gerade) erfordert, den Anspruchsgegner auszutauschen (oder genauer gesagt, einen weiteren, vom Täter unabhängigen Anspruchsgegner ebenfalls in die Haftung mit einzubeziehen). Die Zurechnung des Verletzungserfolges zum Staat müsste jedoch grundsätzlich nach den gleichen Kriterien erfolgen wie im Falle einer Staatshaftung.

Dies erscheint nicht begründbar:

Staatshaftung knüpft stets an ein hoheitliches Handeln an.[519] Im Übrigen greift u.U. eine zivilrechtliche Haftung des Staates Platz, namentlich im Rahmen der Fiskalverwaltung und der Teilnahme des Staates am Wettbewerb.[520] Eine bürgerlich-rechtliche Haftung des Staates für Gewaltopferschäden müsste also ein

519 Ossenbühl/Cornils, S. 29 f. für die Amtshaftung; S. 138 für den Aufopferungsanspruch; Wolff/Bachof/Stober/Kluth, § 72 Rz. 80.

520 Ossenbühl/Cornils, S. 30.

nicht-hoheitliches Tätigwerden des Staates anknüpfen. Der Staat wird im Falle der Gewaltkriminalität jedoch weder hoheitlich noch fiskalisch oder gar verwaltungsprivatrechtlich tätig; er bleibt schlicht untätig, so dass im Ergebnis ein schlichtes Unterlassen den Verletzungserfolg beim Opfer erlaubt.

Die Schwierigkeiten der Abgrenzung zwischen hoheitlichem und nicht-hoheitlichem Verhalten zeigen sich bereits bei aktivem Tätigwerden des Staates, gerade bei Realakten. Für die Zuordnung des rein tatsächlichen Handelns zur Staatshaftung wird als maßgebend angesehen, ob ein Aufgaben- oder Funktionszusammenhang mit einer hoheitlichen Aufgabe besteht.[521] Entscheidend ist also, ob die Zielsetzung des aktiven Tätigwerdens dem hoheitlichen Aufgabenbereich zuzurechnen ist und ob zwischen Zielsetzung und Realakt ein enger innerer wie äußerer Zusammenhang besteht.[522]

Gleiches muss dann auch für den Fall des Unterlassens gelten: Auch das bloße Unterlassen muss dann als hoheitlich zu qualifizieren sein, wenn es in engem inneren und äußeren Zusammenhang zur Wahrnehmung einer hoheitlichen Aufgabe steht. Dabei kommt es an dieser Stelle nicht darauf an, ob der Differenzierung der Rechtsprechung hinsichtlich eines schlichten oder eines qualifizierten Unterlassens gefolgt wird, wonach jedenfalls für den der Aufopferung strukturverwandten enteignungsgleichen Eingriff darauf abgehoben wird, ob sich das Unterlassen eindeutig wie ein in den Rechtskreis des Betroffenen eingreifendes Handeln qualifizieren lässt.[523] Ein Tätigwerden des Staates zur Abwehr von Gewaltkriminalität ist nämlich dem Schutz von Rechtsgütern aus Art. 2 Abs. 2 S. 1 GG verpflichtet und dient damit der Abwehr eines Grundrechtseingriffs. Die Abwehr von Grundrechtseingriffen ist indes in jedem Falle dem Bereich des hoheitlichen Handelns zuzuordnen, denn im Vorfeld der Gewaltstraftat wäre das dazu notwendige Handeln im Polizeirecht – gleichviel, ob durch Realakte oder förmliches Verwaltungshandeln –, im Tatzeitpunkt und danach im Straf- und Strafprozessrecht zu fundieren, allesamt Materien, deren originär hoheitlicher Charakter außer Frage steht. Vor diesem Hintergrund ist das die Tat erlaubende Unterlassen des Staates einer Zuordnung zum allgemeinen Zivilrecht nicht zugänglich. Eine Erweiterung des Kreises der dem Tatopfer zur Verfügung stehenden Anspruchsgegner ist bürgerlich-rechtlich nicht durchführbar.

---

521 Dies., S. 31; BGHZ 42, 176, 179; 158, 253, 258.

522 Ossenbühl/Cornils, aaO.

523 BGHZ 32, 208, 211; NJW 1971, 1172, 1173.

## III. Opferentschädigung als Staatshaftung

Dementsprechend bleibt die Frage, ob der Konzeption einer Anerkennung des Tatopfers im Sinne unterbliebenen staatlichen Schutzes und der Einführung weitergehender Rechtsfolgen durch eine Einordnung des OEG als spezialgesetzlich geregeltem Fall der Aufopferung Genüge getan werden kann. Eine solche Einordnung ist nur möglich, wenn sie sich dogmatisch mit den geltenden Grundsätzen der Aufopferung in Einklang bringen lässt, woran angesichts der in der Einführung aufgezeigten Schwierigkeiten zunächst Bedenken bestehen müssen.

Zu diesem Zwecke sind deshalb mehrere Fragen zu bewerten:

- Kann die Opferentschädigung nach dem OEG unter eine bereits bestehende spezialgesetzliche Regelung der Aufopferung subsumiert werden?
- Falls nicht, ist sie – als dann selbständige Regelung – den Voraussetzungen des allgemeinen Aufopferungsanspruchs zuordnungsfähig?
- Lässt sich insoweit insbesondere ein staatliches Unterlassen mit Eingriffsqualität annehmen?
- Läge in einer solchen Zuordnung eine klassische Haftung für staatliches Unrecht oder eine bloß ungleiche oder unverhältnismäßige und zu kompensierende Belastung des Tatopfers?

### 1. Verhältnis zum allgemeinen polizeirechtlichen Entschädigungsanspruch

Eine Verortung der Gewaltopferentschädigung als Aufopferung oder Unrechtshaftung könnte zunächst den Rückgriff auf andere, spezielle, bereits bestehende Vorschriften notwendig erscheinen lassen, die bereits Sonderfälle der Aufopferungsentschädigung zum Gegenstand haben und sich in ihrem Anwendungsbereich mit der Opferentschädigung überschneiden oder diese möglicherweise gänzlich mit umfassen. Da es um die Abwehr von Gewaltstraftaten geht, bilden möglicherweise bereits Anspruchsgrundlagen mit Blick auf präventivpolizeiliches Tätigwerden den Haftungsgrund der Gewaltopferentschädigung ab. Gerade polizeirechtliche Entschädigungsansprüche verdrängen die allgemeineren Institute des Staatshaftungsrechts, da es sich bei ihnen um positivrechtliche Konkretisierungen dieser Institute handelt.[524] Das OEG könnte als Anwendungsfall polizeirechtlicher Aufopferungsentschädigung zu begreifen sein.

524 Vgl. nur Ossenbühl/Cornils, S. 527.

In Betracht kommt deshalb der in sämtlichen Bundesländern in mehr oder minder großer Reichweite anerkannte polizei- und ggf. ordnungsrechtliche Entschädigungsanspruch. Die polizeirechtlichen Regelungen gehen sämtlich auf den Aufopferungsgedanken zurück und werden auch gegenwärtig vielfach noch als spezifische Ausprägungen dieses Gedankens begriffen.[525] Abweichend von enteignungsgleichen und enteignenden sowie vom aufopferungsgleichen und aufopfernden Eingriff umfassen die polizeirechtlichen Entschädigungstatbestände alle Individualrechtsverletzungen durch polizeiliches und ordnungsbehördliches Handeln[526] und damit eben nicht allein den Eingriff in Grundrechtspositionen aus Art. 2 Abs. 2 GG oder Art. 14 Abs. 1 GG. Die Reichweite der in den einzelnen Ländern geregelten Anspruchsgrundlagen unterscheidet sich insofern voneinander, als dass einzelne Länder – darunter Hessen[527] und Nordrhein-Westfalen[528] – sowohl das Auferlegen eines Sonderopfers gegenüber dem Nichtstörer, also eine rechtmäßige, indes den in Anspruch Genommenen besonders belastende Maßnahme, als auch die Unrechtshaftung (rechtswidrige Inanspruchnahme von Nichtstörer oder Störer) in ihr normatives Repertoire aufgenommen haben, andere Länder die Haftung hingegen auf die bloße Aufopferung beschränkt haben – so etwa Bayern.[529]

Erschiene die Gewaltopferentschädigung im weitesten Sinne unter präventivpolizeiliche Entschädigungsvorschriften subsumtionsfähig, griffen – differenziert nach der in dem jeweiligen Bundesland getroffenen Regelung – jedenfalls die Rechtsfolgen der polizeirechtlichen Entschädigungsansprüche für die Gewaltopferentschädigung Platz; sie träten an die Stelle der Verweisung auf das BVG. Jedenfalls in Hessen umfasste eine solche Entschädigung daher mit Blick auf § 65 Abs. 2 HSOG bei den hier interessierenden Gewaltstraftaten neben dem Ausgleich der erlittenen Vermögensschäden auch den Ersatz immaterieller Schadenspositionen in Geld. Der Schadensausgleich umfasste ferner den entgangenen Gewinn, soweit dieser den gewöhnlichen Verdienst- oder Nutzungsausfall nicht überschreitet.[530]

Um dem Anwendungsbereich des polizeirechtlichen Entschädigungsanspruchs zugeordnet werden zu können, müsste sich die Gewaltopferentschädigung deshalb im Sinne einer rechtswidrigen oder rechtmäßigen Inanspruchnahme eines

525 Ossenbühl/Cornils, S. 486.
526 Dies., aaO.
527 § 64 Abs. 1 S. 1 und 2 HSOG.
528 § 39 Abs. 1 lit. A und b OBG; § 67 PolG.
529 Art. 70 Abs. 1 PAG.
530 Ossenbühl/Cornils, S. 526.

Nichtstörers – an jener Eigenschaft des Opfers dürften keine Zweifel bestehen – begreifen lassen; sie müsste also die allgemeinen tatbestandlichen Voraussetzungen des jeweiligen spezialgesetzlichen Entschädigungsanspruchs erfüllen. Diese setzen zunächst voraus, dass überhaupt eine Maßnahme einer Polizeibehörde vorgelegen hat.[531]

Ein erhebliches Problem wirft jedoch gerade dieser Maßnahmebegriff auf; nach der in der obergerichtlichen Rechtsprechung vertretenen Auffassung kann eine Maßnahme nämlich nur angenommen werden, wenn eine behördliche Handlung im Sinne eines aktiven Tuns vorliegt.[532] Im Zusammenhang mit dem polizeirechtlichen Entschädigungsanspruch mag die Frage, ob und in welcher Weise ein staatliches Unterlassen eine Unrechts- oder Aufopferungshaftung zu begründen vermag, jedoch noch dahinstehen.

§ 1 sowie die übrigen anspruchsbegründenden Voraussetzungen des OEG vermögen nämlich aufgrund der Reichweite des jeweiligen persönlichen Anwendungsbereichs ihrerseits als *lex specialis* gegenüber den verschiedenen Ausgestaltungen des polizeirechtlichen Entschädigungsanspruchs begriffen zu werden; sie sind tatbestandlich enger gefasst. Während etwa § 64 Abs. 1 S. 1 HSOG jeden Nichtstörer unabhängig von Art und Grund der Inanspruchnahme umfasst und § 64 Abs. 1 S. 2 einen grundsätzlich gänzlich offenen Personenkreis zu entschädigen zielt, so lange nur die zu Grunde liegende Maßnahme rechtswidrig war, ist der Anwendungsbereich des § 1 OEG von vornherein auf die Opfer vorsätzlicher Gewaltstraftaten begrenzt. Diese stellen lediglich einen Ausschnitt aus dem persönlichen Anwendungsbereich des § 64 Abs. 1 S. 2 HSOG dar, und soweit sie mit demjenigen des § 64 Abs. 1 S. 1 deckungsgleich sein können – da eben jedes Opfer als Nichtstörer behandelt wird –, genügen als haftungsbegründende Verhaltensweisen nicht beliebige Maßnahmen, sondern ausschließlich vorsätzliche, gegen den Körper gerichtete tätliche Angriffe. Der Anwendungsbereich beider Anspruchsgrundlagen des § 64 Abs. 1 HSOG erweist sich deshalb gegenüber

531 Ossenbühl/Cornils, S. 518.

532 Vgl. BGH, Beschl. v. 21.09.1989, III ZR 13/88, Rz. 5, juris: „*[…] Ein reines Unterlassen erfüllt grundsätzlich nicht die Merkmale eines Eingriffs, selbst wenn dem betroffenen Bürger ein Anspruch auf behördliches Handeln zusteht. Beim „schlichten" Unterlassen wird dem Bürger nichts genommen, nur etwas vorenthalten […]. Nur ausnahmsweise kann ein Unterlassen als ein in den Rechtskreis des Betroffenen eingreifendes Handeln zu qualifizieren sein […]. Ein solches „qualifiziertes" Unterlassen setzt jedoch voraus, daß unmittelbar auf eine geschützte Rechtsposition eingewirkt wird, wie es etwa bei einer förmlichen, dem geltenden Recht widersprechenden Ablehnung einer Bauerlaubnis der Fall sein kann […].*"

demjenigen der Opferentschädigung aus verschiedenen Gründen als tatbestandlich weiter, ohne dass es insoweit bereits auf Rechtswidrigkeit oder Rechtmäßigkeit des Haftungsanlasses ankäme.

Der engere tatbestandliche Anwendungsbereich der polizeirechtlichen Entschädigungstatbestände lässt deshalb eine Konzeption, in der § 1 OEG als *eigenständiger* spezialgesetzlich positivierter Anwendungsfall des allgemeinen Aufopferungsanspruchs erscheint, sachgerechter erscheinen als einen Versuch der Integration dieser Vorschrift in die tatbestandlich weiteren Differenzierungen der polizeilichen Entschädigung; dies stets mit der Maßgabe, dass nur das OEG, nicht aber seine Verweisung auf das BVG in den Blick genommen wird.

Das OEG ist daher gegenüber den Kodifizierungen der allgemeinen polizeirechtlichen Entschädigungsansprüche als Spezialgesetz zu begreifen.

## 2. Staatliche Opferentschädigung als spezialgesetzlicher Anwendungsfall des allgemeinen Aufopferungsanspruchs?

Staatliche Opferentschädigung müsste deshalb – um *dogmatisch* als Anwendungsfall einer eigenständigen, spezialgesetzlichen Regelung der Aufopferung begriffen werden zu können – neben den tatbestandlichen Voraussetzungen der §§ 1 ff. OEG zusätzlich die Voraussetzungen des allgemeinen Aufopferungsanspruchs erfüllen können; anderenfalls ist ihre Zuordnung zu dieser Materie nicht begründbar.

### a) Der allgemeine Aufopferungsanspruch

Im gegenwärtigen Regime der Staatshaftung stellt der allgemeine Aufopferungsanspruch die Entschädigungsgrundlage für hoheitliche Eingriffe in bestimmte nicht-vermögenswerte Rechtsgüter dar.[533] Es handelt sich hierbei namentlich um die grundrechtlichen Schutzgüter aus Art. 2 Abs. 2 GG.[534] Jedenfalls durch die obergerichtliche Rechtsprechung ist der Aufopferungsgedanke – neben seinem Spezialfall mit Bezug zu Art. 14 GG – bisher nicht über diesen Anwendungsbereich hinaus erstreckt worden.[535] Dies mag seine Ursache darin haben, dass das Institut nicht aus der Verfassung oder den Grundrechten abgeleitet wurde, sondern ursprünglich auf richterrechtlicher Fortbildung vorkonstitutionellen Gewohnheitsrechts in Gestalt der §§ 74 und 75 der Einleitung zum

533 Ossenbühl/Cornils, S. 131.

534 Dies., aaO.

535 Ossenbühl/Cornils, S. 134.

Allgemeinen Preußischen Landrecht von 1794 beruht.[536] Dementsprechend hat der BGH seinerzeit auch darauf hingewiesen, dass die Schutzwürdigkeit der Rechtsgüter Leben und körperliche Unversehrtheit durch die Aufnahme als Grundrechte in Art. 2 Abs. 2 GG besonders unterstrichen worden sei;[537] diese Güter seien der Rechtsordnung indes von Schöpfung und Natur vorgegeben.[538] Die Schutzgüter des Art. 2 Abs. 2 GG sind nach dieser Betrachtung also Maßstab, nicht aber Rechtsgrund des Aufopferungsanspruchs.

Demgegenüber ist einzuwenden, dass es des Rückgriffs auf vorkonstitutionelle Rechtssätze oder der Berufung auf Gewohnheitsrecht nicht bedarf, wenn jedenfalls die Existenz des Aufopferungsanspruchs als solchem verfassungsrechtlich begründet wird. Wird als Wesensmerkmal des Aufopferungsanspruchs im weiteren Sinne das sog. Sonderopfer angesehen, das der Geschädigte stets dann erbringt, wenn er durch eine Maßnahme oder ggf. Unterlassung in besonderer Weise im Sinne des allgemeinen Verhältnismäßigkeitsgrundsatzes und stärker als Dritte (anders, intensiver) im Lichte des allgemeinen Gleichheitssatzes belastet wurde,[539] so liegt eine unmittelbare Verankerung des Aufopferungsgedankens bereits in der Verfassung – zumindest im allgemeinen Gleichheitssatz des Art. 3 Abs. 1 GG – selbst begründet.[540]

Eine derartige Betrachtungsweise bietet den Vorteil, dass Aufopferungsansprüche inhaltlich umfassend an sämtliche denkmöglichen Inhalte der jeweils betroffenen Grundrechte anknüpfen können und nicht auf unmittelbare Eingriffe in die gleichsam naturrechtlich vorgegebenen Güter Leben und Gesundheit beschränkt sind. Zwar bleibt die tatbestandliche Ausgestaltung der Aufopferung auch bei der Begründung ihrer institutionellen Existenz aus Grundrechten dem einfachen Recht vorbehalten;[541] der grundrechtliche Maßstab kann im Rahmen einer Herleitung des Anspruchsinstituts aus der Verfassung aber in einem Rahmen genutzt werden, der möglicherweise auch andere Eingriffsarten in die geschützten Rechtspositionen als ersatzpflichtige Maßnahmen oder Unterlassungen zulässt. Bedeutung erlangt dies, wenn es zwar möglicherweise mangels staatlicher Einschreitensmöglichkeit zur Abwehr einer körperverletzenden strafbaren

---

536 BGHZ 9, 83, insbesondere Rz. 25, zitiert nach juris; zu weiteren Begründungsansätzen vgl. Ossenbühl/Cornils, S. 130.

537 BGH, aaO. Rz. 25.

538 BGH, aaO.

539 Ossenbühl/Cornils, S. 142.

540 So zutreffend Schmidt NJW 1999, 2847, 2848 (Grundsatz der Lastengleichheit); vgl. auch Schenke NJW 1991, 1777, 1781.

541 Vgl. nur Ossenbühl/Cornils, S. 131.

Handlung eines Dritten zu Lasten des Opfers keinen unmittelbaren staatlichen Eingriff in eine Grundrechtsposition aus Art. 2 Abs. 2 S. 1 GG zu geben vermag, sehr wohl aber eine unmittelbare Beeinträchtigung jener Position.[542] Eine derartige unmittelbare Beeinträchtigung mag überdies vorliegen, wenn der Staat durch sein Untätigbleiben andere als bloße grundrechtliche Schutzpflichten verletzt; zu nennen seien insoweit etwaige aus Art. 2 Abs. 2 S. 1 GG folgende Anerkennungspflichten, die der Staat dem Opfer einer Gewaltstraftat möglicherweise schuldet und die in der in Teil A. dargestellten kritischen Rezeption des geltenden OEG immer wieder gefordert werden.

Angesichts der Vorzugswürdigkeit der nachkonstitutionellen, auf die Verfassung gestützten Herleitung des Aufopferungsinstituts soll in der Folge insbesondere hinsichtlich der Frage, ob staatliche Opferentschädigung staatliches Unrecht ausgleicht, von der letztgenannten Konzeption ausgegangen werden.

Staatliche Opferentschädigung kann danach als spezialgesetzliche Ausprägung der Aufopferung begriffen werden, soweit sie folgende Voraussetzungen erfüllt:

### b) Zurechnungszusammenhang: Eingriff in aufopferungsrechtlich geschützte Positionen durch Unterlassen

In die Grundrechtsposition des Gewaltopfers hat der Staat nicht selbst aktiv eingegriffen; er hat es lediglich unterlassen, das rechtswidrige und zum Verletzungserfolg beim Opfer führende Täterverhalten abzuwenden. Dieses Unterlassen kann nur dann einem hoheitlichen Eingriff durch aktives Tun gleichgeachtet werden, wenn dafür ein haftungsbegründender Zurechnungszusammenhang angenommen werden kann.

#### aa) Qualifiziertes versus schlichtes Unterlassen

Die Rechtsprechung des Bundesgerichtshofs unterscheidet – wenngleich mit Blick auf das in seiner Anspruchsstruktur vergleichbare Institut des enteignungsgleichen Eingriffs – zwischen haftungsbegründendem „qualifiziertem“ und haftungsausschließendem „schlichtem“ Unterlassen.[543] Ein Unterlassen führt damit nicht in jedem Falle zu einer Einstandspflicht des Staates, sondern lediglich dann, wenn es seiner Wirkung nach wie ein in den Rechtskreis des Betroffenen eingreifendes Handeln zu qualifizieren sei.[544] Mit Blick auf den enteignungsgleichen

542 Schmidt in NJW, aaO. S. 2849.

543 BGHZ 32, 208, 211; 56, 40, 42; 102, 350, 364; 120, 124, 132; Begriffsbildung nach Ossenbühl/Cornils, S. 308.

544 BGHZ 32, 208, 211.

Eingriff rekurriert der Bundesgerichtshof insbesondere auf das Kriterium der förmlichen Weigerung, also einer ausdrücklichen Ablehnung eines bestimmten Verwaltungshandelns.[545] Auch dann, wenn es an einem formellen Gesuch an die Verwaltung fehlt, diese aber ihre Ablehnung in anderer Weise hat erkennen lassen, soll hiernach ein qualifiziertes Unterlassen vorliegen.[546]

Mit Blick auf die Viktimisierung dürfte ein qualifiziertes Unterlassen im genannten Sinne indes nur im Ausnahmefall vorliegen: Nur in wenigen Einzelfällen werden sich die für eine drohende Straftat sprechenden konkreten Anhaltspunkte im Vorfeld derart verdichtet haben, dass bereits ein präventives Einschreiten möglich ist; dieses Einschreiten müsste überdies seitens der Polizei- und Strafverfolgungsbehörden förmlich oder jedenfalls für den Adressaten unzweifelhaft erkennbar abgelehnt worden sein, etwa, indem ein beantragter Personenschutz abgelehnt wurde. Unter Zugrundelegung der vom Bundesgerichtshof entwickelten Kriterien käme eine Zurechnung des Täterverhaltens zum Staat im Wege des qualifizierten Unterlassens mithin praktisch nicht in Betracht, eine staatshaftungsrechtliche Opferentschädigung liefe leer.

### bb) Notwendigkeit einer rechtlich fundierten Handlungspflicht

Nun ist der Rechtsprechung indes vorgeworfen worden, dass die von ihr vorgenommene Abgrenzung unpräzise und nicht verallgemeinerungsfähig sei; insbesondere vermenge diese Elemente des Schutzguts mit solchen des Eingriffs.[547] Diese Kritik scheint durchaus berechtigt, denn gerade die Konstellation der eindeutigen bzw. unzweifelhaft für den Adressaten erkennbaren Ablehnung eines Gesuchs wirft doch erhebliche Schwierigkeiten auf. Unter welchen Voraussetzungen eine nicht-förmliche Ablehnung als eindeutig bewertet zu werden vermag, erscheint kaum greifbar; welche Indizien für oder gegen eine Eindeutigkeit sprechen, muss offenbleiben. Die Beschränkung der Haftung auf förmliche oder „eindeutige" Ablehnungsfälle verkennt zudem, dass nicht die Äußerung einer Ablehnung durch die Verwaltung, sondern das Bestehen einer Rechtspflicht zum Tätigwerden entscheidendes Kriterium sein muss; anderenfalls nämlich könnte sich die Verwaltung der Haftung schlicht dadurch entziehen, dass sie auf eine eindeutige Bekundung zu einem Gesuch verzichtet und schlicht untätig bleibt, denn in diesem Falle läge nur ein schlichtes und damit haftungsausschließendes Unterlassen vor. Es kann aber nicht dem Willen der jeweils zuständigen Behörde

545 BGH NJW 1980, 387 – Versagen einer Baugenehmigung.
546 BGH DVBl. 1972, 827 – Aufstellen von Spielautomaten.
547 Nachweise bei Ossenbühl/Cornils, S. 309.

überlassen bleiben, die Haftung zu begründen oder auszuschließen; maßgebend müssen vielmehr objektive, von der Verwaltung nicht zu beeinflussende Umstände sein. Derartige Umstände liegen richtigerweise in der Unterscheidung danach, ob im jeweiligen Falle eine Handlungspflicht bestanden hat oder nicht;[548] nur jenes Kriterium erlaubt eine objektive Abgrenzung zwischen haftungsrechtlich relevantem und unbeachtlichem Unterlassen.

Ein haftungsbegründendes Unterlassen ist daher richtigerweise stets sowie jedenfalls anzunehmen, wenn diesem eine entsprechende Handlungspflicht gegenübersteht.

### cc) Handlungspflicht bei bloßer Gefahrerhöhung durch Unterlassen?

Wie in der Einführung[549] dargestellt, lässt sich eine konkrete staatliche Handlungspflicht zur Abwehr gerade der konkret die Folgen im Sinne des § 1 OEG auslösenden Handlung typischerweise nicht begründen. In den meisten der in Betracht kommenden Opferentschädigungsgestaltungen wird es gerade an einer im Vorfeld durch konkrete Anhaltspunkte belegten Einschreitensmöglichkeit fehlen; dies gilt insbesondere mit Blick auf die sog. „Zufallsopfer" der Gewaltkriminalität. So leuchtet es ein, dass derjenige, der aufgrund seines zufälligen Aufenthalts im Bereich der Geschäftsräume einer Bank vom Querschläger eines sich den Fluchtweg freischießenden Bankräubers getroffen wird, wohl kaum über die Möglichkeit verfügte, gerade diese konkrete Handlung und den durch sie ausgelösten Verletzungserfolg präventiv durch Inanspruchnahme staatlicher Hilfe abzuwehren. Opferentschädigung soll und muss aber gerade derartige Sachverhaltskonstellationen erfassen können.

Vor diesem Hintergrund ist bekanntlich die Verantwortlichkeit des Staates für Opferentschädigung als soziale Entschädigung unter Rekurs auf das staatliche Gewaltmonopol begründet worden; wenn es – wie in der eben genannten Konstellation gezeigt – nicht nur an einer Gefahrerhöhung durch staatliche Veranlassung fehlt, sondern der Verletzungserfolg gänzlich dem Zufall unterliegt, dann bildet das Gewaltmonopol das Bindeglied zwischen Opferschaden und staatlicher Entschädigung. Dieses Bindeglied ist allerdings auf einer derart allgemeinen Ebene angesiedelt, dass es zur Herstellung einer konkreten Haftungsbeziehung nicht taugt. Anders ausgedrückt: Eine Verletzung staatlicher Handlungspflichten namentlich zum Rechtsgüterschutz des Tatopfers ist in der gerade haftungsrechtlich gebotenen Konkretheit nicht herstellbar. An dieser Lage scheitert soweit

548 So zutreffend Ossenbühl/Cornils, S. 310.
549 Oben A. II.

ersichtlich bisher jeder Versuch, staatliche Opferentschädigung haftungs- und eben nicht sozialrechtlich zu begründen.

### dd) Handlungspflicht aus grundrechtlich fundierter Anerkennungspflicht?

Eine staatliche Handlungspflicht kann sich jedoch möglicherweise unter einem abweichenden Gesichtspunkt ergeben. Die Kritik an der geltenden Konzeption der Opferentschädigung hat bekanntlich darauf hingewiesen, dass dieser Entschädigung eine Anerkennungskomponente zu Gunsten des Opfers in seiner Eigenschaft als Opfer fehle.[550] Allerdings wird eine derartige Anerkennungskomponente nur aus rechtspolitischer Sicht gefordert, nicht aber dogmatisch hergeleitet.[551] Es stellt sich deshalb die Frage, ob die staatlichen Institutionen an Stelle der haftungsrechtlich nicht hinreichend konkreten Leibesschutzpflicht eine konkrete Anerkennungspflicht trifft, die gegenüber dem jeweils individuellen Opfer besteht. Anknüpfungspunkt einer derartigen Anerkennungspflicht kann unterbliebener staatlicher Schutz der Rechtsgüter des Opfers darstellen.

Hintergrund dieser Annahme ist folgende Überlegung: Werden die durch den Aufopferungssachverhalt beeinträchtigten Rechtsgüter auf der Ebene der Tatbestandsvoraussetzungen der Aufopferung im einfachen Recht am materiellen Maßstab der grundrechtlichen Gewährleistungen gemessen,[552] die durch die zwischenzeitlich weit ausdifferenzierte Grundrechtsdogmatik deutlich über den ursprünglich vom BGH[553] zu Grunde gelegten, letztlich naturrechtlich verbürgten Lebens- und Gesundheitsschutz hinausreichen, so mag der Aufopferungsanspruch neben den klassischen, unmittelbar lebens- und gesundheitsbeeinträchtigenden Eingriffen zusätzlich weitere Komponenten umfassen. Dies gilt erst recht für den Fall, dass es ein qualifiziertes Unterlassen zu begründen gilt, also

550 Vgl. nur Schmachtenberg in Moderne Opferentschädigung, S. 148 f., allerdings wiederum mit der Maßgabe, dass Grundlage jener Anerkennung die unterbliebene Schutzgewährung darstellt, die zur Opferwerdung geführt hat.

551 Vgl. Schmachtenberg, aaO.; Montada in Moderne Opferentschädigung, S. 163.

552 Dies gilt eben auch dann, wenn der Aufopferungsanspruch nach richtiger Auffassung in seinen tatbestandlichen Voraussetzungen weiterhin im einfachen Recht angesiedelt ist, vgl. Ossenbühl/Cornils, S. 131; die grundrechtlichen Gewährleistungen werden als Teil des beeinträchtigten Schutzguts lediglich in ein Tatbestandsmerkmal des Anspruchsinstituts integriert, ohne dass das Anspruchsinstitut selbst hierdurch Verfassungsrang erlangt. Auch beim einfachrechtlichen enteignungsgleichen und enteignenden Eingriff erfolgt die Prüfung der Anspruchsvoraussetzungen ja anhand von Gewährleistungsinhalten des Art. 14 Abs. 1 GG, ohne dass diese Anspruchsinstitute verfassungsrechtlicher Natur sind, vgl. Ossenbühl/Cornils, S. 262 f., 270.

553 BGHZ 9, 83, Rz. 25, juris.

staatliche Handlungspflichten nicht unmittelbar aus einem aktiven Rechtsguteingriff, sondern vielmehr aus weiteren Gewährleistungsgehalten der Grundrechte des Art. 2 Abs. 2 S. 1 GG abzuleiten sind.

Möglicherweise wandeln sich staatliche Leibes- und Lebensschutzpflichten in staatliche Anerkennungspflichten um, wenn der gebotene Schutz im Einzelfall insbesondere aus tatsächlichen Gründen nicht gewährleistet werden konnte. Dies könnte eine Konkretisierung der Schutzpflichten in Gestalt von Anerkennungspflichten zu Gunsten des jeweiligen Opfers bedeuten. Das staatliche Unterlassen bezöge sich insoweit lediglich auf die Anerkennung eines besonderen, schutz- und entschädigungswürdigen Opferstatus. Voraussetzung einer solchen Konzeption ist indes, dass sich eine derartige (individuelle) Anerkennungspflichtverletzung überhaupt aus den grundrechtlichen Gewährleistungen des Art. 2 Abs. 2 S. 1 GG herleiten lässt. Maßgebend hierfür erscheint, ob sich aus den anerkannten Grundrechtsfunktion die Basis einer derartigen Anerkennungspflicht ableiten lässt.

Dem liegt folgende Überlegung zu Grunde: Stets dann, wenn einer objektivrechtlichen Schutzpflicht zugleich ein subjektives Recht auf Gewährleistung des entsprechenden Schutzes korrespondiert, hat sich die Schutzpflicht in einem Maße konkretisiert, das ihre Nichtverwirklichung auch im Einzelfall als qualifiziertes Unterlassen erkennen lässt. Zu fragen ist also, ob sowohl in der Vor- wie auch der Nachtatsituation ein modifizierter individueller Anspruch auf Schutz – in letzterer Lage in Gestalt von Anerkennung – besteht.

### (1) Das subjektiv-öffentliche Recht: Interesse und Rechtsmacht

Die die gegenwärtige Lehre und Rechtsprechung prägenden Grundrechtsfunktionen[554] finden ihren Ursprung in der sog. Statuslehre *Jellineks.*[555] Diese Lehre wurde ursprünglich zur Beschreibung der Konzeption des subjektiv-öffentlichen Rechts entwickelt.[556]

Das subjektive Recht wurde von *Jellinek* als geschützte und anerkannte individuelle menschliche Willenskraft beschrieben, die sich auf ein Interesse stützt.[557] Das Interesse des Einzelnen erweist sich nach dieser Konzeption als Ausgangspunkt jeder funktionalen Betrachtung von individuellen Rechten. Es muss denklogisch vor den weiteren als subjektive Rechte beschriebenen Folgen – also der

554 Grundrechte als Abwehrrechte, Leistungs- und Teilhaberechte oder Mitwirkungsrechte; vgl. Voßkuhle/Kaiser, JuS 2011, 411, 412.

555 Jellinek, System der subjektiven öffentlichen Rechte, 2. Aufl. Tübingen 1905, hier zitiert nach Jellinek/Kersten, Nachdruck der 2. Aufl., Tübingen 2011.

556 Danwerth, JuS 2011, 406, 409.

557 Jellinek, S. 44.

Betätigung der Willenskraft – liegen. Das individuelle Interesse ist jeder rechtlich relevanten Betätigung inhärent; es ist Voraussetzung dafür, überhaupt ein Verhalten mit Rechtswirkungen zu begründen, jedoch korrespondiert nicht jedem Interesse die Möglichkeit eines solchen Verhaltens. Durch die Schaffung subjektiv-rechtlich ausgeprägter Rechtsnormen verleiht der Staat eine Rechtsmacht an das Individuum, ihm – oder im Zivilrecht anderen Individuen – ein Tun oder Unterlassen abzuverlangen;[558] damit erkennt er interessengestützte menschliche Willenskraft an und verleiht ihr imperativen Charakter. Das Interesse des Einzelnen stellt deshalb den Kern nicht nur jeder subjektiv-rechtlichen Gewährleistung, sondern auch eines jeden Grundrechts dar; es ist nicht wandelbar. Wandelbar erscheint hingegen die mit dem Interesse verknüpfte Rechtsmacht, und zwar abhängig von zusätzlichen Umständen, die nicht Teil des Interesses sind. Derartige zusätzliche Umstände können etwa in äußeren Rahmenbedingungen der Interessensbetätigung oder auch Kollisionslagen verschiedener Interessen bestehen.

Die in Anknüpfung an das Interesse verliehene Rechtsmacht kann unter dem Gesichtspunkt der Statuslehre aus der hier interessierenden Perspektive sowohl im Sinne einer negativen Seite (*status negativus*), d.h. eines Eingriffsverbotes von Seiten des Staates, sowie einer positiven Seite (*status positivus*), d.h. eines Anspruchs auf ein bestimmtes staatliches Verhalten, beschrieben werden. Dabei ist zu berücksichtigen, dass immer dann, wenn von einer abwehrrechtlichen Komponente subjektiver Rechte und speziell der Grundrechte die Rede ist, dies letztlich eine Ausprägung der positiven Seite darstellt, da dem Einzelnen bereits zeitlich vor einem staatlichen Eingriff in den geschützten Bereich ein (präventiver) Abwehranspruch zusteht.[559]

Für die Grundrechte auf Leben und körperliche Unversehrtheit bedeutet dies indes zunächst nur das Folgende: Der Einzelne hat ein subjektiv-rechtlich anerkanntes und mit abwehrrechtlicher Rechtsmacht versehenes Interesse daran, dass der Staat seine Rechtsgüter auf Leben und körperliche Unversehrtheit achtet und in diese nicht eingreift; drohende Eingriffe kann er präventiv abwehren. Damit ist jedoch noch nichts zur Lage des Tatopfers in einer Situation gesagt, in der ein Eingriff in diese Rechtsgüter durch einen Dritten von Seiten des Staates nicht verhindert wurde, der Rechtsgüterschutz also fehlging, und über die sich anschließende Frage dahin, ob das grundrechtliche Interesse sodann auch eine

558 Danwerth, aaO.

559 Vgl. nur Danwerth, S. 409: „*[…] Geschützt wird der negative Status dadurch, dass der Einzelne einen Anspruch auf Anerkennung der Freiheitssphäre hat. Jede Auflegung eines nicht gesetzlich begründeten – also willkürlichen – Befehls ist verboten. Dieser Anspruch ist folglich Teil des positiven Status. […]*“

Rechtsmacht dahin verleiht, den Umstand fehlgegangenen Rechtsgüterschutzes staatlich anzuerkennen. Das Interesse an der Wahrung der eigenen Unversehrtheit muss also in eine Rechtsmacht auf Anerkennung staatlichen Fehlverhaltens oder zumindest einer staatlich veranlassten Sonderopferlage transponiert werden können, um eine individualisierungsfähige staatliche Pflichtenstellung zu begründen.

Zu diesem Zweck ist zunächst die zeitliche Dimension der in den Grundrechten verkörperten Interessen zu betrachten. Da das im subjektiven Recht verkörperte Interesse als Grundlage jeder Rechtsmacht nicht wandlungsfähig ist, das Interesse des Einzelnen am Erhalt seines Lebens und seiner Gesundheit also stets unveränderlich besteht, mag lediglich die damit verkoppelte Rechtsmacht sich situationsabhängig unterschiedlich ausprägen. Mit anderen Worten scheint es möglich, dass verschiedene Ausprägungen von Rechtsmacht auf der Grundlage ein und desselben grundrechtlichen Interesses bestehen. Es bedarf deshalb einer Betrachtung der mit dem durchweg bestehenden Schutzinteresse verbundenen Rechtsmacht entlang einer typischen Zeitreihe der Opferwerdung, ausgehend von der Lage vor der Straftat über deren Verwirklichung bis hin zur Nachtatsituation.

Am Beginn der Zeitreihe prägt sich das grundrechtliche Interesse als Interesse an der Aufrechterhaltung der eigenen körperlichen Integrität aus. Soweit ein Eingriff in diese Integrität droht, hat der Grundrechtsträger ein Interesse daran, diesen Eingriff abzuwehren. Ist der Eingriff hingegen bereits geschehen, muss sich dieses Interesse indes nunmehr auf die Beseitigung der durch diesen bewirkten körperlichen und wirtschaftlichen Folgen richten, denn der ursprüngliche Schutz kann aus Gründen objektiver Unmöglichkeit nicht mehr beansprucht werden. Dieses Surrogat – Entschädigung an Stelle von Schutz – lässt sich aber jedenfalls wie sämtliche anderen entlang der Zeitreihe denkbaren Ausprägungen von Rechtsmacht auf das grundrechtlich geschützte Interesse selbst zurückführen, lediglich die konkreten Ausprägungen unterscheiden sich je nach Zeitpunkt voneinander. Begreift man den gesamten Zeitstrahl deshalb als Ausprägung eines einheitlichen, auf eine grundrechtliche Basis zurückzuführenden Interesses, so hat sich die spezifische Natur dieses Interesses vom Ausgangspunkt bis zum Entschädigungszeitpunkt nicht geändert; es bleibt stets das Interesse an der Wahrung der eigenen körperlichen Integrität, lediglich in jeweils abweichender Ausprägung. Unter Zugrundelegung eines solchen Verständnisses ist das Interesse des bereits geschädigten Opfers nichts anderes als das Interesse des künftigen Opfers; es bleibt ein (grundrechtliches) Interesse am Rechtsgüterschutz. In der konkreten Opferlage ist dieses Interesse deshalb auch nicht etwa erloschen; es bedarf lediglich der Verknüpfung mit einer gewandelten Rechtsmacht.

Deshalb ist ein nach der Tat bestehendes Opferinteresse an Anerkennung staatlichen Unrechts oder eines auferlegten Sonderopfers durch mangelnden Rechtsgüterschutz seinerseits Ausprägung des den Grundrechten aus Art. 2 Abs. 2 S. 1 GG zu Grunde liegenden Interesses, da es unabhängig von der konkreten Verortung im Zeitstrahl – also der Frage, ob die Tat bereits geschehen ist oder noch nicht – auf das Interesse an der eigenen körperlichen Integrität des konkreten Opfers im Rahmen des grundrechtlichen Rechtsgüterschutzes zurückgeführt werden kann.

Noch nicht beantwortet ist damit jedoch die Frage, welcher jeweilige Individualisierungsgrad den Schutzpflichten im Vorfeld der Tat zukommt und welche Folgerungen daraus für die Nachtatlage zu ziehen sind.

### (2) Staatliche Schutzpflichten aus Grundrechten

Grundrechte fungieren nicht lediglich als Abwehrrechte des Bürgers gegen den Staat, sondern lösen darüber hinaus gerade Schutzpflichten für die von ihnen gewährleisteten Rechtsgüter aus.[560] Vereinzelt ordnet das Grundgesetz Schutzpflichten explizit an; deutlich wird dies namentlich in Art. 1 Abs. 1 Satz 2 GG mit Blick auf die Pflicht aller staatlichen Gewalt, die Würde des Menschen zu achten und zu schützen.[561] Diese Pflicht lässt sich zwanglos – mit Blick auf dessen überragende Bedeutung – auf den Lebensschutz übertragen;[562] sie greift aber auch für den Gesundheitsschutz Platz.[563] Insbesondere ermöglicht es diese Schutzpflicht bereits, bloße Vorsorge gegen Gesundheitsrisiken zu betreiben, mag deren Eintritt im Einzelfall auch ungewiss oder nur potentieller Natur sein.[564] Das Risiko, infolge von Gewaltkriminalität eine Gesundheitsschädigung zu erleiden, mag zwar – basierend auf den Erkenntnissen der Kriminologie[565] – unter den Grundrechtsträgern nicht gänzlich gleichmäßig verteilt sein;[566] es entzieht gegenwärtig

---

560 Hopfauf in Schmidt-Bleibtreu/Hofmann/Hopfauf, Einl. Rz. 142: schutzrechtliche Seite der Grundrechte.

561 Di Fabio in Maunz/Dürig, Art. 2 Abs. 2 S. 1 Rz. 43.

562 Di Fabio in Maunz/Dürig, aaO; ob es dazu eines Rückgriffs auf die sog. Fundamentalfunktion des Staates bedarf, mag hier dahinstehen.

563 Vgl. nur BVerfG NJW 2008, 2409, 2413 (Rauchverbot in Gaststätten) in Rz. 119: *„[…] Aus Art. 2 Absatz 2 GG kann daher eine Schutzpflicht des Staates folgen, die eine Risikovorsorge gegen Gesundheitsgefährdungen umfasst […].“*

564 BVerfG, aaO.

565 Vgl. statt vieler nur Kaiser, § 47, S. 531 ff.

566 Ders., § 48, S. 542 ff. identifiziert zwar spezifische Risikofaktoren für die Opferwerdung, konstatiert damit zugleich aber auch, dass potentiell jedermann Opfer einer (Gewalt-) Straftat werden kann.

jedoch verlässlicher Prognose, ob ein konkretes Individuum im Laufe seines Lebens Opfer einer Gewaltstraftat werden wird oder nicht. Insofern lässt sich das bloße Risiko der Opferwerdung im Sinne einer potentiellen Gefährdung gleich anderen Gesundheitsrisiken[567] der Schutzpflicht zuordnen.

### (3) Die Konkretisierung der grundrechtlichen Schutzpflichten

Die grundrechtliche Schutzpflicht stellt jedoch zunächst nur objektives Recht dar, das sich allein an den Staat als Adressaten wendet[568] und dabei dessen Handeln sowohl gewährleistet als zugleich auch begrenzt (Doppelauftrag des Rechtsstaats).[569] Aus Sicht der haftungsrechtlich notwendigen Konkretisierung der Schutzpflicht auf das Interesse des einzelnen Tatopfers ist deshalb die subjektive Reichweite der Schutzgewährleistung von Bedeutung, da es ja um ein Versagen des Schutzes *im Einzelfall* geht; dort findet sich das anzuerkennende Unrecht oder Sonderopfer. Nur wenn und soweit das Opfer die Rechtsmacht (gegenüber dem Staat) besaß, die konkrete Beeinträchtigung gerade seiner körperlichen Integrität abzuwenden, lässt sich ein dieser gleichgerichtetes und ihr zu Grunde liegendes Interesse an staatlichem Schutz und damit auch der individuellen Anerkennung unterlassenen Schutzes begründen.

Die grundrechtliche Schutzpflicht für Leben und körperliche Unversehrtheit der Grundrechtsträger ist deshalb nur dann der mit Rücksicht auf das individuelle Opferinteresse notwendigen und gebotenen Individualisierung zugänglich, wenn ihr eine subjektiv-rechtliche Position des Einzelnen korrespondiert, Schutz gegenüber Gewaltkriminalität in Gestalt des selbst erfahrenen tätlichen Angriffs beanspruchen zu können.

Dies wirft schon auf den ersten Blick Schwierigkeiten auf, denn die grundrechtliche Schutzpflicht ist nicht ohne weiteres mit einem subjektiv-öffentlichen Recht des individuellen Opfers aus Art. 2 Abs. 2 S. 1 GG auf staatlichen Schutz vor der geschehenen Tat im Besonderen kongruent. Ansprüche des Bürgers auf Maßnahmen zur Verwirklichung der staatlichen Schutzpflicht – aus Opfersicht also zunächst der (ursprüngliche) Schutzanspruch gegenüber der konkret erfahrenen Tat – werden als Folge der subjektiven Seite der grundrechtlichen Schutzpflichten nämlich lediglich dann anerkannt, wenn die öffentliche Gewalt

567 BVerfG aaO. = Rauchverbot; BVerfGE 49, 89, 142 ff. = Kerntechnologie/"Schneller Brüter" Kalkar; BVerfG NVwZ 2004, 597 = Einfuhrverbot gefährlicher Hunde; BVerfG NJW 1981, 1655 = Fluglärm.

568 Detterbeck, Rz. 405; Epping, Rz. 131.

569 Hopfauf in Schmidt-Bleibtreu/Hofmann/Hopfauf, aaO. Rz. 140, 144.

Schutzvorkehrungen zum Schutze des jeweiligen Grundrechts entweder überhaupt nicht oder aber in völlig unzureichender Art und Weise getroffen hat,[570] was mit Blick auf den bestehenden legislativen Kanon des Polizei- und Ordnungsrechts wohl nur schwerlich wird behauptet werden können.

Ein individueller ein subjektiv-rechtlicher Schutzanspruch besteht lediglich in all den Konstellationen, in denen sich eine drohende Integritätsbeeinträchtigung des Opfers in deren Vorfeld aufgrund tatsächlicher Anhaltspunkte hinreichend verdichtet hat. Insoweit belegt bereits das Bestehen auf die individuelle Vermeidung einer Opferwerdung gerichteter Vorschriften des einfachen Rechts als Ausprägung der staatlichen Schutzpflicht – und zwar auch ihrer subjektiven Seite –, dass eine solche Individualisierung möglich ist. So ermöglichen es insbesondere Absätze 2 und 3 aus § 68 StPO, vielfältige Maßnahmen zum Schutz des Zeugen im Strafprozess gegenüber einer potentiellen künftigen Opferwerdung anzuordnen. Insoweit bestehen umfassende Geheimhaltungsrechte zum Zwecke des Zeugenschutzes, namentlich etwa bezüglich Namen, Anschrift oder Wohnort des Zeugen. Diese Rechte[571] dienen gerade dem Zweck, potentielle künftige Straftaten namentlich zu Lasten von Leib oder Leben des Zeugen abzuwenden (Absatz 3). Im Falle des gefährdeten Zeugen haben sich die tatsächlichen Anhaltspunkte für eine drohende künftige Viktimisierung dergestalt gezeigt, dass dem Zeugen eine subjektive Rechtsposition auf Maßnahmen zu deren Vermeidung eingeräumt ist. In gleicher Weise kann sich die angesprochene Schutzpflicht im Rahmen konkreter Anhaltspunkte für eine Rechtsgutgefährdung individualisieren, etwa, wenn sich ein polizeirechtliches Entschließungsermessen zum Einschreiten bei drohender Verletzung von Leib oder Leben zu einem individuellen Anspruch auf Rechtsgüterschutz verdichtet.

Es ist deshalb festzuhalten, dass bereits in der Vortatlage der objektiv-rechtlichen Schutzpflicht nicht stets ein subjektives Recht auf Gewährung konkreten Schutzes im Einzelfall korrespondiert; eine Individualisierung kann nur in den beschriebenen Konstellationen stattfinden; für alle Opfer atypischer oder zufälliger Straftaten hingegen ist sie nicht begründbar. Genau jene Opfer sind es aber, die der Gesetzgeber bei Erlass des OEG ebenfalls, wenn nicht gerade

---

570 So Detterbeck, aaO.; Epping, Rz. 133; BVerfG NJW 1988, 1651, 1653.

571 Dass es sich (auch) um subjektive Rechte und nicht nur um objektives Recht handelt, zeigt sich an der Befugnis des Zeugen – obgleich selbst nicht Prozessbeteiligter im Strafprozess – in der strafrechtlichen Hauptverhandlung eine auf die Sachleitung bezogene Anordnung des Vorsitzenden – nämlich das Absehen von der Gewährung der Geheimhaltungsmaßnahmen – nach § 238 Abs. 2 StPO zu beanstanden, eine Befugnis, die sonst allein Prozessbeteiligten zusteht, vgl. Senge in KK-StPO, § 68 Rz. 9.

im Blick hatte.[572] Eine kongruente Übertragung dieser Differenzierung auf die Nachtatlage wegen des konstatierten stets einheitlichen, dem Grundrecht auf Leibes- und Lebensschutz zu Grunde liegenden Interesse hätte zur Folge, dass auch eine Nachtatindividualisierung der Schutzpflicht nur eintreten könnte, wenn im Vorfeld der Gewaltstraftat bereits tatsächliche Anhaltspunkte für deren Drohen bestanden hätten. Innerhalb der Opferentschädigung fände eine Unterscheidung zwischen Opfergruppen statt: Wem eine Straftat aufgrund konkreter Anhaltspunkte drohte, dem wäre im Falle von deren Verwirklichung eine hinreichend individualisierte Rechtsgüterbeeinträchtigung und damit in der Folge wohlmöglich ein haftungsrechtlich fundierter Entschädigungs- und Anerkennungsanspruch zuzubilligen; zu Gunsten des Zufallsopfers hingegen griffe diese Überlegung nicht Platz mit der Folge, dass weitergehende Rechtsfolgen als nach der bisherigen Konzeption der Opferentschädigung zu seinen Gunsten nicht begründbar wären. Ein derartiger Opferdualismus erscheint nicht nur fragwürdig, sondern dürfte auch gleichheitswidrig sein; die Frage des Vorliegens von Zufall stellt kein sachliches Unterscheidungskriterium einer Ungleichbehandlung dar, ohne dass es einer vertieften Auseinandersetzung mit den Gewährleistungen des allgemeinen Gleichheitssatzes bedürfte. Wesentlich Gleiches würde aufgrund nicht vorhersehbarer Umstände ungleich behandelt; darin kann mithin kein Lösungsansatz liegen, der zu einer dogmatischen Neuverortung der Opferentschädigung führt.

Eine gleichlaufend durchgehende Individualisierung der Schutzpflicht ließe sich alternativ allenfalls auf hypothetischem Wege bzw. in Gestalt einer *Individualisierungsfiktion* herstellen.

Diese Fiktion ließe sich dadurch begründen, dass der Blick nicht auf die Konkretisierung und Individualisierung der Schutzpflicht, sondern stattdessen auf das dieser zu Grunde liegende Interesse des Grundrechtsträgers gerichtet wird. Dieses Interesse wurde im Vorstehenden ja als nicht wandelbar begriffen. Wird für die Verleihung der individuellen Rechtsmacht (auf staatlichen Schutz) auf ein dieser zu Grunde liegendes Interesse und nicht auf den Zeitpunkt oder die Rahmenbedingungen von dessen Betätigung abgestellt, so kommt es auf diese Rahmenbedingungen nicht mehr an. Es wird durchgehend und homogen Rechtsmacht verliehen, gleichviel, ob die Straftat schon verwirklicht wurde oder nicht. Diese Rechtsmacht unterscheidet sich entlang der Zeitlinie lediglich in ihren Ausprägungen; ist Ausprägung zunächst ein Interesse an staatlichem Schutz, so wandelt sich diese bei drohender Beeinträchtigung in ein Bedürfnis nach

572 BT-Drs. 7/2506, S. 7.

konkreten Schutzmaßnahmen um, um im Falle der Verletzung als Interesse an der Anerkennung und dem Ausgleich versagten Schutzes fortzubestehen. Der Anspruchsinhalt – der Gegenstand der Rechtsmacht – wird nach der tatsächlichen Lage bestimmt; „überspringt" diese den Gesichtspunkt konkreter Anhaltspunkte für eine bevorstehende Straftat, wandelt sich die Rechtsmacht eben vom Anspruch auf allgemeine staatliche Schutzvorkehrungen gegen Gewaltkriminalität unmittelbar mit Eintritt der Tatfolgen in einen Anspruch auf Ausgleich und Anerkennung um. Die interessenbasierte Betrachtung begründet lediglich einen Unterschied zwischen Primär- und Sekundärrechten (Abwehr oder Schadensausgleich); sie unterstellt indes, dass die notwendige Individualisierung hinsichtlich eines jeden Tatopfers bereits aus dem Interesse selbst und nicht erst aus der an dieses gekoppelten Rechtsmacht abgeleitet wird.

Im Zuge einer solchen Betrachtung sind die grundrechtlichen Schutzpflichten des Art. 2 Abs. 2 S. 1 GG stets als konkrete Opferinteressen individualisierungsfähig.

Allerdings wirft diese Fiktion erhebliche Abgrenzungsschwierigkeiten auf: Nicht nur Opfer von Gewaltstraftaten, sondern auch alle andern Personen, die einen Eingriff in die Rechtsgüter aus Art. 2 Abs. 2 S. 1 GG erlitten haben, besäßen auf dieser Grundlage Rechtsmacht, vom Staat Entschädigung und Anerkennung zu verlangen. Werden die Rahmenbedingungen des grundrechtlich geschützten Interesses ausgeklammert, so findet nicht nur keine zeitliche, sondern zusätzlich auch keine sachliche Differenzierung mehr statt. Es kommt nicht mehr darauf an, ob jemand Opfer einer Gewaltstraft, eines Unglücksfalls oder einer Naturkatastrophe geworden ist. Ist das festgestellte Interesse ein das jeweilige Grundrecht selbst tragendes Interesse und liegt es damit im zeitlich-sachlichen Vorfeld jeder Betätigung von Rechtsmacht – seien es Fragen des Primärrechtsschutzes oder der, mangels Möglichkeit einer Folgenbeseitigung in Natur Platz greifenden Entschädigung – so kann jeder Grundrechtsträger dieses Interesse für sich reklamieren, gleichviel, ob er Opfer einer Gewalttat oder eines Unglücksfalles wie etwa einer Naturkatastrophe geworden ist. Auch im Falle der Naturkatastrophe ließe sich schließlich begründen, dass der Staat zum Rechtsgüterschutz verpflichtet ist, und sei es nur dadurch, dass er Vorsorge für Katastrophenfälle zu treffen hat. Unterlässt der Staat die gebotene Vorsorge im Einzelfall, kann darin ebenfalls anerkennungsfähiges und -bedürftiges staatliches Unrecht oder Sonderopfer liegen. Aus der bloß mangelnden Vorhersehbarkeit von Naturkatastrophen folgt kein Unterschied: Auch die konkrete Viktimisierung muss ja im Zuge der interessengestützten Fiktion nicht vorhersehbar sein, gleichviel, ob man so etwas wie ein „zufälliges" Opfer der Gewaltkriminalität anerkennt; zudem bestehen umgekehrt gleichsam typisierte Sachverhalte von Naturkatastrophen, bei denen lediglich der Zeitpunkt des Eintreffens, nicht aber das Eintreffen selbst in Frage steht, wie sich aus dem Beispiel des regelmäßig wederkehrenden Flusshochwassers ersehen lässt. Da die Grundrechte nach dem Gesagten die Feststellung eines individualisierten Interesses unabhängig von jeglicher Frage der Vorhersehbarkeit eines Schadenseintritts aus der *ex ante*-Perspektive ermöglichen, lässt sich zwischen Opferinteresse einerseits und Interesse aller Grundrechtsträger andererseits kein sachlicher Unterschied begründen. Das grundrechtliche Interesse ist daher lediglich *auch* Opferinteresse, es ist aber insoweit weder opferspezifisch noch gar opferentschädigungsspezifisch. Die Betrachtung des in den Grundrechten selbst verkörperte Interesses ist deshalb – in Anlehnung an die Konzeption *Jellineks* – letztlich nur Wiedergabe des Status, nicht aber – unterscheidungs- und hier individualisierungserheblicher – Rechtsmacht. Um es mit *Danwerth*[573] zu formulieren: An den Status kann ein Recht anknüpfen, der Status selbst ist aber kein Recht. Die haftungsrechtliche Individualisierung kann schon hiernach nicht aus dem bloßen Status heraus begründet werden. Überdies nimmt das Opfer bei einer Anknüpfung allein an das grundrechtliche Interesse gerade keine Sonderstellung ein; das grundrechtliche Interesse ist Interesse des Opfers, aber eben nicht nur des Opfers. Eine hypothetische Individualisierung zwingt dogmatisch deshalb nicht, die staatliche Opferentschädigung anders zu behandeln als bisher.

Die auf das grundrechtlich geschützte Interesse abstellende Fiktion bewirkte ferner nicht nur eine haftungsrechtliche Individualisierung weit über den Kreis der Gewaltopfer hinaus, sondern öffnete zugleich die Tür zu einer konturlosen Grundrechtshaftung des Staates. Jede Verletzung eines grundrechtlich geschützten Interesses hätte zumindest die Staatshaftung dem Grunde nach zur Folge.[574] Kriterien der Unmittelbarkeit des Eingriffs oder des haftungsrechtlichen Schutzzwecks blieben außer Betracht.[575] Darin läge eine neue, zusätzliche Grundrechtsfunktion, und zwar diejenige der Grundrechte als haftungsrechtlicher Anspruchsgrundlagen. Grundrechte können indes zwar zur Bestimmung des haftungsrechtlich relevanten Schutzgutes oder des Haftungsschuldners beitragen, aber gerade keine haftungsrechtliche Anspruchsgrundlage bieten.[576] Aus sich selbst heraus sind sie nicht geeignet, haftungswürdiges Unrecht oder Sonderopfer von entschädigungslos zu stellenden Eingriffen zu scheiden. Ihnen fehlt die notwendige Steuerungsfunktion; so ließe sich ihnen insbesondere nicht entnehmen, in welchen

573 Danwerth, S. 409.

574 Vgl. zu einer derartigen Konstruktion Gromitsaris, DÖV 2006, 288, 291.

575 Ders., aaO.

576 Ders., aaO. S. 294.

Konstellationen Grundrechtsverletzungen im Wege des Primärrechtsschutzes abzuwehren sind und wann demgegenüber sogleich Entschädigung verlangt werden kann. Derartige Steuerungsinstrumente erweisen sich indes als notwendig, schon, um die missbräuchliche Herbeiführung eines „Dulde und Liquidiere" durch den Haftungsgläubiger zu verhindern. Auch aus diesen Gründen ist die auf das Interesse des Grundrechtsträgers abstellende Fiktion nicht geeignet, die notwendige haftungsrechtliche Konkretisierung bei der staatlichen Opferentschädigung zu bewirken.

Der Rekurs auf Grundrechte erlaubt keine hinreichende haftungsrechtliche Konkretisierung etwa verletzter staatlicher Schutzpflichten, so dass für die Sachverhalte der Opferentschädigung daraus kein qualifiziertes Unterlassen abgeleitet werden kann.

#### ee) Handlungspflicht aus Übertragung des im Strafrecht entwickelten Gedankens opferspezifischer Spezialprävention?

Soweit ersichtlich wurde bisher nicht der Versuch unternommen, eine staatliche Handlungspflicht im Segment des Haftungsrechts im Wege der Übertragung in der Strafrechtswissenschaft entwickelter Konzeptionen zu begründen. Die Trennlinien zwischen strafrechtlicher und öffentlich-rechtlicher Diskussion sind meist scharf; Überschneidungen sind wenn überhaupt nur insoweit festzustellen, als es etwa der Ausfüllung öffentlich-rechtlicher Tatbestandsmerkmale durch strafrechtliche Begriffsbildungen bedarf – wie für das OEG oben in Teil B. gezeigt –, oder soweit im strafrechtlichen Diskurs der Rückgriff auf verfassungsrechtliche Positionen erforderlich ist, wie etwa bei den grundrechtsgleichen Rechten des Art. 103 Abs. 2 und 3 GG.[577] Möglicherweise bedarf es indes einer Aufgabe dieser strikten Trennung. Dies ist insbesondere dann der Fall, soweit strafrechtliche Begriffe normative Aussagen enthalten, die sich auf das Staatshaftungsrecht übertragen lassen. In Betracht kommt dies mit Blick auf die sog. Strafzwecke.

In der Strafrechtswissenschaft sind in Gestalt der Strafzwecke normative Institute anerkannt, die – ursprünglich mit Rücksicht auf die Person des Täters eingeführt – auch für das Opfer zunehmende Bedeutung erlangt haben und die zum anderen zur Folge haben könnten, im Wege der ergänzenden Auslegung ein haftungsrechtlich relevantes qualifiziertes staatliches Unterlassen gerade für die Gruppe der Opfer von Gewaltstraftaten begründbar zu machen.

Um letzterem Zweck gerecht zu werden, müssten die Strafzwecke sich allerdings als normative Aussagesätze mit Wirkung für die Opfer von Gewaltstraftaten

577 Vgl. insoweit ausführlich Schmidt-Aßmann in Maunz/Dürig, Art. 103 Rz. 163 ff.

und eben nicht nur für die Person des Täters selbst begreifen lassen; sie müssten sodann einer Übertragung in die Materie des Staatshaftungsrechts zugänglich sein, um eine Auslegung des Eingriffsmerkmals der Aufopferung zu erlauben und dort möglicherweise zur Konkretisierung staatlicher Handlungspflichten mit Rücksicht auf das Opfer beitragen zu können.

### (1) Die Strafzwecke in der Strafrechtswissenschaft – eine Übersicht

Strafzwecke stellen die Gesamtheit derjenigen Begründungsansätze dar, die als Straftheorien den individuellen wie gesellschaftlichen Sinn und Zweck des Instituts Strafe beschreiben.[578] Dieser Ansatz findet seine Stütze nicht in einer spezifischen Rechtsnorm, sondern stellt stattdessen *prima vista* einen außergesetzlichen, institutionellen Begründungsansatz dar.

Die Strafzweckdiskussion unterscheidet – und unterschied sogar schon in vormoderner Zeit[579] – zwischen drei Grundauffassungen[580], auf welche Art und Weise Strafe wirken soll.[581] Strafzwecke sind hiernach Vergeltung[582], Spezial-[583] und Generalprävention.[584] Neben diese grundsätzlichen Funktionen treten Kombinations- und Mischmodelle, die in unterschiedlicher Art und Weise Elemente aller Grundauffassungen zu berücksichtigen suchen.[585] Diese Theorien – von denen namentlich die Gruppe der vergeltenden Vereinigungstheorien sowie die

578 Vgl. nur Joecks in MüKo StGB, Einleitung Rz. 47 ff.

579 Ders. in MüKo StGB, Einleitung Rz. 47.

580 Auf in der strafrechtlichen Literatur vereinzelt entwickelte weitere Zwecke und damit verbundene Interessen möglicherweise grundlegender Natur – also außerhalb der dargestellten Dreiteilung – soll nicht weiter eingegangen werden; aus der Opferperspektive zu nennen ist insoweit jedenfalls noch das von Velten in SK-StPO, vor §§ 374–406 h Rz. 16 entwickelte Sicherungsinteresse, dem die Beseitigung durch die Tat bei Opfer und Gesellschaft eingetretener psychologischer Verunsicherung gegenständlich ist, soweit man dieses Interesse nicht der Generalprävention zuordnen möchte.

581 Vgl. nur Roxin, § 3 Rz. 1.

582 Ders., § 3 Rz. 2 ff.; die Sühnetheorie wird von *Roxin* unter dem Gesichtspunkt der Vergeltung mit abgehandelt, obwohl sie eine andere Bedeutung als vergeltungsgestützte Auffassungen hat; aus opferentschädigungsspezifischer Perspektive bedarf es der Unterscheidung aber m.E. nicht, da Sühne ein der Person des Täters inhärenter Vorgang ist, der die innere Aufarbeitung der Tat beschreibt. Es genügt daher, die absoluten Straftheorien anhand des Gedankens der Vergeltung zu benennen.

583 Ders., § 3 Rz. 11 ff.

584 Ders., aaO. Rz. 21 ff.

585 Ders., aaO. Rz. 1.

präventive Vereinigungstheorie *Roxins*[586] Erwähnung verdienen – bedürfen der Betrachtung im Rahmen eines opferzentrierten Ansatzes allerdings nicht, da sie sich in unterschiedlichsten Schattierungen mittels des Dreiklangs der Grundauffassungen auf eine an der Person des Täters orientierte Gewichtung stützen; aus der Opferperspektive sind die Strafzwecke indes nur insoweit zu betrachten, als sie opferspezifische Inhalte aufweisen. Diese Funktion erfüllt die Betrachtung der Grundauffassungen.

- Die Straftheorie der Vergeltung begründet Strafe damit, dass sie durch Auferlegung eines Übels die Schuld[587], die der Täter durch seine Tat auf sich geladen hat, in gerechter Weise ausgleicht, also vergilt; auf gesellschaftliche Wirkungen der Strafe kommt es dabei grundsätzlich nicht an.[588] Dabei besteht die Besonderheit, dass im Falle der Vergeltung nicht zwischen (Straf-) Zweck und zu Grunde liegendem Interesse des Verletzten oder der Allgemeinheit unterschieden werden muss. Die bereits auf *Kant*[589] und *Hegel*[590] zurückzuführende Konzeption der Vergeltung vermag nämlich überhaupt nur dann eine Zweckrichtung zu beschreiben, wenn Zwecke nicht nur in sozialen oder empirischen Zielen, sondern auch in der Verwirklichung von Ideen begriffen werden können,[591] was an dieser Stelle mit Blick auf die sprachliche Konnotation des Begriffes als „Ziel einer Handlung“[592] unterstellt werden soll; anderenfalls wäre Vergeltung zweckfrei. Da Ziel der Vergeltung die (Wieder-) Herstellung von Gerechtigkeit sein kann,[593] sind in ihrem Falle Zweck und Interesse deckungsgleich, da beide nur objektive und subjektive Seite desselben Gegenstands beschreiben, nämlich Herstellung von Gerechtigkeit und die darauf bezogene Erwartung.

586 Ders., aaO. Rz. 37 ff.; die Theorie zeichnet sich in Abweichung von vergeltenden Vereinigungstheorien dadurch aus, dass sie auf das Element der Vergeltung vollständig verzichtet und Strafe ausschließlich (spezial-/general-) präventive Funktionen zuweist.

587 Vergeltung ist Schuldausgleich, vgl. nur Roxin, § 3 Rz. 6 f.; BGHSt 24, 132, 134.

588 Roxin, aaO.

589 Kant, Immanuel, Die Metaphysik der Sitten, 1798, zitiert nach Ebeling.

590 Hegel, Georg Wilhelm Friedrich, Grundlinien der Philosophie des Rechts oder Naturrecht und Staatswissenschaft im Grundrisse, 1821, zitiert nach Lakebrink.

591 Vgl. nur Roxin, § 3 Rz. 2 in Fn. 4.

592 Vgl. Duden, Online-Ressource, http://www.duden.de/rechtschreibung/Zweck, besucht am 10.12.2013.

593 Roxin, aaO.

- Im Gegensatz zum vergeltungsbezogenen Ansatz steht die Spezialprävention. Hiernach ist vorrangiges Ziel jeder Bestrafung, den Täter von weiteren (künftigen) Straftaten abzuhalten, und zwar – im historischen Sinne dieses Ansatzes[594] – indem die Allgemeinheit vor dem Täter durch dessen Freiheitsentzug gesichert, der Täter durch das Übel der Strafe von der Begehung weiterer Straftaten abgeschreckt oder das Rechtsbewusstsein des Täters gesteigert wird.[595] Die Spezialprävention dient also zunächst der Einwirkung auf den Täter;[596] inwieweit sie darüber hinaus eigenständige Bedeutung für das Opfer haben kann, wird noch zu erörtern sein.
- Anders als die Spezialprävention stellt die Generalprävention nicht auf die Person des Täters, sondern auf die Wirkungen der Strafe auf die Allgemeinheit ab;[597] sie umfasst damit ihrer Zielsetzung entsprechend von vornherein auch – wenn auch nicht ausschließlich – die Person des Opfers. Die ursprünglich von *Feuerbach*[598] begründete Theorie wird gegenwärtig in zwei grundlegenden Ausprägungen vertreten: Der Gesichtspunkt der Abschreckung anderer Personen als des Täters von der Begehung entsprechender Straftaten (negative Generalprävention) und derjenige der Erhaltung und Stärkung des Vertrauens in die Bestands- und Durchsetzungskraft der Rechtsordnung (positive Generalprävention).[599] Der Inhalt der positiven Generalprävention wird dabei häufig noch in Einzelaspekte unterteilt, bei *Roxin*[600] etwa in einen sozialpädagogisch und sozialpsychologisch motivierten Lerneffekt im Hinblick auf die Einübung von Rechtstreue, einen Vertrauenseffekt bei der Bevölkerung mit Blick auf die Tätigkeit der Strafjustiz und einen gesellschaftlichen Befriedungsaspekt, der sich aus der Beruhigung des allgemeinen Rechtsbewusstseins aufgrund

594 Die Dreiteilung geht noch auf das 19. Jahrhundert und insbesondere Franz von Liszt als Vertreter der soziologischen Strafrechtsschule zurück; vgl. auch v. Liszt, Der Zweckgedanke im Strafrecht, S. 1 ff. V. Liszt sprach mit Blick auf die Stärkung des Rechtsbewusstseins des Täters noch von „Besserung"; dieser Begriff dürfte im Lichte des Art. 1 Abs. 1 GG allerdings nicht mehr tragbar sein, da es nicht Aufgabe des Staates sein kann, erwachsene Menschen zu erziehen; so auch BVerfGE 22, 180, 219. Gegenwärtig dürfte lediglich dem Aspekt der positiven Spezialprävention in Gestalt der Resozialisierung des Täters noch Bedeutung als Strafzweck zukommen, vgl. Deiters, S. 31.

595 Roxin, § 3 Rz. 12.

596 Deiters, S. 30.

597 Roxin, § 3 Rz. 21.

598 Feuerbach, S. 38 ff.

599 Roxin, aaO. Rz. 26 m.w.N. in Fn. 37.

600 Roxin, § 3 Rz. 27.

der strafrechtlichen Reaktion gegen den Täter ergebe.[601] Mitunter wird unter dem Gesichtspunkt der positiven Generalprävention – mit Blick auf den Vertrauenseffekt – auch die Überlegung thematisiert, ob dem Opfer ein Anspruch gegen den Staat auf Bestrafung des Täters zuwachsen könne.[602] *Jakobs*[603] wiederum abstrahiert generalpräventive Erwägungen, indem er das Strafrecht als Widerspruch gegen den Widerspruch[604] gegen identitätsbestimmende Normen der Gesellschaft begreift; ein derartiges Verständnis koppelt generalpräventive Ansätze aufgrund seiner Abstraktion auf der ideellen Ebene jedoch von sozialpsychologischen Effekten ab, die in Gestalt der zuvor beschriebenen Internalisierungs- und Lerneffekte bei der Allgemeinheit eintreten sollen;[605] Strafe rückt damit wieder in die Nähe von Vergeltung.

### (2) Übertragung der Strafzwecke auf die Opferperspektive – opferspezifische Spezialprävention

Aus der Sicht des Opfers hat aus vorstehendem Kanon namentlich der Gesichtspunkt der Spezialprävention Bedeutung erlangt; er wird – ähnlich zuvor erwogener Fiktion einer Individualisierung staatlicher Handlungspflichten aus den in Grundrechten verkörperten Interessen – insoweit als normative Beschreibung gerade der Interessen von Straftatenopfern begriffen. Anders als bei Betrachtung hypothetischer staatlicher Handlungspflichten indes erweist sich jene Interessenbeschreibung gerade als opferspezifisch; sie kann mit Rücksicht auf die erlittene Viktimisierungserfahrung nur an die Lage von Opfern, nicht aber von sonstigen in ihrem Grundrecht auf körperliche Unversehrtheit Geschädigter anknüpfen. Im Vordergrund der Betrachtung steht das Interesse, nicht das verletzte Rechtsgut. Damit scheint opferspezifische Spezialprävention eher

601 Deiters, S. 32 in Fn. 23, wiederum erachtet hierin keine unterschiedlichen Ziele der positiven Generalprävention, sondern lediglich unterschiedliche Begriffe für ein und denselben Effekt.

602 Reemtsma, S. 27, begreift ein Recht des Opfers auf Bestrafung des Täters (durch den Staat) als Ausdruck der staatlichen Pflicht, sozialen Verbrechensschaden zu begrenzen, mithin also durch Bestrafung des Täters das Vertrauen des Opfers in die Integrität der Rechtsordnung wiederherzustellen.

603 Jakobs, Das Strafrecht zwischen Funktionalismus und „alteuropäischem" Prinzipiendenken, ZStW 107 (1995), 843–876.

604 Die Formulierung „Mittel zur Beseitigung" wäre an dieser Stelle ungeeignet, denn die Rechtsverletzung durch Normübertretung ist bereits geschehen und nicht revidierbar; ihr soll auf der Ebene ideeller Normgeltung etwas [die Strafe] entgegengesetzt werden, vgl. Jakobs, aaO. S. 844.

605 So zu Recht Roxin, § 3 Rz. 31.

geeignet, eine dogmatische Sonderstellung der Opfer von Gewaltstraftaten zu begründen. Auch opferspezifische Spezialprävention ist bisher ebenfalls nur unter strafrechtlichen Gesichtspunkten begründet worden;[606] ihre Übertragungsfähigkeit als Auslegungsinstrument innerhalb eines staatshaftungsrechtlichen Tatbestands wird deshalb noch in der Folge zu bewerten sein.

Spezialprävention kann sich auf die Opferperspektive beziehen, und zwar dann, wenn sie als Vermeidungsstrategie gegenüber der Wiederholung oder Vertiefung der eigenen, individualisierten Opfererfahrung begriffen wird. Ein solches Verständnis der Spezialprävention dringt in der strafrechtlichen Literatur gelegentlich[607] durch: Auch dem Opfer drohen durch die Strafverfolgung des Täters weitere Erfahrungen, die das Erleben der Tat verstärken oder gedanklich wiederkehren lassen können, namentlich etwa bei der Zeugenaussage im Strafprozess.[608] Auch außerhalb der Strafverfolgung ist eine der zuletzt beschriebenen entsprechende Lage vorstellbar, denn ebenso gut könnte das Opfer dem Täter auch im Zivilprozess auf Schadensersatz und Schmerzensgeld begegnen, wo es ihm sogar noch gleichrangig als Prozesspartei gegenübertreten müsste. Einer Strategie zur Vermeidung derartiger Erfahrungen kommt aus Opfersicht deshalb durchaus ein präventiver Effekt zu, der sich gerade auf die individuelle Opferlage nach der Straftat bezieht. Verallgemeinernd werden deshalb bis zu drei Funktionen derartiger opferorientierter Spezialprävention beschrieben:[609]

- Die Vermeidung der mit der Strafverfolgung verbundenen Belastungen und der Ausgleich der Tatfolgen,
- die Verhinderung von Reviktimisierung sowie
- die Wiederherstellung des durch die Viktimisierung gestörten Normvertrauens.

Welche Erkenntnisse lassen sich aus diesem Befund aber für die Entschädigungserwartung des Opfers ableiten? Festzuhalten ist, dass die Entschädigungserwartung des Opfers als Element opferspezifischer Spezialprävention begriffen werden kann, soweit sie Wiedergutmachung (des durch die Tat verursachten Schadens) bzw. Ausgleich der Tatfolgen beschreibt oder zumindest beschreiben kann.[610] Dabei weist auch das Interesse am reinen Tatfolgenausgleich einen wertenden,

---

606 Kilchling in NStZ, S. 59.

607 Schneider, S. 627 ff.; Prittwitz, S. 172; Jung, S. 159; Kilchling in NStZ, S. 59: „Reintegrationsprävention".

608 Kilchling in NStZ, S. 58.

609 Ders. in NStZ, S. 59.

610 Das Wiedergutmachungsbedürfnis bezieht Kilchling in NStZ, S. 62, jedoch nur auf die Verwendung der Mittel aus der Geldstrafe; diese zahlt aber der Täter selbst.

ideellen Bezug auf, indem es durch die Gewährung von Geldmitteln einer Vermeidung des möglichen eigenen Abgleitens des Opfers in die Kriminalität durch Sicherung der eigenen wirtschaftlichen Lage dient.[611] Außerdem erscheint eine staatliche Entschädigungsleistung geeignet, verlorenes Normvertrauen (in die Geltung der strafrechtlichen Ordnung) wiederherzustellen, indem der Staat durch ihre Zahlung verdeutlicht, dass eine Verletzung jener Normen vom Opfer nicht folgenlos hingenommen werden muss. In einer derartigen Leistung kann deshalb sogar die staatliche Anerkennung der individuellen Opfereigenschaft liegen. Der Gesichtspunkt der Spezialprävention ist deshalb auf die Opferperspektive sogar aus entschädigungsrechtlicher Sicht transpositionsfähig und mag deshalb grundsätzlich durch Entschädigung verwirklichungsfähige Opferinteressen abbilden.

Der Gedanke der opferentschädigungsspezifischen Spezialprävention ist daher zumindest dem Grunde nach geeignet, gerade *opfer*spezifische Interessen an staatlichen Entschädigungsleistungen zu begründen, die sowohl auf den Ausgleich der Tatfolgen als auch auf die Anerkennung der Opferwerdung oder besser: eines staatlichen Nichtbeschützenkönnens gerichtet sind. Diese Interessen sind nur solche der Opfer von Straftaten und gerade nicht solche aller Träger der Rechtsgüter aus Art. 2 Abs. 2 S. 1 GG. Ließe sich der Gedanke opferspezifischer Spezialprävention in das Haftungsrecht übertragen, könnte er staatliche Handlungs- und Anerkennungspflichten gerade zu Gunsten von Gewaltopfern legitimieren. Ob er darüber hinaus zu einer Anerkennung weiterer Opfer von Straftaten außerhalb des Bereichs der Gewaltanwendung und bezogen auf andere Rechte oder Rechtsgüter als Körper und Leben zwänge, mag einstweilen dahinstehen; zwar reicht die Exklusivität opferspezifischer Spezialprävention weiter als diejenige der bin den Grundrechten verkörperten Interessen, sie reicht jedoch nicht weit genug, um Straftatenopfer allgemein und Gewaltopfer im Besonderen zu unterscheiden. Diese Frage stellt sich indes nicht, wenn sich opferspezifische Spezialprävention nicht als haftungs- oder genauer: eingriffsbegründendes Instrument darstellen kann.

### (3) Übertragungsfähigkeit in das Staatshaftungsrecht

Haftungsbegründend wirken oder hier speziell eine staatliche Handlungs- und Anerkennungspflicht herstellen kann der Gedanke opferspezifischer Spezialprävention nämlich nur, soweit ihm normative Wirkung bei der Bestimmung des aufopferungsrechtlichen Eingriffs zugeschrieben zu werden vermag. Sämtlichen

611 Diesen Aspekt ordnet ders. in NStZ, S. 59, der Wiederherstellung von Normvertrauen unter Berücksichtigung einer anderenfalls möglicherweise drohenden Opfer-Täter-Karriere zu.

Strafzwecken fehlt es zunächst an einer konkreten Verortung im geltenden positiven Recht.

Die Vorschriften des StGB über die Strafzumessung normieren keine Strafzwecke, sondern setzen diese voraus; es existiert weder eine gesetzliche Festlegung, welche Zwecke mit der Bestrafung des Täters verfolgt werden, noch, in welchem Verhältnis sie zueinander stehen und ob zwischen ihnen eine Rangfolge besteht.[612] Auch das GG enthält keine eigene Entscheidung über Zweck und Funktion der staatlichen Kriminalstrafen. Das GG erkennt die staatliche Kriminalstrafgewalt lediglich als solche an, wie sich etwa an Art. 5 Abs. 2, 9 Abs. 2, 74 Abs. 1 Nr. 1, 102 und 104 GG zeigt; zugleich setzt es ihrer Ausübung Grenzen.[613] Die Strafzwecke folgen also weder aus dem einfachen Recht noch aus der Verfassung; zugleich sind sie vorkonstitutioneller Natur, da die Strafzweckdiskussion bis in das Altertum zurückverfolgt werden kann.[614]

Soll eine haftungsrechtliche Pflichtenstellung des Staates also auf derartige außergesetzliche institutionelle Begründungsansätze gestützt werden – deren eigener normativer Charakter allerdings schon begrifflich nicht in Frage steht –, bedarf es jedenfalls der Herstellung eines Zusammenhangs zwischen dem jeweiligen außergesetzlichen Zweck und dem geltenden positiven Recht. Vorkonstitutionelle, wie dargestellt bis in vormoderne Zeit nachweisbare normative Zwecke können unter der Geltung des GG nur anerkannt werden, soweit sie den Rahmen des positiven Rechts nicht verlassen oder zu ihm in Widerspruch stehen. Dies gebietet bereits der in Art. 20 Abs. 3 fundierte[615] Grundsatz des Vorrangs des Gesetzes. Dies muss unabhängig davon gelten, welche Rechtsmaterie auf derartige Zwecke rekurrieren will, sei es das Strafrecht oder sei es eben das Staatshaftungsrecht.

Der Mangel an Erkennbarkeit einer konkreten normativen Zuordnung der Straftheorien hat dazu geführt, dass deren Heranziehung vereinzelt ganz abgelehnt wird. Plastisch hat dies vor allem *Calliess*[616] dargelegt, der sich dazu auf die Divergenz zwischen normativer Fundierung und Rekurs auf außerhalb des Gesetzes liegende, allgemeine Strafzwecke am Beispiel des Strafvollzugsgesetzes bezog; nach seiner Auffassung hätten das BVerfG[617] und mit ihm andere Gerichte den Versuch unternommen, dem seinerzeitigen Strafvollzugsgesetz des Bundes

612 Miebach in MüKo StGB, § 46 Rz. 24.

613 Scholz in Maunz/Dürig, Art. 102 Rz. 11.

614 Joecks in MüKo StGB, Einleitung Rz. 47.

615 Vgl. hierzu nur Hopfauf in Schmidt-Bleibtreu/Hofmann/Hopfauf, Einleitung Rz. 128.

616 Calliess, NJW 1989, 1338–1343.

617 BVerfG NJW 1984, 33, 34 ff., integriert die allgemeinen Strafzwecke ohne weiteres in die Auslegung des StVollzG.

durch Heranziehung außerhalb des Gesetzes liegender allgemeiner Strafzwecke wie Schuldausgleich und Sühne, Vergeltung, Generalprävention und Verteidigung der Rechtsordnung eine neue, vor allem aber eine im Gesetz selbst nicht vorgesehene Inhaltsbestimmung zu geben.[618] Der fehlende konkret-normative Bezug der Straftheorien als bloßer institutioneller Begründungsansätze führt nach seiner Ansicht dazu, dass diese letztlich unbrauchbar erscheinen; dementsprechend möchte er Legitimation und Reichweite staatlichen Strafens allein aus der Verfassung ableiten.[619] Nach dieser Auffassung fehlte es den Strafzwecken bereits an hinreichender Bestimmtheit, so dass sie erst recht keinen Tatbestand der Staatshaftung zu prägen vermögen.

Einer Einschränkung im *Calliessschen* Sinne bedarf es aber nicht, sofern sich die Strafzwecke innerhalb des durch das Verfassungsrecht gezogenen Rahmens halten. In seiner Grundsatzentscheidung zur Verfassungsmäßigkeit der lebenslangen Freiheitsstrafe für Mord hat das BVerfG[620] ausdrücklich darauf hingewiesen, dass dem Gesetzgeber Gestaltungsfreiheit dahin zustünde, einzelne Strafzwecke anzuerkennen, sie gegeneinander abzuwägen und miteinander abzustimmen.[621] Das Gericht hat die Strafzwecke dabei unter dem Gesichtspunkt ihrer Eignung zur Zielerreichung – Einwirkung auf den Täter und/oder die Allgemeinheit zum Zwecke der Resozialisierung, aber auch der Vergeltung und der Abschreckung – bewertet und ist zu dem Schluss gelangt, dass die Strafzwecke als solche von Verfassungs wegen nicht zu beanstanden seien.[622] Dabei hat das Gericht eine spezifische Bewertung der Zwecke vermieden und insbesondere betont, es sei Aufgabe der Strafrechtswissenschaft, diese zu konkretisieren und fortzuentwickeln;[623] ein Verfassungsverstoß sei jedenfalls nicht ersichtlich, da die grundsätzliche Eignung dieser Zwecke zur Zielerreichung – ungeachtet etwaigen Streits um die Effektivität einzelner Zwecke wie etwa der Generalprävention – nicht in Abrede gestellt werden könne.[624]

Dieser Auffassung ist nicht nur aus dem Blickwinkel des Strafrechts beizupflichten. Die (vorkonstitutionellen) Strafzwecke erscheinen insoweit in das positive Recht integrationsfähig, als sie nicht in Konflikt mit dem Verfassungsrecht stehen und insbesondere nicht unzulässige Schranken der Grundrechtsausübung

---

618 Calliess, S. 1338.
619 Ders., S. 1342.
620 BVerfG NJW 1977, 1525.
621 BVerfG, aaO. S. 1531.
622 BVerfG, aaO.
623 BVerfG, aaO.
624 BVerfG, aaO. S. 1531 f.

darstellen. Wird die Opferperspektive wie vorliegend als Gegenstück zur Täterperspektive betrachtet, spricht insofern nichts dagegen, die Strafzwecke nicht nur auf täter-, sondern gerade auch auf opferzentriertes Recht zu übertragen und anzuwenden. Dabei scheint die Grundrechtsausübung aus Opfersicht aber nicht als Schranke, sondern als konstitutives Element für die Heranziehung der Strafzwecke auf:

Die Strafzwecke verfügen über eine Begründungs- und eine Begrenzungsfunktion. Sie begründen den Zweck staatlicher Strafe, indem sie jene nicht zweckfrei im Raume stehen lassen, sondern ihr eine spezifische Zielsetzung verleihen (Einwirkung auf den Täter und/oder die Allgemeinheit). Zugleich wirken sie bei der Begrenzung der staatlichen Strafgewalt zumindest mit, da es eine zweckfreie Strafe nicht geben kann und darf; die maßgebenden Grenzen der Strafgewalt folgen indes aus der Verfassung, die ihrerseits den Anwendungsbereich der Strafzwecke einengt – so kann es mit Blick auf Art. 2 Abs. 1 i.V.m. Art. 1 Abs. 1 GG keine reine Vergeltungsstrafe geben,[625] und der dem Rechtsstaatsprinzip entnommene Verhältnismäßigkeitsgrundsatz steht ebenso wie das Schuldprinzip einer ausschließlich spezialpräventiv motivierten Strafe entgegen (etwa: lebenslange Freiheitsstrafe für ein minderschweres Delikt wegen spezifischer Persönlichkeitsmerkmale des Täters).[626] Aus der Opferperspektive müssen diese Funktionen nach dem hier Gesagten spiegelbildlich gelten: Strafzwecken kommt dann eine anders geartete Begründungsfunktion zu, nämlich die Begründung einer etwaigen Rechtsmacht des Opfers gegenüber dem Staat, von diesem ein bestimmtes Verhalten zu verlangen. Soweit es dabei um die Person des Täters und die staatlich-strafende Einwirkung auf diese geht, kann für die Grenzen der Strafzwecke nichts anderes als im unmittelbaren Staat-Täter-Verhältnis des Strafrechts gelten; Grenzen folgen insoweit jedenfalls aus der Verfassung. Soweit es demgegenüber hingegen allein um die Frage des Verhältnisses des Opfers zum Staat geht und gerade keine Einwirkung auf den Täter, sondern – wie bei der Opferentschädigung – ein sonstiges staatliches Verhalten zu besorgen steht, können die für die Einwirkung auf den Täter geltenden Schranken keine Geltung beanspruchen; an dieser Stelle stellt sich die Frage, ob die Reichweite der Strafzwecke eine andere sein kann als im Zuge der Einwirkung auf den Täter, ob die Strafzwecke also konstitutiv sein können für jenseits der Bestrafung liegende rechtlich – und zwar gerade auch außerstrafrechtlich – anzuerkennende Opferziele.

---

625 Vgl. etwa BVerfG NJW 1973, 1226, 1231 – „Lebach-Fall".

626 Vgl. nur Hofmann in Schmidt-Bleibtreu/Hofmann/Klein, Art. 20 Rz. 63; von Heintschel-Heinegg in Beck-OK StGB, § 46 Rz. 2.

Wenn die Strafzwecke den Rechtskreis des Täters im Rahmen der verfassungsrechtlichen Grenzen einzuengen vermögen, dann müssen sie auch in der Lage sein, spiegelbildlich den Rechtskreis des Opfers zu erweitern. Da die Strafzwecke den Rechtskreis des Täters indes nur dann und nur insoweit einengen dürfen, als sie ihrerseits nicht mit sie begrenzendem positiven Recht (insbesondere Verfassungsrecht) in Konflikt stehen, muss aus der Opferperspektive Gleiches im umgekehrten Sinne gelten können: Die Strafzwecke können den Rechtskreis des Opfers nur in dem Rahmen erweitern, in dem sie dies in Kohärenz mit geltendem Recht und insoweit gerade wieder Verfassungsrecht tun. Das Verfassungsrecht muss an dieser Stelle Grund und Grenze liefern: Es muss subjektive Rechte zu Gunsten des Opfers vorhalten, die der Intention des vom Opfer für sich in Anspruch genommenen Strafzwecks gleichlaufen; es verhindert dabei zugleich, dass eine etwaige Rechtsmacht des Opfers über dasjenige hinausgehen kann, was die Verfassung im weitestreichenden Falle erlaubt. Anders formuliert: Subjektiven Rechten und damit Grundrechten kann im Lichte der Strafzwecke aus der Opferperspektive eine Anspruchs- oder Leistungsfunktion zukommen, die aber ihrerseits nicht weiterreichen kann als das Grundrecht selbst.

Der Zusammenhang zwischen Straftheorien und positivem geltendem Recht besteht aus der Opferperspektive mithin in einer anspruchsbegründenden oder rechtskreiserweiternden Funktion, deren äußerste Grenze aber wiederum im gesetzten Recht und dort speziell in der Reichweite der Grundrechte als Leistungsrechte oder allgemein den positiven Grundrechtsfunktionen zu erblicken ist. Dies bedeutet aber, dass ein Abstellen auf die spezialpräventiven Interessen keine abweichenden Folgen von demjenigen zeitigen kann, das oben zu den grundrechtlich fundierten Interessen ausgeführt wurde; in den Grundrechtsfunktionen liegt die äußerste Grenze dessen, was opferspezifische Spezialprävention im Rahmen der staatshaftungsrechtlichen Anspruchsbegründung zu leisten vermag.

Wie dargestellt, lässt sich aus den in den Grundrechten verkörperten Interessen aber keine, alle Opfer von Gewaltstraftaten gleichermaßen vereinende, homogene staatliche Handlungspflicht ableiten; entweder ist insoweit nach Opfern, in deren Konstellationen im Vorfeld der Straftat tatsächliche Anhaltspunkte für deren drohende Verwirklichung bestanden, und solchen, bei denen dies nicht der Fall war („Zufallsopfer") zu unterscheiden, was gleichheitswidrig sein dürfte; oder aber es ist auf eine Fiktion der hypothetischen staatlichen Handlungspflicht zu Gunsten sämtlicher Opfer von Gewaltstraftaten abzustellen, die sich aber ohne Umdeutung der Grundrechte in konturlose und nahezu unbegrenzte Anspruchsgrundlagen des Staatshaftungsrechts nicht erreichen lässt und zudem die Grenze zwischen Opfern und sonstigen Personen, deren grundrechtlich geschützte Rechtsgüter infolge anderer, nicht auf Kriminalität basierender Sachverhalte verletzt wurden, in nicht abgrenzbarer Weise verwischt. Vor diesem Hintergrund ist der Gedanke opferspezifischer Spezialprävention ebenso wenig wie grundrechtliche Schutzinteressen und Schutzpflichten geeignet, staatliches Nichtbeschützen und Nichtanerkennen von Gewaltstraftatenopfern als qualifiziertes Unterlassen im haftungsrechtlichen Sinne und damit als Anwendungsfall des Aufopferungsanspruchs zu qualifizieren. Dies bedeutet, dass ein haftungsrechtlich relevanter, hinreichend konkreter Eingriff in die Schutzgüter der Aufopferung mit Blick auf die staatliche Opferentschädigung unter keinem rechtlichen Gesichtspunkt begründet zu werden vermag. Staatliche Opferentschädigung stellt deshalb keine Materie des Staatshaftungsrechts dar; es liegen keine rechtsdogmatischen Gründe vor, die eine Qualifizierung der Opferentschädigung als Haftung – gleichviel, ob als Unrechtshaftung oder als Sonderopfer – zu rechtfertigen vermögen.

### c) Exkurs: das Sonderopfer

Auch wenn sich eine Zuordnung der Opferentschädigung zur Aufopferung bereits aus Gründen eines fehlenden Eingriffs in Gestalt eines qualifizierten Unterlassens verbietet, kann zudem gezeigt werden, dass aus den gleichen Gründen ebenso die Annahme eines Sonderopfers des Tatopfers nicht in Betracht kommt.[627] Zuvor offen gelassen wurde nämlich noch die Zuordnung, die die Gewaltopferentschädigung innerhalb der Aufopferung im weiteren Sinne erfahren müsste; sie kann entweder in einem pflichtwidrigen staatlichen Unterlassen in Gestalt einer staatlichen Unrechtshaftung erblickt werden, was voraussetzt, dass das rechtswidrige Handeln des Täters entweder dem Staat zugerechnet wird oder zumindest deshalb einem Eingriff gleichsteht, weil die staatlichen Stellen entweder unzweideutig ein Einschreiten zu Gunsten des Betroffenen abgelehnt haben[628] oder aber diese eine hinreichend konkretisierte Rechtspflicht zum Einschreiten traf,[629] der sie nicht nachgekommen sind. Ebenso könnte Gewaltopferentschädigung deshalb als Aufopferung zu begreifen sein, da das Erleiden der Straftat – freilich durch einen in

627 Gerade die Rechtsprechung unterscheidet bei den Tatbestandsmerkmalen der Aufopferung nicht stets trennscharf zwischen Zurechnungszusammenhang (Eingriff) und Sonderopfer, vgl. Nachweise bei Ossenbühl/Cornils, S. 138.

628 Übernahme der Abgrenzung zwischen schlichtem und qualifiziertem Unterlassen, die der BGH bisher beim enteignungsgleichen Eingriff zu Grunde gelegt hat, vgl. oben C. II.

629 So die Gegenauffassung in der Literatur, vgl. nur Ossenbühl/Cornils, S. 310 m.w.N.

der Regel eigenverantwortlich handelnden Dritten – dem Geschädigten ein Sonderopfer abverlangt, also eine klassische Aufopferung im engeren Sinne darstellen.

Zu unterscheiden ist also zwischen Unrechtshaftung und Aufopferung (im engeren Sinne). Beide Aspekte beschreiben unterschiedliche staatshaftungsrechtliche Ansätze.

In der obergerichtlichen Rechtsprechung wird eine solche Differenzierung indes bis zum heutigen Tage nicht oder zumindest nicht trennscharf vorgenommen. Der BGH spricht lediglich von Aufopferung, gleichviel, ob ein staatliches Verhalten rechtmäßig oder rechtswidrig war.[630] Auch eine rechtmäßige Maßnahme oder Handlung könne rechtswidrige Folgen, also ein Erfolgsunrecht, zeitigen, die dann zur Begründung des Sonderopfers heranzuziehen seien.[631] Dem wird allerdings in der staatshaftungsrechtlichen Literatur zu Recht entgegengehalten, dass der Haftungsgrund beim rechtmäßigen, wenngleich einen rechtswidrigen Erfolg herbeiführenden Handeln ein anderer sei als bei von vornherein bestehendem Handlungsunrecht: Eine rechtswidrige Maßnahme könne zu keinem Zeitpunkt eine Duldungspflicht des Betroffenen auslösen, sie sei vielmehr abzuwehren; zudem handele es sich bei rechtswidrigen Maßnahmen eben nicht um ein zugemutetes Lebensrisiko, sondern ein rechtlich unzumutbares und damit haftungsbegründendes Opfer des Betroffenen.[632] Der Grundsatz „Dulde und liquidiere" kann rechtswidrigen Maßnahmen ja auch im Übrigen nicht entgegengehalten werden, sie sind vielmehr mit den Mitteln des Primärrechtsschutzes abzuwehren. Deshalb kann Opferentschädigung auch nur alternativ-dualistisch betrachtet werden: Entweder liegt bereits im bloßen Zulassen der Gewaltstraftat selbst staatliches Unrecht, dann muss das Opfer dieses aber nicht hinnehmen, sondern darf es abwehren; ist eine Abwehr nicht mehr möglich, muss Unrechtshaftung Platz greifen. Oder das Zulassen der Straftat ist lediglich als besondere, ungleiche individuelle Belastung zu begreifen, die der Staat dem Opfer gleichsam zumutet, da er aus objektiven Gründen keine kriminalitätsfreie Gesellschaft herzustellen in der Lage ist – in jenem Falle kann sich Opferentschädigung als Staatshaftung eben nur als Aufopferungshaftung im engeren Sinne darstellen.

Beide Begründungsansätze enthalten Elemente, die sich auch schon in der bisherigen dogmatischen Fundierung der Opferentschädigung finden:[633] Das Versagen der Einrichtungen des Staates zum Schutzes des Einzelnen vor Gewaltkriminalität und ihren Folgen – das auch der geltenden Einordnung der Opferentschädigung

630 BGH NJW 1971, 1881, 1882 f.; NStZ 1993, 493, 496.

631 Nachweise bei Ossenbühl/Cornils, S. 136.

632 Dies., aaO.

633 Oben A. II. 2. a).

als soziale Entschädigung zu Grunde liegt – stellt einen unrechtsbasierten Ansatz dar; Betrachtungen des Opfers als „Verteidiger der Rechtsordnung" in der Tatsituation oder solche, die auf ein Sonderopfer im Kampf gegen die Kriminalität nach innen abheben, verfolgen den letztgenannten Weg. Bemerkenswert ist, dass bisher zur Begründung und Einordnung staatlicher Opferentschädigung *gleichzeitig* auf Ansätze rekurriert wird, die jedenfalls haftungsrechtlich eine unterschiedliche Zielrichtung aufweisen und unterschiedliche Anspruchsinstitute (Unrechtshaftung oder Aufopferung im engeren Sinne) kennzeichnen.

Wie die Erörterungen zum Zurechnungszusammenhang gezeigt haben, sind im Ergebnis beide Ansätze aus rechtsdogmatischen Gründen zu verwerfen: Es lässt sich weder eine zurechenbare staatliche Pflichtverletzung konstruieren, noch erbringt das Gewaltopfer ein staatlich veranlasstes Sonderopfer. Zwar ist das Gewaltopfer gegenüber anderen Personen – insbesondere Nichtopfern – ungleich und auch besonders intensiv (unverhältnismäßig) von den Folgen der Gewaltkriminalität betroffen; es existiert aber kein taugliches Abgrenzungskriterium, das es erlauben würde, die Gruppe der Gewaltopfer von anderen Rechtsgutträgern praktikabel und vor allem zwingend zu unterscheiden. Selbst für sog. „unfallartige" Folgen an sich rechtmäßigen staatlichen Verhaltens wird neben der hier bereits fehlenden zurechenbaren Veranlassung der Gefährdungslage zusätzlich ein Gemeinwohlbezug gefordert,[634] der für das Gewaltopfer unter keinem vernünftigen Gesichtspunkt konstruiert werden kann.[635] Zur dogmatischen Fundierung der staatlichen Opferentschädigung hat es deshalb bei den Grundsätzen des sozialen Entschädigungsrechts zu bleiben. Eine andere Frage ist demgegenüber, ob gewisse festgestellte Opferinteressen wenn schon nicht dogmatisch zwingend die rechtliche Fundierung der staatlichen Entschädigung, so dann doch wenigstens deren Ausgestaltung zu beeinflussen vermögen.

634 Brüning, JuS 2003, 1, 8.

635 Vgl. oben A. II. 2. b) cc) (2).

# D. Modifizierung von Tatbestand und Rechtsfolgen der sozialrechtlichen Opferentschädigung?

Anders als bei der dogmatischen Fundierung der Opferentschädigung kann den erörterten Grundgedanken und namentlich den in ihnen enthaltenen Interessen auf der Tatbestands- und Rechtsfolgenseite durchaus Bedeutung zukommen. Im diesem Kontext steht nicht mehr ausschließlich eine systematisch zwingende, sondern vorrangig eine interessengerechte Ausgestaltung im Raume. Die Frage, welche Rechtsmacht mit einem Interesse verknüpft werden soll, erweist sich insoweit mehr als rechtspolitischer denn rechtsdogmatischer Natur. Es ist dies die typische Aufgabe des Gesetzgebers, interessengerechte Rechtsnormen und Rechtsfolgen zu entwickeln. Selbstverständlich sind auch insoweit die verfassungsrechtlich vorgegebenen Grenzen einhalten; anders als bei der grundsätzlichen Zuordnung in einem strukturierten, auf Grundsätzen der Logik und Systematik beruhenden Haftungssystem besteht insoweit jedoch ein Einschätzungsspielraum, der sich verändernden gesellschaftlichen Gegebenheiten in besonderer Weise Rechnung zu tragen vermag, sofern er nicht zu Wertungswidersprüchen mit anderen, vergleichbaren Rechtsinstituten führt. Ebenso kann Umständen, die zwar keine dogmatische Abweichung ermöglichen, die aber dennoch auch nicht als gänzlich bedeutungslos eingestuft werden können, bei der Ausgestaltung der Norm Raum gegeben werden. Dies gilt gerade für identifizierte besondere Interessenlagen.

## I. Gründe einer Modifikation von Tatbestand und Rechtsfolgen der Opferentschädigung

### 1. Berücksichtigungsfähige Interessen

Festzuhalten ist hiernach zunächst, dass sich aus den Ausführungen zum aufopferungsrechtlichen Zurechnungszusammenhang folgende Gesichtspunkte ableiten lassen: Es existiert zum einen eine Gruppe von Gewaltstraftatenopfern, bei der im Vorfeld der jeweiligen Straftat tatsächliche Anhaltspunkte für ein Bevorstehen derselben zu identifizieren waren; eine isolierte Betrachtung nur dieser Gruppe würde im Falle unterlassenen Schutzes sogar die Annahme einer haftungsrechtlich relevanten Schutzpflicht und darüber hinaus möglicherweise auch einer Anerkennungspflicht hinsichtlich ebenjenes unterlassenen

Schutzes erlauben. Zum anderen kann der Gedanke der opferspezifischen Spezialprävention für eine Modifikation des geltenden Opferentschädigungsrechts streiten, indem jedenfalls der Gruppe der Gewaltopfer Entschädigung zwecks Vermeidung einer Opfer-Täter-Karriere oder zur Wiederherstellung verlorenen Normvertrauens[636] zu gewähren ist. Es erscheint deshalb zwar nicht rechtlich geboten, durchaus aber interessengerecht, den Entschädigungsrahmen spezifisch auszuweiten, um eben jenen Gesichtspunkten (Anerkennung nicht-qualifiziert unterlassenen Schutzes, Vermeidung Täterwerdung und Wiederherstellung verlorenen Normvertrauens) Rechnung zu tragen.

## 2. Besserstellung des Gewaltopfers gegenüber anderen Konstellationen der sozialen Entschädigung

Das Recht der sozialen Entschädigung ist anders als die Staatshaftung in der Rechtsfolge bekanntlich nicht auf einen vollständigen Schadensausgleich, sondern auf bloßen sozialen Nachteilsausgleich gerichtet,[637] kompensiert also etwa den bei einem Gewaltopfer eingetretenen Schaden lediglich partiell im Wege eines im Vorhinein[638] vertypten oder pauschalierten (teilweisen) Schadensausgleichs im Rahmen der Leistungsfähigkeit des Staates[639] und nicht etwa vollständig. Ein gegenüber der bisherigen Lage erweiterter und ggf. nicht mehr pauschalierter Schadensausgleich würde die soziale Entschädigung für Gewaltstraftatenopfer demgegenüber sinngemäß an die Aufopferungsentschädigung annähern oder gar wie eine solche behandeln. Es stellt sich die Frage, ob eine derartige Weiterung noch mit der Verankerung der Opferentschädigung im Sozialrecht vereinbar ist.

Als Materie des Sozialrechts ist die soziale Opferentschädigung Ausfluss des in Art. 20 Abs. 1 GG niedergelegten Sozialstaatsprinzips. Das Sozialstaatsprinzip ist zwar verbindlicher verfassungsrechtlicher Auftrag an den Gesetzgeber, doch lässt es sich typischerweise nicht zu konkreten Einzelkonsequenzen verdichten.[640] Wird das Sozialstaatsprinzip als Zielvorgabe begriffen, so überlässt es weitgehend dem Gesetzgeber die Wahl des einzusetzenden Mittels.[641] Das Sozialstaatsprinzip gibt hiernach nicht den Umfang zu gewährender Sozialleistungen vor, sondern garantiert lediglich deren grundsätzliche Existenz. Selbst für das Grundrecht auf

---

636 Vgl. oben C. II. 2. b) ee) (2).
637 Eichenhofer in Eichenhofer/Wenner, §§ 5, 24 SGB I Rz. 3.
638 Böhm, S. 47.
639 Gelhausen, Rz. 710.
640 Sachs, Art. 20 Rz. 47.
641 Ders., aaO. Rz. 48.

Gewährleistung eines menschenwürdigen Existenzminimums hat das BVerfG dem Gesetzgeber einen Gestaltungsspielraum bei denjenigen Wertungen eingeräumt, die mit der Bestimmung der konkreten Höhe dieses Existenzminimums verbunden sind.[642] Aus dem Sozialstaatsprinzip lässt sich danach keine konkrete Vorgabe zum notwendigen Leistungsumfang sozialer Entschädigung im Allgemeinen oder gar der staatlichen Opferentschädigung im Besonderen ableiten.

§ 5 SGB I unterscheidet zwischen der Abgeltung eines besonderen Opfers und anderen Gründen der sozialen Entschädigung. Dieser Unterscheidung könnte neben einer Trennung des Allgemeinen vom Besonderen materiell-rechtlich auch die Bedeutung zugemessen werden, dass eine Entschädigung aus anderen Gründen nicht über diejenige in Abgeltung eines besonderen Opfers hinausgehen darf. Dem steht indes entgegen, dass bei Erlass des SGB I nicht die Unterscheidung zwischen Sonderopfer und anderen Gründen, sondern die sog. Versorgungsrechtliche Lösung im Vordergrund stand: § 5 SGB I diente lediglich dem Zweck, soziale Entschädigung an das bereits bestehende und ausdifferenzierte Versorgungsrecht anzudocken, nicht aber, Gewährleistungen unterschiedlichen materiellen Gewichts zu schaffen.[643] Dies erscheint auch deswegen nachvollziehbar, da sich die Rechtsfolgen der sozialen Entschädigung nicht nach deren Anlass unterschieden, also durchweg das jeweils identische Instrumentarium des BVG zum Zuge kam. Es wird daher nicht ersichtlich, weshalb es wertungswidrig sein sollte, die Ausgestaltung der Opferentschädigung aufgrund gewandelter gesellschaftlicher Anschauungen und Erkenntnisse abweichend von der Ausgestaltung der unter die Fallgruppe des besonderen Opfers im Sinne des § 5 SGB I zu behandeln. Freilich bedarf es hierfür zumindest *de lege ferenda* einer Abkoppelung vom Versorgungsrecht, da dessen Rechtsfolgen insoweit nicht mehr als opferinteressengerecht wahrzunehmen sind; eine derartige Abkoppelung könnte aber ohne Aufgabe der Zuordnung der Opferentschädigung zum Grundtatbestand der sozialen Entschädigung geschehen, etwa, indem dort ein zusätzlicher Absatz für ebenjene Konstellation hinzugefügt wird.

Die bisherige Art der Koppelung des OEG an § 5 SGB I steht deshalb einer Modernisierung von Tatbestand und Rechtsfolgen der staatlichen Opferentschädigung nicht entgegen.

---

642 BVerfG NJW 2010, 505, 507.

643 Vgl. nur BT-Drs. 7/868, S. 23: *„[…] Voraussetzung solcher Entschädigungsleistungen ist danach, daß die staatliche Gemeinschaft für die Folgen eines Gesundheitsschadens in Abgeltung eines besonderen Opfers oder aus anderen Gründen nach versorgungsrechtlichen Grundsätzen, d.h. nach dem auf dem Bundesversorgungsgesetz aufbauenden Leistungssystem, einsteht. […]“*

## II. Mögliche Modifikationen im Einzelnen

Aus den festgestellten Gesichtspunkten Anerkennung nicht-qualifiziert unterlassenen staatlichen Schutzes des Opfers, der Vermeidung von Opfer-Täter-Karrieren und der Wiederherstellung verlorenen Normvertrauens lässt sich ableiten, dass eine modernisierte staatliche Opferentschädigung zumindest Folgendes leisten müsste:

- Sie müsste die wirtschaftlichen Folgen der jeweiligen Tat umfassender ausgleichen als bisher, nach Möglichkeit sogar vollumfänglich und
- sie müsste in geeigneter Form ein Instrument zur Anerkennung nicht-qualifiziert unterlassenen staatlichen Schutzes vor Gewaltkriminalität und ihren Folgen beinhalten.

Diese Ziele sind sowohl auf der Ebene des Tatbestands als auch der Rechtsfolge erreichbar; die wirtschaftliche Besserstellung kann auf der Ebene des Tatbestands durch Abschwächung gewisser Anforderungen an das Erlangen eines Entschädigungsanspruchs bewirkt werden und auf Ebene der Rechtsfolgen durch Verweis auf die bereits bestehenden und weitgehend ausjudizierten Rechtsfolgen der §§ 249 ff. BGB. Schwieriger erscheint die Verwirklichung des Anerkennungsziels; zu erwägen wäre, Opfern von Gewaltkriminalität von staatlicher Seite einen Anspruch auf Schmerzensgeld zukommen zu lassen. Ob diese Möglichkeit indes tatsächlich den genannten Interessen entspricht, wird noch zu erörtern sein.

### 1. Tatbestand des OEG

#### a) Kausalität

Es scheint zumindest erwägenswert, für den Fall einer Koppelung der Rechtsfolgen der Opferentschädigung an §§ 249 ff. BGB im Sinne einer effektiveren Opferentschädigung auch den Kausalitätsmaßstab zu wechseln. Freilich würde ein Wechsel zum Maßstab der adäquaten Kausalität dem Opferentschädigungsrecht eine Sonderstellung im sozialen Entschädigungsrecht einräumen und in Widerspruch zur Handhabung im übrigen sozialen Entschädigungsrecht stehen; wenn allerdings dem Gesetzgeber eine breite sozialrechtliche Einschätzungsprärogative eingeräumt ist, darf ihm ein solcher punktueller Maßstabswechsel nicht verwehrt sein. Dies gilt erst recht vor dem Hintergrund, dass es auch innerhalb des Sozialrechts Anwendungsfälle adäquater Kausalität gibt, wie etwa beim – freilich seiner Natur nach dem Zivilrecht zuzuordnenden - § 110 Abs. 1 SGB VII.[644]

644 BGH VersR 1962, 165.

Während die tatbestandlichen Voraussetzungen des § 1 Abs. 1 OEG im Falle eines Austauschs des Kausalitätsmaßstabs ebenso wie die Tatbestandserweiterungen der Absätze 2 und 3 unverändert bleiben können, wird die Beurteilung sowohl der haftungsbegründenden als auch der haftungsausfüllenden Kausalität des tätlichen Angriffs einer bedeutenden Änderung unterworfen: An die Stelle des Abhebens auf sozialrechtlich wesentliche Verursachungsbedingungen bzw. eines „Alles-oder-Nichts"-Prinzips tritt die Kausalitätsbeurteilung nach Adäquanzkriterien. Insofern wird anstatt eines sozial gebotenen Äquivalents dem Geschädigten voller Nachteilsausgleich gewährt; auf die Frage, ob sich in den Tatfolgen lediglich eine bereichsspezifische Gefahr verwirklicht hat, kommt es nicht mehr an.[645] Daraus folgt, dass der Kausalitätsmaßstab nicht mehr wertend individuell-konkret, sondern allgemein und generalisierend ermittelt wird.

Wesentliche Folge dieser Änderung des Kausalitätsmaßstabes ist dabei insbesondere die Möglichkeit, mitunter auch in den Fällen überholender Kausalität dennoch zu einer Anwendung des § 1 OEG zu gelangen, was unter Berücksichtigung der Lehre von der wesentlichen Bedingung nicht in Betracht käme.[646] Tendenziell dürfte durch die Anwendung des Adäquanzmaßstabs die Zahl der Anspruchsberechtigten erhöht werden, was mit einer entsprechenden höheren Belastung des Staatshaushalts einherginge. Diese Folge ist m.E. jedoch hinzunehmen, wenn die Opferentschädigung in ihrer Wirksamkeit erhöht werden soll; auf fiskalische Argumente darf es insoweit nicht ankommen. Dies gilt gerade vor dem Hintergrund, dass die Adäquanztheorie eine Differenzierung zwischen verschiedenen Schadensursachen erlaubt, die in dieser Gestalt der Lehre von der wesentliche Bedingung fremd ist; hat neben der Gewaltstraftat auch eine andere, nicht opferrechtlich relevante Ursache zu der eingetretenen gesundheitlichen Schädigung beigetragen, so kann dies nach bisheriger Rechtslage dazu führen, dass das Opfer anspruchslos gestellt wird, da die andere Ursache – etwa eine körperlich angelegte Vorschädigung – mit an Sicherheit grenzender Wahrscheinlichkeit ebenfalls zu den eingetretenen Folgen geführt hätte. Dies ändert jedoch nichts an der Tatsache der Viktimisierung des Opfers einschließlich der damit verbundenen belastenden Erfahrungen; ein solches Tatopfer erhielte bei Anwendung des Adäquanzmaßstabes mitunter ungeachtet seiner gesundheitlichen Prädisposition Opferentschädigungsleistungen.

Mit Blick auf die haftungsausfüllende Kausalität zwischen Gesundheitsschädigung und Tatfolgen bleibt zu erwägen, die Beweiserleichterung nach § 1

645 Vgl. Böhm, S. 28, und oben 1. Teil C) II 6.

646 Vgl. oben B.

Abs. 12 OEG i.V.m. § 1 Abs. 3 S. 1 BVG beizubehalten, sie nach Abkoppelung vom BVG jedoch tatbestandlich vollständig in das OEG zu integrieren. Jedenfalls wird nicht erkennbar, weshalb diese originär medizinische Fragestellung im Zuge des Konzeptionswechsels strenger beurteilt werden sollte als bisher. Dies zeigt auch die vergleichsweise junge Regelung des § 630 h Abs. 5 BGB mit Blick auf die zivilrechtliche Bewertung ärztlicher Kunstfehler: Insoweit wird zumindest bei groben Behandlungsfehlern sogar die haftungsbegründende Kausalität zu Gunsten des Patienten widerlegbar vermutet.[647] Im Falle sog. voll beherrschbarer Risiken umfasst die Vermutung sogar die Pflichtverletzung selbst.[648] Zwar stellt der Opferentschädigungsanspruch keinen vertraglichen Haftungsgrund dar; die vertragsrechtlichen Regelungen zum Behandlungsvertrag zeigen indes, dass es jedenfalls im medizinischen Bereich eine Berechtigung für Beweiserleichterungen zu Gunsten des Geschädigten gibt, denn mangels medizinischer Kenntnisse ist der Patient zu einer entsprechenden Beweisführung anderenfalls häufig nicht in der Lage.[649] Insofern sollte die geltende Beweiserleichterung des OEG beibehalten werden.

### b) Beweiserleichterungen

Ferner sollte überdies auch die existierende Beweiserleichterung nach § 6 Abs. 3 OEG i.V.m. § 15 KOVVfG in das OEG integriert werden und erhalten bleiben. Das Erfordernis bloßer Glaubhaftmachung der tatsächlichen Umstände der Schädigung trägt bekanntlich der Lage desjenigen Opfers Rechnung, in der der Täter unbekannt geblieben ist.[650] Es stellt sich damit als wirkungsvolles Instrument effektiver Opferentschädigung dar.

### c) Einbeziehung ausländischer Geschädigter

Eine Modernisierung der Opferentschädigung gebietet es überdies, die entsprechenden Ansprüche unabhängig von der Staatsangehörigkeit oder dem Aufenthaltsstatus des Opfers zu gewähren. Einschränkungen, die nach bisheriger Lage insbesondere an die Dauer des Aufenthalts des Tatopfers im Bundesgebiet anknüpfen, sollten aufgegeben werden, da es bei Gewaltkriminalität nicht auf die staatsangehörigkeitsrechtliche Herkunft des Opfers ankommen darf.

---

647 Schreiber in Schulze, § 630 h Rz. 10.

648 Ders., aaO. Rz. 2.

649 Ders., aaO. Rz. 1.

650 Weiner in Kunz/Zellner, § 1 Rz. 55.

### d) Ruhenstatbestände

Zugleich können die bisher geltenden Ruhenstatbestände mit Blick auf das Bestehen anderweitiger Versorgungsansprüche – etwa § 65 BVG – durch Anrechnungstatbestände innerhalb des OEG ersetzt werden, um eine Überkompensation der eingetretenen Schadensfolgen zu vermeiden.

### e) Mitverursachung

Eine Änderung des Kausalitätsmaßstabs der Anspruchsbegründung zöge weiterhin eine gewichtige Änderung mit Blick auf die bisher in § 2 Abs. 1 S. 1 Alt. 1 OEG geregelte Mitverursachung der Schädigung durch das Opfer nach sich: Bisher schießt die (bloße) Mitverursachung der Gesundheitsschädigung durch das Opfer dessen Ansprüche ja in vollem Umfange aus,[651] jedenfalls dann, wenn sie in etwa gleich schwer wie die vom Täter gesetzte Ursache zu bewerten ist. Bei überwiegender Verursachung durch das Tatopfer scheidet der Anspruch bisher insgesamt aus, bei nachrangiger Mitverursachung bleibt er indes ungekürzt erhalten. An diese Stelle tritt durch die Anwendung der Adäquanzformel eine quotierte Mitverursachungsbeurteilung wie im bürgerlichen Recht: In sämtlichen Fällen der Mitverursachung – gleich, ob überwiegend oder nachrangig – wird der entsprechende Mitverursachungsbeitrag anspruchskürzend – aber eben nicht anspruchsausschließend – zu berücksichtigen sein. Das ermöglicht es einerseits, auch solche Tatopfer, die ihre Schädigung zwar überwiegend, aber eben nicht vollständig selbst verursacht haben, in den Anwendungsbereich der Opferentschädigung mit einzubeziehen; es begründet jedoch eine Anspruchsminderung für diejenigen Opfer, deren Mitverursachungsbeitrag sich gegenüber dem Täterverhalten als (deutlich) nachrangig erweist. Diese in letzterer Hinsicht auf den ersten Blick opferschutzrechtlich ungünstiger erscheinende Lösung wird m.E. jedoch dadurch kompensiert, dass der Anspruch auf Opferentschädigung auf vollen Nachteilsausgleich und eben nicht nur auf typisierte versorgungsrechtliche Entschädigung gerichtet ist; dieses „Mehr“ wird in Fällen einer nachrangigen Mitverursachung zwar entsprechend § 254 BGB gekürzt, jedoch dürfte der sehr viel weiter reichende Anspruchsumfang diese Kürzung gegenüber der bisherigen Lage in den meisten Fällen auffangen. Im Übrigen bietet eine Anwendung des § 254 BGB weitaus differenziertere Möglichkeiten, auf unterschiedliche Sachverhaltsgestaltungen der Tatentstehung flexibel durch Anpassung des jeweiligen Anspruchsumfangs zu reagieren.

651 Rademacker in Knickrehm, § 2 Rz. 8.

Der Umstand schließlich, dass nach der geltenden Rechtslage die Opfermitverursachung durch das Opfer selbst schuldhaft erfolgt sein muss,[652] bleibt bei einer entsprechenden Anwendung des § 254 BGB unverändert, da auch dort ausdrücklich von einem Mitverschulden die Rede ist.

### f) Unbilligkeit

Ferner sollte der Anspruchsausschluss wegen Unbilligkeit (§ 2 Abs. 1 S. 1 Alt. 2 OEG) aufgegeben werden. Ein Opferverhalten außerhalb der Tatsituation – also Umstände wie etwa die allgemeine Lebensführung des Opfers oder das häufige Aufsuchen „kriminalitätsgeneigter" Umgebungen – dürfen im Rahmen eines Opferentschädigungsanspruchs keine Rolle spielen. Soweit solche Umstände sich überhaupt auf die Entstehung der Tat ausgewirkt haben, besteht über die entsprechende Anwendung des § 254 BGB hinreichend Raum für ihre Berücksichtigung. Die bereits in Teil B. geforderte restriktive Handhabung des Ausschlusstatbestands der Unbilligkeit kann damit durch die Anwendung des Kausalitätsmaßstabs der Adäquanz erreicht werden, die sogar zu einem Wegfall des Unbilligkeitskriteriums führt.

### g) Fehlende Mitwirkung bei der Tataufklärung

Dies gilt schließlich auch von einer fehlenden Mitwirkung des Opfers bei der Tataufklärung. Im Zuge des Rekurses auf § 254 BGB gelangt auch die in dessen Absatz 2 enthaltene Schadensminderungspflicht zur Anwendung, die entsprechend der bisherigen Maßstäbe eine fehlende Mitwirkung des Opfers bei der Tataufklärung berücksichtigungsfähig macht. Ebenso erscheint es möglich, den bisherigen § 2 Abs. 2 OEG aufrecht zu erhalten; die Vorschrift stellte sich dann als *lex specialis* gegenüber § 254 Abs. 2 BGB dar.

## 2. Rechtsfolgen

Schließlich bedarf das OEG – wie schon bemerkt – einer Abkoppelung vom Bundesversorgungsgesetz, indem die die Verweisung des § 1 Abs. 1 S. 1 OEG auf das BVG aufgegeben wird. Nur ein vollständiger Nachteilsausgleich wird dem Anerkennungsinteresse des Opfers in vollem Umfange gerecht und vermeidet die Erfolglosigkeit von Kompensationsversuchen gegenüber dem Täter. Dabei besteht auch weiterhin hinreichender Raum für die bisherigen Unterscheidungen zwischen Renten oder Heil- und Krankenbehandlungen. Diese Leistungen

652 Gelhausen, Rz. 826.

sind sämtlich bisher ja lediglich Ausschnitt aus einer vollständigen Schadenskompensation, so dass die mit ihnen verbundenen Kosten jeweils vollumfänglich erstattungsfähig sind.

Aufgegeben wird auf diesem Wege überdies der versorgungsrechtliche Vorrang der Sach- vor der Kompensationsleistung; vielmehr werden ausschließlich Kompensationsleistungen erbracht. Diese Lage erachte ich indes mit Blick auf das Anerkennungsinteresse des Opfers als sachgerecht, da das Opfer durch die Zahlung der jeweils erforderlichen Geldbeträge in besonderer Weise „bemerkt", dass es mit seinen Schädigungsfolgen nicht allein gelassen wird. Es war ja bereits festgestellt worden, dass das Opfer gerade die Sachleistungen häufig nicht als Schadenskompensation begreift, jedenfalls sofern diese Leistungen denen entsprechen, die es auch seitens der gesetzlichen Krankenversicherung und ganz unabhängig von einer Viktimisierung erhalten kann. Die Umstellung auf ausschließlich kompensatorische Leistungen beseitigt diese Opferempfindung und weist der Opferentschädigung einen eigenständigen, aus Opfersicht gut wahrnehmbaren Rang zu. Die Änderung der Rechtsfolge entspricht damit dem rechtspolitischen Ziel, Opferentschädigung für das Opfer „spürbar" zu machen.

Sämtliche genannten Modifizierungsvorschläge tragen zu einer wirtschaftlichen Weiterung der Opferentschädigung für das Gewaltopfer dar und beseitigen damit entsprechende Defizite der geltenden Konzeption.

### 3. Gewährung eines Schmerzensgeldes?

Zweifelhaft bleibt indes, ob darüber hinaus auch eine Anerkennung unterlassenen Opferschutzes durch Gewährung eines Schmerzensgeldes von staatlicher Seite möglich ist. Eine Anwendung der §§ 249 ff. BGB hätte grundsätzlich auch die Anwendung des § 253 Abs. 2 BGB zur Folge, der eine entsprechende Grundlage bietet. Die Beantwortung der Frage, ob eine in ihrer Rechtsfolge auf die §§ 249 ff. BGB abstellende Opferentschädigung auch ein Schmerzensgeld umfassen sollte, hängt wesentlich von der mit der Gewährung eines Schmerzensgeldes verfolgten Funktion ab. Hervorgehoben werden vier Funktionen diskutiert: Bestrafung, Genugtuung, Prävention und Ausgleich.[653]

Wird das Schmerzensgeld als bloße Ausgleichsleistung begriffen,[654] kann es nach dem Gesagten zwanglos als wirtschaftliche Weiterung der Opferentschädigung verstanden werden. Die Funktionen Bestrafung und Prävention sind – soweit man

653 Vgl. nur Neuner, JuS 2013, 577, 583 ff.
654 So ders., aaO. S. 585.

sie überhaupt anerkennen möchte und darf[655] – auf den Schädiger und nicht den Geschädigten bezogen. Soll das Schmerzensgeld aber darüber hinaus auch eine Genugtuungsfunktion erfüllen,[656] so stellt sich die Frage, ob diese durch eine staatliche Leistung an Stelle einer Leistung des Täters/Schädigers selbst verwirklicht werden kann. Möglicherweise wird eine entsprechende Leistung des Staates aus der Opferperspektive nämlich nicht als Anerkennung (nicht-qualifiziert) unterlassenen staatlichen Schutzes, sondern als bloßer wirtschaftlicher Folgenausgleich begriffen, soweit der Täter die Leistung nicht in Person erbringt.

### a) Begriff der Genugtuung

Eine allgemeingültige rechtliche Definition des Begriffs der Genugtuung existiert nicht. Der Begriff wird in verschiedenen Rechtsgebieten durchaus kontextabhängig unterschiedlich verstanden. In der Umschreibung ihrer *Wirkungen* kann grundlegend wohl von Genugtuung als psychischem Sachverhalt, der auf das (Wieder-) Erlangen intellektuell-innerer Befriedigung des individuellen Tatopfers gerichtet ist, ausgegangen werden.[657]

In der Strafrechtswissenschaft ist Genugtuung oder genauer das Genugtuungsinteresse (des Opfers) noch nicht einmal einhellig einem bestimmten Strafzweck wie etwa der Spezialprävention zugeordnet; es kann vielmehr Beziehungen zu sämtlichen Grundauffassungen über die Strafzwecke aufweisen.[658] Zugleich ist das Genugtuungsinteresse des Opfers Gegenstand einer Diskussion dahin, ob es sogar als eigenständiger Strafzweck – also neben den diesbezüglichen Grundauffassungen und nicht lediglich als Teil von ihnen – angesehen werden kann.[659] Auch soweit Genugtuung in verschiedenen Rechtsgebieten in Einzelnormen ausdrücklich genannt oder vorausgesetzt wird, im materiellen Strafrecht etwa als Grundlage von Bewährungsauflagen (§ 56 b Abs. 1 S. 1 StGB) oder als Grundlage des Erreichens eines Ausgleichs mit dem Verletzten (§ 46 a Nr. 1 StGB), hat sie selbst dort als bloße Interessenausprägung je nach Verortung der sie voraussetzenden oder an

655 Kritisch ders., aaO. S. 583 f.

656 Die nach Auffassung von BGH NJW 1995, 781, 782 allerdings nicht im Vordergrund steht und nicht von der Ausgleichsfunktion getrennt werden kann; sie stellt hiernach eine bloße Bemessungskomponente dar.

657 Sinngemäß beschreibt Haag, S. 28 f., diese Wirkungen der Genugtuung.

658 Weigend, RW 2010, 43 f.

659 Deiters, S. 36 ff., hält dies zumindest für möglich; Weber, S. 155 ff., bejaht dies zumindest für den Bereich der strafrechtlichen Nebenklage (§§ 395 ff. StPO).

sie anknüpfenden Einzelnorm unterschiedliche Bedeutung.[660] Die mit Rücksicht auf die jeweiligen Vorschriften entwickelten normativen Beschreibungen der Genugtuung eignen sich deshalb kaum, auf die staatliche Opferentschädigung übertragen zu werden.

*Weber*[661] beschreibt diesen Mangel an begrifflicher Präzision mit Blick auf die unterschiedlichen Interessenbeschreibungen innerhalb verschiedener strafrechtlicher Einzelnormen am Beispiel des Genugtuungsbegriffs anschaulich, indem er ausführt,

> *„[...] Was also ist Genugtuung? Einer genauen Antwort bedürfte es nicht, wenn Inhalt, Wirkungen und rechtliche Mechanik der Genugtuung vollständig fixiert wären. Gerade dies ist aber nicht der Fall. Es bedarf vielmehr erst der Klärung, welchen rechtlichen Begriffsinhalt „Genugtuung" hat [...]. Solange der Begriff „Genugtuung" jedoch undefiniert bleibt, müssen alle Aussagen zu diesen Punkten letztlich dem Bereich des juristischen Gefühls, der unverbindlichen und unkontrollierten Ahnung, verhaftet bleiben. [...]"*

*Weber* weist deshalb zu Recht darauf hin, dass der Bedeutungsgehalt des Begriffes der Genugtuung nicht nur zwischen Zivil- und Strafrecht divergieren könne,[662] sondern letztlich eine begriffsinhaltliche Abhängigkeit der Genugtuung vom jeweiligen Bedeutungszusammenhang bestehe.[663] Anders formuliert: Die jeweilige Rechtsnorm, die den Begriff der Genugtuung verwendet, auf ihn Bezug nimmt oder ihn voraussetzt, prägt durch den ihr jeweils eigenen Zweck und Systemzusammenhang die jeweilige Begriffsbedeutung, die sich dadurch zwischen den verschiedenen Normen durchaus unterscheiden kann; eine Definition dessen, worum es sich bei Genugtuung selbst handelt, vermag sie nicht zu liefern.

Auch im Zivilrecht lässt sich keine einheitliche Begriffsbestimmung von Genugtuung finden; vielmehr ist weitestgehend umstritten,[664] welche Bedeutung und Reichweite derselben zukommt, wenn zum einen schon die grundsätzliche Berechtigung des Genugtuungsgedankens als Grundlage des Schmerzensgeldes in Frage gestellt wird,[665] zum anderen Genugtuung begrifflich sowohl auf

---

660 Instruktiv Weber, S. 31 ff., der gerade mit Blick auf § 56 b StGB sowohl eine abstrakt-institutionalisierte als auch eine konkret-individuelle Begriffsbestimmung der Genugtuung für möglich hält.

661 Weber, aaO.

662 Weber, aaO.

663 Ders., S. 32.

664 Vgl. nur Schiemann in Staudinger, § 253 Rz. 30 m.w.N.

665 Huber in Dauner-Lieb/Langen, § 253 Rz. 27.

Gerechtigkeitsempfindungen[666] als auch auf eine Sühneleistung des Schädigers[667] oder die Rechtseinbuße in der Person des Geschädigten[668] bezogen wird.

Ausgegangen wird angesichts dieser Unklarheiten und der tatbestandlichen Anknüpfung des OEG an originär strafrechtliche Begriffe deshalb von der spezifisch (gesamt-) strafrechtlichen Begriffsbestimmung *Webers,*[669] der Genugtuung als individuellen und mithin spezialpräventiv auszudeutenden Ausgleich eines intellektuellen Verbrechensschadens durch Strafe begreift. Da aus Opfersicht die zu beantwortende Fragestellung nicht lautet, ob ein Genugtuungsinteresse bzw. dessen Befriedigung Reflex oder Zweck von *Strafe*, sondern stattdessen oder darüber hinaus gerade von *Entschädigung* sein kann, ist Genugtuung analog dieser Begriffsbestimmung deshalb entschädigungsspezifisch zu begreifen als *Ausgleich des intellektuellen Verbrechensschadens durch Entschädigung.*

Diese Begriffsbestimmung kennzeichnet nicht nur anschaulich den Unterschied zum bloßen (wirtschaftlichen) Tatfolgenausgleich, sondern hebt auch das spezialpräventive Element – intellektueller Schadensausgleich ist auf die Zukunft gerichtet – anschaulich hervor. Der umrissene intellektuelle Schaden kann dabei denklogisch in jeder durch die Tat erfahrenen psychischen Einbuße bestehen, sei es eine solche an selbst empfundener sozialer Wertigkeit[670], ein Stigmatisierungsempfinden, Ängste sowie sozialer Orientierungsverlust[671] oder Ähnliches.

### b) Opferspezifische Spezialprävention als Genugtuungsprävention durch staatliche Leistungen?

Nach dieser Sichtweise können sämtliche Inhalte der opferspezifischen Spezialprävention nicht nur als auf den Ausgleich wirtschaftlicher Tatfolgen, sondern darüber hinaus als auf den Ausgleich eines intellektuellen (= ideellen) Schadens gerichtet begriffen werden, indem sie die korrespondierende Opferempfindung schadensmindernd oder –beseitigend beeinflussen.

Die Zahlung von Geldmitteln kann die Funktion der Belastungsmilderung allerdings auch nur insoweit erfüllen, als sie die das Opfer treffenden gesundheitlichen und wirtschaftlichen Tatfolgen begrenzt. Darin ist sie aber eben wiederum

666 So Schiemann in Staudinger, aaO. Rz. 31.
667 Huber in Dauner-Lieb/Langen, aaO.
668 Oetker in MüKo BGB, § 253 Rz. 11.
669 Vgl. die Definition von Weber, S. 52.
670 Dies ist die Gruppe der sozialpsychologischen Folgen der Tat, vgl. nur Haag, S. 28.
671 Dieses Beispiel beschreibt Reemtsma, S. 26.

bloßer an sich wirtschaftlicher Folgenausgleich. Opferspezifische Spezialprävention ist aber nur dann Prävention zum Zwecke der Genugtuung, soweit sie sich gerade nicht im bloßen Tatfolgenausgleich erschöpft.

Fraglich bleibt deshalb, ob sich diese Genugtuungsfunktion opferspezifischer Spezialprävention auf eine staatlich gewährte Entschädigungsleistung ohne Betrachtung der Strafverfolgung übertragen lässt, ob also der Leistung selbst über den Tatfolgenausgleich hinaus auch Genugtuungsfunktion zukommen kann.

Dies kann nur dann der Fall sein, wenn diese Funktion der Leistung auch ohne individuellen Täterbezug zukommen kann: Den Genugtuungsfunktionen opferspezifischer Spezialprävention ist nämlich gemein, dass sie sämtlich einen Bezug zur Person des konkreten Täters – und wenn auch nur durch dessen Strafverfolgung oder zivilrechtlichen Verurteilung zur Zahlung eines Schmerzensgeldes an den Geschädigten vermittelt – aufweisen; der Opferentschädigung in ihrer Eigenschaft als unmittelbare staatliche Leistung fehlt hingegen ein solcher Bezug, der konkrete Täter wird weder der Strafverfolgung unterworfen, noch muss er selbst eine Leistung an das Opfer erbringen.

Bei der Belastungs- und Reviktimisierungsvermeidung geht es schließlich darum, dem Opfer negative Wirkungen zu ersparen, die aus einer Konfrontation oder in sonstigem Zusammenhang mit der Person des Täters in einer Lage nach der Tat erwachsen; es sind dies Ziele, die mit der Strafverfolgung des Täters zusammenhängen und – wie dargestellt – auch an anderem Ort, etwa in einem Zivilprozess zum Ausdruck gelangen können.

Gleiches gilt erst recht von der Wiederherstellung des Normvertrauens des Opfers außerhalb „opfereigener" Kriminalität: Die Missbilligung der Tat ist mit der staatlichen Strafverfolgung des Täters verknüpft. Zweifelhaft ist demgegenüber, ob deshalb unter dem Gesichtspunkt der opferspezifischen Spezialprävention nicht lediglich eine Gewährung der Entschädigung *gerade durch den konkreten Täter*, nicht aber einen Dritten – den Staat – die Genugtuungsfunktion erfüllen kann.

Maßgebend erscheint also, ob diese Funktion also auch ohne die individuelle Person des Täters gedacht werden kann. Es geht also nicht – wie in der strafrechtlichen Diskussion – darum, dass durch eine Bestrafung dieses Täters gesellschaftliche Missbilligung ausgedrückt wird, ebenso wenig darum, dass eine Anerkennung des Opfers durch Beeinträchtigung des Rechtsstatus dieses Täters erfolgt.

Der Vergleich mit der Lage im bürgerlichen Recht – das als einzige Rechtsmaterie Ersatzleistungen mit Genugtuungsfunktion vorsieht – zeigt Folgendes: Dort hat das Genugtuungsinteresse des Geschädigten bekanntlich im Hinblick auf die Geltendmachung eines Schmerzensgeldes gemäß § 253 Abs. 2 BGB

Eingang gefunden.[672] Allerdings stellt dies im Zivilrecht nicht vor allzu große Schwierigkeiten, da sich das Genugtuungsinteresse ebenfalls unmittelbar an die Person des Schädigers anknüpfen lässt. Dieser ist mit dem Täter des Strafrechts hinsichtlich der systematischen Stellung in der Begründung des Genugtuungsinteresses identisch, so dass eine Übertragung der Begründung nur Begrifflichkeiten – die Funktion der Genugtuung beim Schmerzensgeld – berührt, nicht aber zu einer gänzlich anders gearteten Begründung zwingt. So lässt sich dort ein Genugtuungsinteresse des Geschädigten ohne weiteres dahingehend begründen, dass das im Verhältnis zwischen Schädiger und Geschädigtem bestehende Anerkennungsverhältnis durch die Zahlung des Schmerzensgeldes durch den Schädiger wiederhergestellt wird. Nicht der Staat, sondern der Schädiger (Täter) erkennt an, dass er dem Opfer Unrecht zugefügt hat.

Anders liegt es dagegen bei Ansprüchen auf Opferentschädigung. Dabei handelt es sich um öffentlich-rechtliche Ansprüche, die der Person des Täters gerade enthoben sind. Dies führt dazu, dass ein unmittelbares Anknüpfen an diese Person bei der Leistungsgewährung ausgeschlossen ist. Vereinfacht könnte die entscheidende Fragestellung also lauten, ob ein spezialpräventives Genugtuungsinteresse des Opfers durch Entschädigungsleistungen dann überhaupt befriedigt zu werden vermag, wenn nicht der Täter (Schädiger), sondern ein Dritter „zahlt".

Ist Genugtuung also tatsächlich *untrennbar* mit der Person des Täters verbunden? Es fällt jedenfalls auf, dass die Institute der möglicherweise freiheitsentziehenden Strafe einerseits und des zivilrechtlichen Schmerzensgeldes andererseits nur deshalb unter dem Oberbegriff des Genugtuungsinteresses zusammengeführt werden können, da über ihnen als gemeinsamer Anknüpfungspunkt gleichsam die Person des Täters schwebt. Jeder sonstige Unterscheidungsansatz würde hier scheitern; einzige Gemeinsamkeit ist die Stellung des Schädigers/Täters im Verhältnis zum Geschädigten/Opfer. Nach dieser Sichtweise ist es nicht die Gewährung der Entschädigungsleistungen, die den Brückenschlag zwischen straf- und zivilrechtlichem Genugtuungsinteresse herstellen kann; das Genugtuungsinteresse kann also, um die oben aufgeworfene Frage zu beantworten, nicht dadurch befriedigt werden, dass irgendjemand (irgendein Dritter) Entschädigungsleistungen gewährt, da es auf die Tatsache der Leistungsgewährung als mögliche Art und Weise der Befriedigung gerade nicht ankommt.

Eine spezialpräventive Genugtuungsfunktion kann Opferentschädigung deshalb nur aufweisen, wenn sie nicht doch in irgendeiner Weise gerade mit der Person des konkreten Täters verknüpft werden kann. Nur wenn dies gelingt, lässt

672 Vgl. oben Fn. 663.

sich eine Übertragung der Grundsätze des Genugtuungsinteresses auf den Leistungszweck der Opferentschädigung rechtfertigen.

#### aa) Missbilligung des Täterverhaltens durch Gewährung staatlicher Leistungen

Eine solche Verknüpfung könnte sich aus dem Grundgedanken der *Missbilligung* des Täterverhaltens durch die Rechtsgemeinschaft ergeben:

Es müsste unterstellt werden, nicht (nur) die Strafe drücke symbolisch Missbilligung der Tat durch die Gesellschaft aus, sondern auch die staatliche Leistung einer Entschädigung. Da mit Blick auf § 5 SGB I soziale Entschädigung aufgrund eines Einstehens der staatlichen Gemeinschaft für die Opfer von Gewalttaten geleistet wird, könnte in dieser Form des Einstehens zugleich eine Missbilligung der Tat liegen.

Das dürfte sich aber schwerlich konstruieren lassen: Durch die Leistung einer Opferentschädigung soll nämlich keineswegs Missbilligung der Tat gegenüber dem Täter zum Ausdruck gebracht werden; das OEG etwa sieht die Tat nur als anspruchsauslösenden Anlass. Auf das Täterverhalten kommt es allein insoweit und nicht darüber hinaus an – dies zeigt sich wiederum daran, dass die Schuld (mithin die Vorwerfbarkeit des Verhaltens gegenüber dem Täter) für den Anspruch aufgrund des OEG keinerlei Bedeutung aufweist. Mit dem Urteil der *Missbilligung* ist zugleich immer der Vorwurf an den Täter verbunden, eine sozialethisch als besonders wertwidrig angesehene und deshalb bei Androhung von Strafe verbotene Handlung vorgenommen zu haben. Missbilligung setzt demzufolge immanent Vorwerfbarkeit voraus.[673] Schon an dieser Voraussetzung scheitert eine Übertragung von Missbilligungserwägungen auf das Opferentschädigungsrecht.

#### bb) Wiederherstellung des Anerkennungsverhältnisses zwischen Täter und Opfer durch staatliche Leistungen

Möglicherweise lässt sich eine Befriedigungsfähigkeit des Genugtuungsinteresses des Opfers aufgrund staatlicher Entschädigungsleistungen aber aus dem Grundgedanken der Wiederherstellung des *Anerkennungsverhältnisses* Täter – Opfer gewinnen. Abweichend von der Lage im Strafrecht dürfte dafür jedoch nicht die Strafe das Anerkennungsverhältnis zwischen Täter und Opfer wiederherstellen, sondern gerade die Leistung einer staatlichen Opferentschädigung.

Wie im Rahmen der Ausführungen zur Haftungsbegründung gezeigt, kann die Anerkennung des Opferstatus durchaus durch anderes staatliches Handeln

673 Schuld als rechtlich missbilligte Gesinnung; vgl. Gallas, S. 45 ff.

als bloße Strafverfolgung geschehen; diese Überlegung lag ja gerade den Erwägungen zu einer Anerkennungspflicht im haftungsrechtlichen Sinne zu Grunde. In der positiven Bescheidung eines Antrags auf die Gewährung von Opferentschädigungsleistungen kann deshalb zumindest dem Grunde nach beine staatliche Anerkennung des Opfers liegen. Allerdings bleibt die Person des Täters bei einer derartigen Anerkennung vollständig ausgeblendet: Die Anerkennung erfolgt ohne Beteiligung des Täters ausschließlich durch den Staat; der Beitrag des Täters erschöpft sich auch insoweit in einer bloßen kausalen Herbeiführung des Vorliegens der anspruchsbegründenden Voraussetzungen des Entschädigungstatbestandes, ihm kommt weder größere noch geringere Bedeutung zu als anderen kausalen Auslösemomenten staatlicher Entschädigungsleistungen, es ließe sich sagen, der konkrete Täter steht bei der Opferentschädigung auf einer Stufe mit dem behördlichen Aufruf zur Impfung oder dem staatlich veranlassten Eingriff in ein konkretes Eigentumsrecht. Anerkannt wird mit der positiven Bescheidung des Antrags auf Opferentschädigung also nur der Opferstatus als solcher, nicht aber der Umstand, dass die erlittene Beeinträchtigung auf der Opferseite aus der konkreten Tat eines konkreten Täters herrührt. Der Rechtsstatus des Täters wird durch die Anerkennung des Opfers als Subjekt staatlicher Entschädigungsleistungen nicht berührt; der Täter wird – mit Ausnahme eines etwaigen Rückgriffs der leistungsgewährenden Verwaltung, von der aus Gründen der Resozialisierung zudem abgesehen werden kann[674] – hinweggedacht, das Opfer gleichsam abstrakt – da täterlos – gestellt. Diese Lage kann sogar – da sie *de lege lata* zeitlich unbefristet besteht – gegenteilige, kontraindizierte Auswirkungen haben, indem sie dem Opfer seine Opfereigenschaft immer wieder neu vor Augen führt, es also stets aufs Neue reviktimisiert und damit das Gegenteil opferspezifisch spezialpräventiver Genugtuung bewirkt.[675] Und selbst wenn es zu einem Rückgriff der Verwaltung auf den Täter kommt, vollzieht sich dieser regelmäßig außerhalb des Wahrnehmungsbereichs des Opfers; das Opfer erlangt davon allenfalls mittelbar Kenntnis, etwa, wenn die leistungsgewährende Verwaltung es nach VV Nr. 7 zu § 81 a BVG davon in Kenntnis setzt, dass es sich wegen des gesetzlichen Forderungsübergangs jeglicher Verfügung über seine zivilrechtlichen Schadensersatzansprüche gegen den Täter zu enthalten habe; ich wage zu behaupten, dass ein durchschnittlich gebildetes Opfer eine solche Mitteilung nicht als Beeinträchtigung des Rechtsstatus des Täters verstehen wird. Ein Anerkennungsverhältnis, das Genugtuung beim Opfer herbeizuführen geeignet ist,

674 Gelhausen in Kunz/Zellner, § 5 Rz. 13.
675 Schmachtenberg in Moderne Opferentschädigung, S. 142.

kann deshalb nur zwischen Opfer und Täter bestehen; die Person des letzteren ist unverzichtbare Voraussetzung nicht nur für die Verletzung, sondern auch für die Wiederherstellung dieses Verhältnisses aus der Opferperspektive. Mehr noch als Missbilligungserwägungen knüpfen Aspekte eines Anerkennungsverhältnisses also an die klassische Zwei-Personen-Konstellation zwischen Schädiger und Geschädigtem (Täter und Opfer) an; durch die Leistung einer die Person des Täters außer Acht lassenden Entschädigung vermag es ein Dritter (hier der Staat) nicht, irgendeine vom subjektiven Empfinden der Beteiligten (des Opfers) abhängige Anerkennung wiederherzustellen.

Wollte man dies begründen, so müsste auf die Fiktion zurückgegriffen werden, dass die Erbringung der staatlichen Leistung das Anerkennungsverhältnis zwischen Täter und Opfer surrogiere. Eine derartige Fiktion erscheint aber schon deswegen geradezu abwegig, da es beim Genugtuungsinteresse und seiner Befriedigung maßgeblich eben immer auf subjektive Empfindungen des konkreten Opfers ankommt; es kann nur das *tatsächliche* individuelle Empfinden des Opfers gegenüber dem Täter entscheidend sein. Dieser Bereich ist einer Fiktion aber nicht zugänglich; auf Seiten des Opfers kann keine Empfindung unterstellt werden, die tatsächlich nicht vorhanden ist. Infolgedessen tragen auch Erwägungen hinsichtlich eines Anerkennungsverhältnisses zwischen Täter und Opfer die Befriedigung des spezialpräventiven Genugtuungsinteresses im Opferentschädigungsrecht nicht.

#### cc) Genugtuung auf Grundlage einer spezifisch sozialentschädigungsrechtlichen Ausgestaltung opferspezifischer Spezialprävention?

Liefert nach alledem weder der Grundgedanke der Missbilligung noch die Konzeption der Anerkennung eine Grundlage für die Einbeziehung des spezialpräventiven und opferspezifischen Genugtuungsinteresses in die mit Leistungen der Opferentschädigung verfolgten Interessen, so bliebe die Möglichkeit, dies auf der Grundlage einer *spezifisch sozialentschädigungsrechtlichen Theorie opferspezifischer Spezialprävention* zu begründen, die den Besonderheiten der besprochenen Entfernung der sozialen Entschädigung vom Täter gerecht wird, also geeignet ist, die Lücke der fehlenden Einbindung an den Täter anknüpfender Erwägungen im Opferentschädigungsrecht zu schließen.

Voraussetzung der Herleitung einer solchen Lehre wäre es aber, dass die für das Genugtuungsinteresse des Opfers als wesentlich angesehene individuelle Tätereinbeziehung in anderer Weise begründet werden könnte. Es müsste möglich sein, den erforderlichen Täterbezug dergestalt herzustellen, dass die subjektiv empfundene Rückführung des Opfers auf das Vortatniveau selbst empfundener sozialer Wertigkeit/innerer Befriedigung durch die Leistung einer staatlichen Entschädigung angenommen werden könnte.

Mit Blick auf den Umstand der Leistungsgewährung selbst hilft ein solcher Ansatz aber nicht weiter: Insoweit setzte eine solche Begründung nämlich voraus, dass beim Opfer ein konkreter psychischer Sachverhalt angenommen werden kann, der Aufschlüsse dafür liefert, dass eine Korrektur der durch die Tat empfundenen Demütigung über die staatliche Entschädigungsleistung selbst möglich erscheint. Der damit verbundene Spagat liegt auf der Hand: Einerseits ist der Anspruch auf soziale Entschädigung faktisch und rechtlich vom Täter losgelöst, d.h. abstrakt. Andererseits ist die Einbeziehung des Täters aus den zuvor genannten Gründen unabdingbare Voraussetzung einer Verwirklichung des spezialpräventiven Genugtuungsinteresses durch materielle Leistungen. Dass dies – da fiktive Opferinteressen keine Berücksichtigung finden können – zu unüberwindlichen Begründungsschwierigkeiten führt, sei an folgendem Beispiel verdeutlicht:

Bleibt im Zuge eines vorsätzlichen tätlichen Angriffs gegen das Opfer der Täter *unbekannt* und erstattet etwa die Krankenkasse dem Opfer die Behandlungskosten, so dürfte dies aus der Sicht des Opfers kaum zur angesprochenen sozialen Aufwertung oder zur inneren Befriedigung führen. Vielmehr wird sich das Opfer auch weiterhin durch die Tat stigmatisiert und sozial herabgesetzt fühlen; die enge Verknüpfung des Genugtuungsinteresses mit der Person des Täters wird sich nicht überwinden lassen, da im Gegenteil die Nichtaufklärung der Tat vom Opfer sogar im Sinne einer als dauerhaft empfundenen Bedrohung angesehen werden kann. Diese Bedrohung verhindert aber eine Befriedigung des Genugtuungsinteresses. Eine Bezugnahme der Leistung auf das konkrete Opfer-Täter-Verhältnis ist in diesem Falle nicht möglich.

Der Fall des unbekannt gebliebenen Täters könnte deutlicher das Auseinanderklaffen von Leistungen der Opferentschädigung und Genugtuungsinteresse nicht zeigen: Der konkrete Täter kann in diesem Falle gar nicht in die Betrachtung einbezogen werden, da er nicht greifbar ist. Die staatliche Leistung muss deshalb auch jenseits des Tatfolgenausgleichs wert- und interessenneutral erscheinen, da ihr der für eine Befriedigung von Genugtuungsinteressen notwendige Anknüpfungspunkt fehlt. Infolgedessen scheint auch auf der Grundlage einer denkbaren eigenständig-sozialentschädigungsrechtlichen Theorie über die Begründung eines spezialpräventiven Genugtuungsinteresses sich dieses nicht auf die Leistungen der Opferentschädigung übertragen zu lassen.

Was sein spezialpräventives Genugtuungsinteresse betrifft, bleibt das Opfer nach der hier vertretenen Auffassung daher auf das Strafrecht – und mit Blick auf die Funktion von Ersatzleistungen – das Zivilrecht verwiesen.

Die Genugtuungsfunktion zivilrechtlicher Ersatzleistungen ließe sich deshalb auch dann nicht auf Leistungen der Opferentschädigung übertragen, wenn diese auch ein Schmerzensgeld umfassten; die Opferentschädigungsleistung selbst kann ja unter keinem Gesichtspunkt Täterbezug aufweisen, und das zivilrechtliche Schmerzensgeld hat Genugtuungsfunktion schließlich nur deshalb und insoweit, wie es vom Täter selbst geleistet wird. Den daraus folgenden Konsequenzen für eine Genugtuungsfunktion zivilrechtlicher Schmerzensgeldleistungen, die nicht durch Schädiger, sondern Dritte – etwa Unternehmen der Versicherungswirtschaft – erbracht werden, soll hier nicht weiter nachgegangen werden; nach meiner Auffassung kann aber auch solchen Leistungen aus den gleichen Gründen keine Genugtuungsfunktion zukommen.[676] Deshalb ist unbeachtlich, dass das geltende OEG ein Äquivalent zum Schmerzensgeldanspruch des BGB eben gerade nicht vorsieht; jedenfalls unter dem Gesichtspunkt der Genugtuung könnte es dies auch gar nicht. Die Leistungen der staatlichen Opferentschädigung selbst bleiben deshalb auf den Ausgleich gesundheitlicher und wirtschaftlicher Tatfolgen beschränkt; dem Genugtuungsinteresse des Opfers dienen sie nicht.

Dies bedeutet, dass spezialpräventive Opferinteressen nicht durch die staatliche Leistung eines Schmerzensgeldes berührt sind; die Anerkennung eines nicht-qualifizierten staatlichen Unterlassens ist nicht genugtuungsrelevant, da die insoweit notwendige Einbindung des Täters in die Betrachtung fehlt. Staatliche Opferentschädigung ist nicht geeignet, eine etwaige Genugtuungsfunktion des Schmerzensgeldes zu erfüllen. Es fehlt der notwendige Täterbezug. Die Ausgleichsfunktion des Schmerzensgeldes bleibt hiervon unberührt; sie erfordert jedoch keine Reform des OEG dahin, ein Schmerzensgeld mit einzubeziehen, namentlich, wenn *de lege ferenda* vollständiger Nachteilsausgleich gewährt wird. Schmerzensgeld könnte allenfalls aus Gründen der Billigkeit unter Ausgleichsgesichtspunkten in besonders geeigneten Einzelfällen gewährt werden.

Insgesamt empfehlen sich deshalb mit Rücksicht auf eine Reform des OEG zum Zwecke der Anerkennung nicht-qualifiziert unterlassenen staatlichen Schutzes des Opfers, der Vermeidung von Opfer-Täter-Karrieren und der Wiederherstellung verlorenen Normvertrauens

676 Diese Schlussfolgerung zieht für das zivilrechtliche Schmerzensgeld etwa auch Huber in Dauner-Lieb/Langen, § 253 Rz. 27 unter Hinweis auf Verkehrsunfälle oder die Arzthaftung.

- eine Abkoppelung des OEG vom BVG,
- eine strikte Anwendung von Adäquanzgesichtspunkten bei der tatbestandlichen Kausalitätsbestimmung auf allen Ebenen, auch zur Berücksichtigung von Mitverursachungsbeiträgen des Opfers selbst und
- eine Anwendung der Rechtsfolgen aus §§ 249 ff. BGB auf den Entschädigungsumfang, wobei ein Schmerzensgeld nur in besonders geeigneten Fällen als Billigkeitsausgleich gewährt werden sollte.

# E. Schlussbemerkung

Das Opferentschädigungsgesetz bedarf einer Modernisierung. Die Forderung nach einer solchen Modernisierung wurde bereits häufig erhoben, konnte jedoch bisher nicht in die Praxis umgesetzt werden. Die vorliegende Untersuchung hat ergeben, dass eine Modernisierung nicht aus zwingenden rechtsdogmatischen Gründen abgeleitet werden kann, indes sehr wohl rechtspolitisch gefordert zu werden vermag:

1. Die rechtliche Grundlage der Gewährung staatlicher Leistungen für die Opfer vorsätzlicher Gewaltstraftaten ist in der Bundesrepublik Deutschland seit den siebziger Jahren des zwanzigsten Jahrhunderts im Wesentlichen unverändert geblieben.
2. Sie hat seither jedoch mannigfaltige Kritik erfahren, die sich dahin zusammenfassen lässt, dass sowohl der vom Tatbestand der Entschädigungsnormen vorgesehene Anwendungsbereich nicht weitreichend genug erscheint, die Rechtsfolgen lediglich Leistungen umfassen, die der oder die Geschädigte häufig auch aus anderen Rechtsgründen zu fordern vermag und die Koppelung an den Leistungskatalog eines Gesetzes, das ursprünglich der Versorgung Opfer des 2. Weltkriegs diente, nicht mehr zeitgemäß sei.
3. Deshalb war zu untersuchen, ob es rechtsdogmatisch zwingende Gründe gibt, die staatliche Opferentschädigung an anderer Stelle in der Rechtsordnung als bisher zu verankern. Die geltende Verankerung im Recht der sozialen Entschädigungsleistungen gewährt lediglich pauschalierte, im Vorhinein vertypte Ersatzleistungen; eine Neueinordnung an anderer Stelle hätte zu Gunsten des Opfers hingegen einen unter Umständen vollständigen Nachteilsausgleich zur Folge.
4. Eine derartige Einordnung ist nicht im Recht der gesetzlichen Unfallversicherung möglich. Opfer einer Straftat zu werden dient nicht dem gemeinen Wohl, einem kennzeichnenden Einstandsgrund der gesetzlichen Unfallversicherung. Indem das Tatopfer eine Gewalttat erleidet, wird es – wie schon in der Eingangsbemerkung dargestellt – nicht zum „Kämpfer gegen die Kriminalität nach innen", insbesondere dann, wenn es die Tat ohne Gegenwehr hinnimmt. Die Gesamtbevölkerung und damit alle potentiellen Kriminalitätsopfer sind auch nicht auf wechselseitigen Beistand angelegt, so dass sich eine Gefahrengemeinschaft der (potentiellen) Kriminalitätsopfer nicht begründen lässt.
5. Auch das bürgerliche Recht stellt keinen tauglichen Ankerpunkt für staatliche Opferentschädigung dar. Jedes Tätigwerden des Staates zur Abwehr

von Gewaltkriminalität ist nämlich dem Schutz von Rechtsgütern aus Art. 2 Abs. 2 S. 1 GG verpflichtet und dient damit der Abwehr eines Grundrechtseingriffs. Die Abwehr von Grundrechtseingriffen ist indes in jedem Falle dem Bereich des hoheitlichen Handelns zuzuordnen; ein Unterlassen dieser Abwehr vermag daran nichts zu ändern.

6. Staatliche Gewaltopferentschädigung stellt keinen Anwendungsfall polizeirechtlicher Entschädigungsansprüche dar, denn diese sind entweder hinsichtlich ihres persönlichen Anwendungsbereichs bei rechtswidrigen Maßnahmen (jedermann ist potentiell aktivlegitimiert, gleichviel, ob Störer oder Nichtstörer) oder hinsichtlich der von ihnen erfassten Fallgestaltungen (jeder polizeiliche Eingriff in beliebige Rechte und Rechtsgüter) weiter gefasst als der nur auf Opfer vorsätzlicher Straftaten und nur auf Eingriffe in die eigene Gesundheit abhebende Grundtatbestand der Opferentschädigung.
7. Um sich als Anwendungsfall des allgemeinen Aufopferungsanspruchs darzustellen, müsste bei der Gewaltopferentschädigung ein Zurechnungszusammenhang zwischen staatlich unterlassenem Abwenden der jeweiligen Gewaltstraftat und Rechtsgutbeeinträchtigung beim Opfer hergestellt werden können. Dieser Zurechnungszusammenhang erfordert ein qualifiziertes Unterlassen des Staates, also das Bestehen einer Rechtspflicht zum Tätigwerden.
8. Ein derartiger Zurechnungszusammenhang ist nicht unter Bezugnahme auf grundrechtliche Schutzpflichten aus Art. 2 Abs. 2 S. 1 GG herstellbar: Der Versuch, aus den in den Grundrechten verkörperten Interessen eine alle Opfer von Gewaltstraftaten gleichermaßen vereinende, homogene staatliche Handlungspflicht zur Vermeidung konkreter Straftaten ableiten, muss scheitern. Bestehen im Vorfeld einer Straftat tatsächliche Anhaltspunkte für deren drohende Verwirklichung, kommt die Annahme einer Handlungspflicht in Betracht; dies gilt aber nicht für die vom OEG umfassten Zufallsopfer der Gewaltkriminalität, bei denen es an jenen Anhaltspunkten fehlte.
9. Auch eine Fiktion einer hypothetischen staatlichen Handlungspflicht zu Gunsten sämtlicher Opfer von Gewaltstraftaten begründet den notwendigen Zurechnungszusammenhang nicht, da sie zu einer Umdeutung der Grundrechte in konturlose und nahezu unbegrenzte Anspruchsgrundlagen des Staatshaftungsrechts führte und zudem die Grenze zwischen Opfern und sonstigen Personen, deren grundrechtlich geschützte Rechtsgüter infolge anderer, nicht auf Kriminalität basierender Sachverhalte verletzt wurden, in nicht abgrenzbarer Weise verwischt.
10. Im Strafrecht ist der Gedanke opferspezifischer Spezialprävention entwickelt worden, der bestimmte Opferinteressen an Anerkennung nicht zurechenbaren

staatlichen Unterlassens und wirtschaftlichem Tatfolgenausgleich umfasst. Dieser Gedanke kann den Rahmen der grundrechtlichen Schutzpflichten jedoch nicht erweitern, da er auf außerrechtlichen Zwecksetzungen beruht und deshalb seine Grenze in den Vorgaben der Verfassung finden muss.

11. Aus den in den Grundrechten verkörperten Interessen und den Zwecksetzungen der opferspezifischen Spezialprävention lassen sich deshalb lediglich rechtspolitische Reformforderungen an die staatliche Opferentschädigung stellen, keine rechtsdogmatisch zwingenden Umgestaltungsnotwendigkeiten.
12. Als Zwecksetzungen anzuerkennen sind insoweit jedenfalls die Anerkennung nicht-qualifiziert unterlassenen staatlichen Schutzes zu Gunsten des Opfers durch die staatliche Entschädigungsregelung, deren Eignung zur Vermeidung von Opfer-Täter-Karrieren und zur Wiederherstellung verlorenen Normvertrauens des Opfers.
13. Zur Verwirklichung dieser Zwecke könnten das OEG vom BVG abgekoppelt, eine strikte Anwendung von Adäquanzgesichtspunkten bei der tatbestandlichen Kausalitätsbestimmung auf allen Ebenen und eine Anwendung der Rechtsfolgen aus §§ 249 ff. BGB auf den Entschädigungsumfang vorgesehen werden.
14. Ein Schmerzensgeld sollte hingegen nur in besonders geeigneten Fällen als Billigkeitsausgleich gewährt werden, da es als staatliche Leistung nicht geeignet ist, einem Genugtuungsinteresse des Opfers zu dienen; es würde lediglich als weiterer wirtschaftlicher Ausgleich wahrgenommen, da es an einer für das Opfer wahrnehmbaren Einbeziehung des Täters zur Verwirklichung der Genugtuungsfunktion fehlt.

Köln, im Jahre 2016

Thorsten Rachvoll

# Schrifttumsverzeichnis


**Bamberger, Heinz Georg/ Roth, Herbert,** Beck'scher Online-Kommentar BGB, Edition 30, Stand 01.02.2014, München (zit.: Bearbeiter in Beck-OK BGB).

**Becker, Ulrich/ Kingreen, Thorsten (Hrsg.),** SGB V Gesetzliche Krankenversicherung, 4. Auflage, München 2014 (zit.: Bearbeiter in Becker/Kingreen).

**Beckmann, Roland Michael/ Matusche-Beckmann, Annemarie (Hrsg.),** Versicherungsrechts-Handbuch, 3. Auflage, München 2015 (zit.: Bearbeiter in Beckmann/Matusche-Beckmann).

**Bieritz-Harder, Renate/ Conradis, Wolfgang/ Thie, Stephan (Hrsg.),** Sozialgesetzbuch XII Sozialhilfe, 10. Auflage, Baden-Baden 2015 (zit.: Bearbeiter in Bieritz-Harder/Conradis/Thie).

**Bley, Helmar/ Kreikebohm, Ralf/ Marschner, Andreas,** Sozialrecht, 9. Auflage, Neuwied 2007.

**Böhm, Klaus Erwin,** Überholende Kausalität im Strafrecht, Zugleich ein Beitrag zum sozialrechtlichen Schadensbegriff und zur Lehre von der wesentlichen Bedeutung, diss. iur., Düsseldorf 1976.

**Brüning, Christopher,** Die Aufopferung im Spannungsfeld von verfassungsrechtlicher Eigentumsgarantie und richterrechtlicher Ausgestaltung, in: JuS 2003, S. 1–8.

**Bundesministerium des Inneren (Hrsg.),** Polizeiliche Kriminalstatistik 2012, Berlin 2013 (zit.: PKS Berichtsjahr).

**Burmann, Michael/ Heß, Rainer/ Jahnke, Jürgen/ Janker, Helmut,** Straßenverkehrsrecht, 24. Auflage, München 2016 (zit.: Bearbeiter in Burmann/Heß/Jahnke/Janker).

**Calliess, Rolf-Peter,** Strafzwecke und Strafrecht – 40 Jahre Grundgesetz – Entwicklungstendenzen vom freiheitlichen zum sozial-autoritären Rechtsstaat?, in: NJW 1989, S. 1338–1343.

**Danwerth, Christopher,** Die prägenden Thesen und Ideen des Georg Jellinek (1851–1911), in: JuS 2011, S. 406–410.

**Dauner-Lieb, Barbara/ Langen, Werner,** Bürgerliches Gesetzbuch: BGB, Band 2/1: Schuldrecht (§§ 241–610), 2. Auflage, Baden-Baden 2012

(zit.: Bearbeiter in Dauner-Lieb/Langen).

**Deiters, Mark,** Legalitätsprinzip und Normgeltung, Tübingen 2006.

**Detterbeck, Steffen,** Allgemeines Verwaltungsrecht mit Verwaltungsprozessrecht, 12. Auflage, München 2014 (zit.: Detterbeck).

**–./ Windthorst, Kay/ Sproll, Hans-Dieter,** Staatshaftungsrecht, München 2000 (zit.: Bearbeiter in Detterbeck/Windthorst/Sproll).

**Dölling, Dieter/ Duttge, Gunnar/ Rössner, Dieter,** Gesamtes Strafrecht - StGB - StPO - Nebengesetze - Handkommentar, 3. Auflage, München 2013 (zit.: Bearbeiter in Dölling/Duttge/Rössner).

**Eichberger, Rudolf/ Eichberger, Gerlinde,** Der Kindesmissbrauch im Opferentschädigungsrecht, in: ZfS 2004, 193–201.

**Eichenhofer, Eberhard,** Sozialrecht, 9. Auflage, Tübingen 2015 (zit.: Eichenhofer).

**–./ Wenner, Ulrich,** Kommentar zum Sozialgesetzbuch I, IV, X, Jena 2012 (zit.: Eichenhofer/Wenner).

**Engels, Dietrich/ Martin, Miriam,** Typische Lebenslagen und typischer Unterstützungsbedarf von Klientinnen und Klienten der Bewährungshilfe – Sekundäranalyse von Befragungsdaten der Arbeitsgemeinschaft Deutscher Bewährungshelferinnen und Bewährungshelfer e.V., Eigenpublikation des Instituts für Sozialforschung und Gesellschaftspolitik, Berlin 2002.

**Eppenstein, Dieter,** Begrenzung des Opferentschädigungsgesetzes auf Angriffsdelikte – ein Redaktionsfehler?, in: Opferentschädigungsgesetz – Intention und Praxis opfergerecht? – Dokumentation des 7. Mainzer Opferforums 1995, Mainzer Schriften zur Situation von Kriminalitätsopfern, Mainz 1996, S. 92–102.

**Epping, Volker,** Grundrechte, 6. Auflage, Berlin, Heidelberg 2014.

**Fasselt, Ursula/ Schellhorn, Helmut (Hrsg.),** Handbuch Sozialrechtsberatung - HSRB, 4. Auflage, 2. Edition, Baden-Baden 2013 (zit: Bearbeiter in HSRB).

**Feuerbach, Paul Johann Anselm Ritter von,** Lehrbuch des gemeinen in Deutschland geltenden peinlichen Rechts, 14. Auflage, Gießen 1847.

**Gallas, Wilhelm,** Zum gegenwärtigen Stand der Lehre vom Verbrechen, Berlin 1955.

**Gelhausen, Reinhard,** Soziales Entschädigungsrecht, 2. Auflage, Neuwied 1998 (zit.: Gelhausen).

**Gelhausen, Reinhard/ Weiner, Bernhard,** Opferentschädigungsgesetz, 6. Auflage, München 2015 (zit.: Bearbeiter in Kunz/Zellner).

**Gitter, Wolfgang/ Schmitt, Jochem,** Sozialrecht, 5. Auflage, München 2001 (zit.: Gitter/Schmitt).

**Gromitsaris, Athanasios,** Die staatshaftungsrechtliche Dimension der Grundrechte, in: DÖV 2006, S. 288–294.

**Grube, Christian/ Wahrendorf, Volker,** SGB XII • Sozialhilfe, 5. Auflage, München 2014 (zit.: Bearbeiter in Grube/Wahrendorf).

**Grundel, Anna/ Blättner, Beate,** Entschädigung von Opfern interpersoneller Gewalt im Raum Fulda – Studie zum Opferentschädigungsgesetz (OEG) und der Verfahrenspraxis in der Opferentschädigung: Zusammenfassung der Ergebnisse, Eigenpublikation der Hochschule Fulda/ University of Applied Sciences, Fulda 2010.

**Güth, Werner/ Schmittberger, Rolf/ Schwarze, Bernd,** An experimental analysis of ulti-matum bargaining, in: Journal of Economic Bahaviour and Organization 3 (1982), S. 367–388.

**Haag, Karl,** Rationale Strafzumessung, 1. Auflage, Köln, Berlin, Bonn, München 1970.

**Hänlein, Andreas/ Kruse, Jürgen/ Schuler, Rolf,** Sozialgesetzbuch V – Gesetzliche Krankenversicherung, 4. Auflage, Baden-Baden 2012 (zit.: Bearbeiter in Hänlein/Kruse/Schuler).

**Hegel, Georg Wilhelm Friedrich,** Grundlinien der Philosophie des Rechts oder Naturrecht und Staatswissenschaft im Grundrisse, Nachdruck der Originalauflage 1821 durch Lakebrink, Bernhard (Hrsg.), Ditzingen 1986.

**Heintschel-Heinegg, Bernd von (Hrsg.),** Beck'scher Online-Kommentar StGB, Edition 23, Stand 22.07.2013, München (zit.: Bearbeiter in Beck-OK StGB).

**Herrmann, Joachim,** Die Entwicklung des Opferschutzes im deutschen Strafrecht und Strafprozessrecht – Eine unendliche Geschichte, in: ZIS 2010, S. 236–246.

**Hillenkamp, Thomas,** Anmerkung zu BGH, Beschluss vom 02.04.1985 - 2 StR 150/85- (LG Aachen), in: StV 1986, S. 150–154.

**Hoffmann, Birgit,** Anmerkung zu BSG, Urteil vom 06.07.2006 – B 9a VG 1/05 R, in: SGb 2007, S. 112–114.

**Jakobs, Günther,** Das Strafrecht zwischen Funktionalismus und „alteuropäischem“ Prinzipiendenken, in: ZStW 107 (1995), S. 843–876.

**Jansing, Jonas,** Verwaltungsrechtsschutz durch tribunals in England: Die Umgestaltung der »administrative justice landscape« durch den Tribunals, Courts and Enforcement Act 2007 c.15, Göttingen 2013.

**Jellinek, Georg,** System der subjektiven öffentlichen Rechte, Nachdruck der 2. Auflage 1905 durch Kersten, Jens (Hrsg.), Tübingen 2011.

**Jung, Heike,** Zur Renaissance des Opfers – ein Lehrstück kriminalpolitischer Zeitgeschichte, in: ZRP 2000, S. 159–163.

**Kaiser, Günther,** Kriminologie, 3. Auflage, Heidelberg 1996.

**Kant, Immanuel,** Die Metaphysik der Sitten, Nachdruck der Originalauflage 1795 durch Ebeling, Hans (Hrsg.), Ditzingen 1990.

**Karlsruher Kommentar zur Strafprozessordnung: StPO,** herausgegeben von Hannich, Rolf, 7. Auflage, München 2013 (zit.: Bearbeiter in KK-StPO).

**Kasseler Kommentar zum Sozialversicherungsrecht,** herausgegeben von Leitherer, Stephan, Loseblattwerk, 87. Auflage, München 2015 (zit.: Bearbeiter in Kasseler Kommentar).

**Kilchling, Michael,** Opferinteressen und Strafverfolgung – Kriminologische Forschungsberichte aus dem Max-Planck-Institut für Ausländisches und Internationales Strafrecht, diss. iur., Freiburg 1995 (zit.: Kilchling).

–., Opferschutz und der Strafanspruch des Staates - Ein Widerspruch?, in: NStZ 22 (2002), S. 57–63 (zit.: Kilchling in NStZ).

**Kilger, Hartmut,** Soziale Entschädigung als Aufgabe der Gesellschaft, in: Moderne Opferentschädigung – Betrachtungen aus interdisziplinärer Perspektive – Dokumentation des 21. Mainzer Opferforums 2010, Mainzer Schriften zur Situation von Kriminalitätsopfern, Mainz 2012, S. 11–18.

**Kindhäuser, Urs/ Neumann, Ulfrid/ Paeffgen, Hans-Ullrich,** Strafgesetzbuch: StGB,

Band 1: §§ 1–145 d

Band 2: §§ 146–358, jeweils 4. Auflage, München 2013

(zit.: Bearbeiter in Kindhäuser/Neumann/Paeffgen).

**Knickrehm, Sabine (Hrsg.),** Gesamtes soziales Entschädigungsrecht, Baden-Baden 2012 (zit.: Bearbeiter in Knickrehm).

**Kropp, Christian,** Viktimologie – Die Lehre vom Opfer, in: JuS 2005, S. 686–689.

**Kühne, Hans-Heiner,** Strafprozessrecht: eine systematische Darstellung des deutschen und europäischen Strafverfahrensrechts, 9. Auflage, Heidelberg 2015.

**Kunz, Eduard/ Zellner, Gerhard/ Gelhausen, Reinhard/ Weiner, Bernhard,** Opferentschädigungsgesetz, 4. Auflage, München 1999 (zit.: Kunz/Zellner, 4. Aufl.).

**Liszt, Franz von,** Der Zweckgedanke im Strafrecht (1882/83), Berlin 2002.

**Maunz, Theodor/ Dürig, Günter (Hrsg.),** Grundgesetz, Loseblatt-Kommentar, 75. Auflage, München 2015 (zit.: Bearbeiter in Maunz/Dürig).

**Montada, Leo,** Die vielfältigen Gerechtigkeitsanliegen von Opfern, in: Moderne Opferentschädigung, in: Moderne Opferentschädigung – Betrachtungen aus interdisziplinärer Perspektive – Dokumentation des 21. Mainzer Opferforums 2010, Mainzer Schriften zur Situation von Kriminalitätsopfern, Mainz 2012, S. 160–169.

**Mrozynski, Peter,** Sozialgesetzbuch Allgemeiner Teil: SGB I, 5. Auflage, München 2014.

**Muckel, Stefan/ Ogorek, Markus,** Sozialrecht, 4. Auflage, München 2011.

**Münchener Kommentar zum Bürgerlichen Gesetzbuch: BGB,** herausgegeben von Rixecker, Roland/ Säcker, Franz-Jürgen/ Oetker, Hartmut,

Band 1: Allgemeiner Teil, §§ 1–240, ProstG, AGG

Band 2: Schuldrecht • Allgemeiner Teil §§ 241–432, jeweils 7. Auflage, München 2015, 2016

(zit.: Bearbeiter in MüKo BGB).

**Münchener Kommentar zum Strafgesetzbuch: StGB,** herausgegeben von Joecks, Wolfgang und Miebach, Klaus,

Band 1: §§ 1–37 StGB, 2. Auflage, München 2011

Band 3: §§ 80–184g StGB, 2. Auflage, München 2012

(zit.: Bearbeiter in MüKo StGB).

**Münchener Kommentar zum Versicherungsvertragsgesetz: VVG,** herausgegeben von Langheid, Theo und Wandt, Manfred,

Band 1: §§ 1–99 VVG (Teil 1. Allgemeiner Teil) • Erläuterungen zum EG-VVG, 2. Aufl. 2016 (zit.: Bearbeiter in MüKo VVG).

**Münchener Kommentar zur Zivilprozessordnung: ZPO,** herausgegeben von Krüger, Wolfgang und Rascher, Thomas,

Band 1: §§ 1–354, 4. Auflage, München 2013

(zit.: Bearbeiter in MüKo ZPO).

**Neuner, Jörg,** Das Schmerzensgeld, in: JuS 2013, S. 577–585.

**Ossenbühl, Fritz/ Cornils, Matthias,** Staatshaftungsrecht, 6. Auflage, München 2013.

**Plagemann, Hermann (Hrsg.),** Münchener Anwaltshandbuch Sozialrecht, 4. Auflage, München 2013 (zit.: Bearbeiter in Münchener Anwaltshandbuch Sozialrecht).

**Prittwitz, Cornelius,** Positive Generalprävention und „Recht des Opfers auf Bestrafung des Täters"?, in: KritV – Sonderheft zum 60. Geb. v. W. Hassemer, 2000, S. 162–175.

**Ramb, Bernd-Thomas/ Tietzel, Manfred (Hrsg.),** Ökonomische Verhaltenstheorie, München 1993.

**Reemtsma, Jan Philipp,** Das Recht des Opfers auf die Bestrafung des Täters – als Problem, Schriften der Juristischen Studiengesellschaft Regensburg, München 1999.

**Römermann, Lars,** Aufopferungshaftung in Europa, diss. iur., Marburg 2007.

**Rolfs, Christian/ Giesen, Richard/ Kreikebohm, Ralf/ Udsching, Peter,** Beck'scher Online-Kommentar Sozialrecht, Edition 32, Stand 01.12.2013, München (zit.: Bearbeiter in Beck-OK Sozialrecht).

**Roxin, Claus,** Strafrecht Allgemeiner Teil Band I: Grundlagen. Der Aufbau der Verbrechenslehre, 4. Auflage, München 2006.

**Rüfner, Wolfgang,** Empfiehlt es sich, die soziale Sicherung für den Fall von Personenschäden, für welche die Allgemeinheit eine gesteigerte Verantwortung trägt, neu zu regeln?, Gutachten für den 49. Deutschen Juristentag, in: Verhandlungen des 49. Deutschen Juristentages Düsseldorf 1972, Band I: Gutachten, Teil E S. 1–59, München 1972.

**Sachs, Michael,** Grundgesetz, 7. Aufl. 2014.

**Satzger, Helmut/ Schmitt, Bertram/ Widmaier, Gunter (Hrsg.),** Strafgesetzbuch: Kommentar, Köln 2009 (zit.: Bearbeiter in Satzger/Schmitt/Widmaier).

**Schenke, Wolf-Rüdiger,** Staatshaftung und Aufopferung – Der Anwendungsbereich des Aufopferungsanspruchs, in: NJW 1991, S. 1777–1789.

**Schmachtenberg, Rolf,** Reformperspektiven eines wirksamen Opferentschädigungsrechts, in: Moderne Opferentschädigung – Betrachtungen aus interdisziplinärer Perspektive – Dokumentation des 21. Mainzer Opferforums 2010, Mainzer Schriften zur Situation von Kriminalitätsopfern, Mainz 2012, S. 140–152.

**Schmidt, Walter,** Die Aufopferung vermögenswerter Rechte, in: NJW 1999, S. 2847–2851.

**Schmidt-Bleibtreu, Bruno/ Hofmann, Hans/ Hopfauf, Axel,** Grundgesetz, 12. Auflage, München 2011 (zit: Bearbeiter in Schmidt-Bleibtreu/Hofmann/ Hopfauf).

**Schneider, Hans Joachim,** Das Verbrechensopfer: die zukünftige Hauptperson der Kriminalitätskontrolle., in: Universitas 45 (1990), S. 627–636.

**Schönke, Adolf/ Schröder, Horst,** Strafgesetzbuch, 29. Auflage, München 2014 (zit.: Bearbeiter in Schönke/Schröder).

**Schoreit, Armin,** Entschädigung der Verbrechensopfer als öffentliche Aufgabe, Berlin 1972 (zit.: Schoreit).

**–./ Düsseldorf, Theodor,** Gesetz über die Entschädigung für Opfer von Gewalttaten (OEG), Berlin 1977 (zit.: Schoreit/Düsseldorf).

**Schulz-Lüke, Gerd/ Wolf, Manfred,** Gewalttaten und Opferentschädigung - Kommentar zum Gesetz über die Entschädigung für Opfer von Gewalttaten, Berlin, New York 1977.

**Schulze, Reiner** (Schriftleitung), BGB, 8. Auflage, Baden-Baden 2014 (zit.: Bearbeiter in Schulze).

**Staudinger, Julius von (Hrsg.),** BGB,

Buch 2: Recht der Schuldverhältnisse

§§ 249–254 (Schadensersatzrecht), 14. Neubearbeitung, München, Berlin 2005

§§ 839, 839a (Unerlaubte Handlungen 4 - Amtshaftungsrecht), 15. Neubearbeitung, München, Berlin 2012

§§ 840–853 (Unerlaubte Handlungen 5), 14. Neubearbeitung, München, Berlin 2007

(zit.: Bearbeiter in Staudinger).

**Stolleis Michael,** Entschädigung für Opfer von Gewalttaten – erste Konkretisierungen durch die Rechtsprechung, in: Gitter, Wolfgang/ Thieme, Werner/ Zacher, Hans Friedrich (Hrsg.), Im Dienst des Sozialrechts, Festschrift für Georg Wannagat zum 65. Geburtstag am 26. Juni 1981, S. 579–598 (zit.: Stolleis in FS Wannagat).

**Streinz, Rudolf/ Ohler, Christoph/ Herrmann, Christoph,** Der Vertrag von Lissabon zur Reform der EU, 3. Auflage, München 2010.

**Systematischer Kommentar zur Strafprozessordnung,** herausgegeben von Wolter, Jürgen,

Band VIII: §§ 374–495 StPO, 4. Auflage, Köln 2013

(zit.: Bearbeiter in SK-StPO).

**Voßkuhle, Andreas/ Kaiser, Anna-Bettina,** Grundwissen – Öffentliches Recht: Funktionen der Grundrechte, in: JuS 2011, S. 411–413.

**Vranes, Erich,** Lex Superior, Lex Specialis, Lex Posterior – Zur Rechtsnatur der „Konfliktlösungsregeln", in: ZaöRV 2005, S. 391–405.

**Wallerath, Maximilian/ Rühr, Christian,** Besonderheiten und Grenzen kausaler Zusammenhänge im Recht der gesetzlichen Unfallversicherung, in: NZS 2007, S. 63–69.

**Waltermann, Raimund,** Sozialrecht, 11. Auflage, Heidelberg, München, Landsberg, Berlin 2015.

**Wannagat, Georg/ Eichenhofer, Eberhard (Hrsg.),** Sozialgesetzbuch, Kommentar zum Recht des Sozialgesetzbuchs, Loseblattwerk, 112. Ergänzungslieferung, Köln 2009 (zit.: Bearbeiter in Wannagat).

**Weber, Joachim,** Zum Genugtuungsinteresse des Verletzten als Strafzweck, diss. iur., Baden Baden 1997.

**Weigend, Thomas,** Die Strafe für das Opfer? – Zur Renaissance des Genugtuungsgedankens im Straf- und Strafverfahrensrecht, in: RW 2010, S. 39–57.

**Weishäupl, Karl,** Die Kausalität in der Kriegsopferversorgung, München, Berlin 1958.

**Wilke, Gerhard (Hrsg.),** Soziales Entschädigungsrecht, 7. Auflage, Stuttgart, München 1992 (zit.: Bearbeiter in Wilke).

**Windlin, Franziska,** Grundfragen staatlicher Opferentschädigung, diss. iur., Bern 2005.

**Wolff, Hans Julius/ Bachof, Otto/ Stober, Rolf/ Kluth, Winfried,** Verwaltungsrecht II, 7. Auflage, München 2010 (zit.: Bearbeiter in Wolff/Bachof/Stober/Kluth).

**Wulfhorst, Traugott,** Zur Rechtsdogmatik der Sozialen Entschädigung für Gewalttaten-Opfer, in: VSSR 1997, S. 185–203.

www.ingramcontent.com/pod-product-compliance
Ingram Content Group UK Ltd.
Pitfield, Milton Keynes, MK11 3LW, UK
UKHW021903290926
8980IPUK00015B/1029

9 783631 697689